L'homme qui vivait dans une chaussure

Henry James Forman

Writat

Cette édition parue en 2023

ISBN : 9789359253145

Publié par
Writat
email : info@writat.com

Contenu

LIVRE UN

CHAPITRE I

Y a-t-il aujourd'hui, je me le demande, des femmes, comme la jeune épouse de Jacopone da Todi , qui se retrouvent au milieu de l'éclat du monde, portant le cilice de la piété et de la dévotion sur leur cœur impeccable ?

J'en doute.

Il n'est pas étonnant que Jacopone , cet avocat italien « intelligent » du XIIIe siècle, soit devenu un grand saint lorsqu'il a fait cette découverte, après la mort accidentelle de sa belle jeune épouse. Cela ferait de n'importe qui un saint.

Je suis sûr que Gertrude n'est pas comme ça. Mais Gertrude n'est pas encore ma femme. Je ne suis pas non plus Jacopone . Je ne suis rien de plus, je le crains, qu'un rat de bibliothèque voluptueux et content. Comme le roi Jacques, je sens que si mon destin était d'être captif, je souhaiterais être enfermé dans une grande bibliothèque, consommant mes journées parmi mes compagnons de captivité, les livres bénis.

Distiller la lecture de toute une vie en un peu de sagesse pour mes pauvres esprits, tel a été tout mon objectif et mon ambition, si je peux l'appeler par un nom aussi dynamique que l'ambition. On m'a appelé un vieux jeune homme, et Gertrude semble poussée par une puissante envie de me changer – Dieu sait pourquoi.

Je viens de parler avec — je veux dire d'écouter — Gertrude.

Nous devons nous marier, dit-elle, dans trois semaines.

Depuis longtemps, nous sommes amis, Gertrude et moi, comme nos mères l'étaient avant nous. Elle, la célibataire très moderne et moi, telle que je suis, sommes liées depuis des années par un engagement qui n'est pas du tout un engagement au sens ancien du terme. C'est une sorte d' *entente cordiale* . Des fiançailles au sens conventionnel du terme seraient aussi odieuses pour Gertrude que le mariage à l'ancienne mode. Aussitôt qu'elle penserait à « être donnée en mariage » avec une cloche, un livre et des fleurs d'oranger, au lieu de s'appeler « Mme Randolph Byrd » – ou autre chose que Miss Bayard.

C'est de cela que nous avons discuté cet après-midi maussade dans mon petit appartement douillet, devant un feu bavard. Car Gertrude n'est pas plus absurde qu'elle hésite à me rendre visite à mon appartement, pas plus que j'hésiterais à lui rendre visite à Gramercy Park.

"Mais ne serait-il pas gênant," risquai-je dans une légère spéculation, "si, après notre mariage , nous devons rester ensemble dans un hôtel, ou partager une cabine sur un navire – pour être Miss Bayard et M. Byrd ?"

"Ne sois pas absurde, Ranny ", rétorqua Gertrude, avec sa phrase d'introduction habituelle. « Gênant ou pas, pensez-vous que je devrais abandonner le nom sous lequel j'ai vécu toute ma vie, pour lequel je me suis battu et que j'ai établi ?

"Bien sûr que non", m'excusai-je à la hâte. "Je n'y avais pas pensé." Je ne pouvais m'empêcher de me demander ce qu'elle voulait dire par avoir établi son nom. Sauf en ce qui concerne un ou deux comités et fonds de vacances, le nom de Gertrude est inconnu des célébrités.

"Toi avec ton HH", poursuivit-elle vivement, avec le triomphe d'avoir marqué. "Tu ne veux sûrement pas t'accrocher aux vieilles formules moisies ?"

"Non, certainement pas," lui répondis-je volontiers. Je ne suis pas à la hauteur de Gertrude en matière d'argumentation. Soudain, je me suis rendu compte que malgré le feu sifflant dans la cheminée, il n'y avait aucune étincelle dans l'air en cet après-midi froid de novembre. La famille à laquelle Gertrude avait fait allusion était la seule chose qui ressemblait à une émotion qui trahissait en moi le moindre signe de vie couvante dans notre discussion sur le mariage.

Le HH, je ferais mieux de l'expliquer, signifie Horror of Home – pour ma profonde répugnance envers tout ce qui ressemble aux liens entraves de la domesticité. Je pense qu'un homme devrait être aussi libre de faire ce qu'il veut et d'aller où il veut quand il est marié, que lorsqu'il est célibataire. Sinon, qui assumerait les chaînes et l'esclavage de cette prison obscure ? Demain, me dit soudain mon cœur, je dois partir pour un voyage d'une durée indéterminée.

Une fois de plus , je reverrais les jardins estrades de la Riviera, les oliveraies d'Italie, les parchemins sacrés et les incunables de la Bibliothèque Laurentienne de Florence. J'errais de nouveau dans le désert de la Bibliothèque Nationale de Paris et sur la rive gauche de la Seine, où j'ai recueilli autrefois les récits de Balzac et de Sainte-Beuve. Et qui oserait m'empêcher de partir au pied levé vers la rotonde mal éclairée du British Museum ou l'enceinte du cloître du Bodleian à Oxford ? Alors même que Gertrude parlait, j'éprouvais un désir irrésistible pour tous ces endroits, pour les promenades en gazon et les ruelles plissées d'Oxford et les magnifiques « Backs » des Cambridge Colleges. Il y a un manuscrit à Trinity que je dois revoir, et je me suis promis depuis longtemps de passer un mois dans l'ancienne bibliothèque de Pepys à Magdelene à Cambridge.

Mais Gertrude n'est pas une femme comme les autres.

" Ce que j'aime chez toi, Ranny , " remarqua-t-elle en jetant les cendres de sa cigarette dans l'âtre avec une visée infaillible, " c'est ton caractère raisonnable. Tu détestes comme moi voir deux personnes menottées ensemble comme deux condamnés à vie. Autant remonter à l'âge de pierre ou à l'époque où une douzaine d'enfants à la maison et la mère se grillait toute la journée devant le feu de la cuisine. Pouah !" et elle eut un frisson.

"Pas peur de ça avec toi," ris-je.

"Non, je ne l'espère pas", souffla-t-elle énergiquement.

"Eh bien, de toute façon," me suis-je vite retrouvé à la rassurer, "même dans ce cas, tu as trois semaines pour y réfléchir, pour reculer. Trois semaines, c'est bien long, Gertrude. Beaucoup de choses peuvent arriver en trois semaines. "

Sur la table devant moi se trouvait une nouvelle vie de Léonard de Vinci, tout juste arrivé de Paris ce jour-là. Mes doigts me démangeaient de l'ouvrir et de tourner les pages. Mais cela aurait été impoli, alors je me suis abstenu .

"Je ne suis pas comme ça," murmura Gertrude pensivement, "et tu le sais, Ranny ."

"Bien sûr que non," acquiesçai-je d'un air coupable.

"Je sais," elle me tapota la joue avec un doigt espiègle - Gertrude peut être très charmante si elle y pense - "Je sais parfaitement ce que je veux faire. Et quand je décide de faire une chose, je m'y tiens . " ".

Et c'est ce qu'elle fait, la fille intelligente !

"J'aurais aimé être comme toi," marmonnai-je. "Je suis une sorte de vagabond, j'en ai peur."

"C'est pour ça qu'il faut un manager", rit Gertrude. " Attendez de m'avoir. Alors vous ne vous contenterez pas de courir après des livres et de vous dire ce que vous ferez un jour. Vous ferez, publierez, donnerez des conférences ; vous serez connu, célèbre. "

" Oh mon Dieu!" J'ai crié de terreur, levant une main défensive. "Je pense que je vais m'enfuir."

"Trop tard", sourit-elle, avec une froideur espiègle. Quand Gertrude sourit, elle est extrêmement belle. " J'ai commandé mon trousseau. Vous ne me laisseriez pas attendre à l'Hôtel de Ville, n'est-ce pas ? "

"Je pourrais," répondis-je en lui souriant. "S'il devait y avoir une vente aux enchères de livres ce matin-là. Et ce n'est qu'un trajet en métro jusqu'à ton appartement."

"Maintenant, c'est le programme", annonça-t-elle en prenant son ton magistral, qui me réduit instantanément à un ver sans âme devant elle. "Vous viendrez chez moi le 24 à dix heures. Ensuite, nous prendrons un taxi jusqu'à

la mairie et obtiendrons le permis - ou peu importe comment ils l'appellent -
"

"Heureusement que tu seras là", je ne pus m'empêcher de murmurer. « Je devrais probablement obtenir un permis pour chien ou un permis pour voiture au lieu du bon… »

"Alors," poursuivit Gertrude en m'ignorant très justement, "nous pourrons demander à l'échevin du jour de chanter la chanson nécessaire."

"Il voudra peut-être chanter un rappel ou embrasser la mariée", la prévins-je.

"Il ne voudra pas m'embrasser quand je le regarderai", répondit imperturbablement Gertrude. Lui non plus ! "Alors", a-t-elle ajouté, "nous pourrons nous arrêter ici chez vous et récupérer votre bagage à main, ainsi que le mien en route vers la gare Grand Central. Vous pouvez envoyer votre malle la veille et j'enverrai le mien. Pas le temps perdu, voyez-vous, pas de gaspillage, pas de bêtise.

"Une efficacité parfaite, en bref—"

"Oui," dit Gertrude, "vous oublierez probablement certains détails importants de l'arrangement, mais vous avez suffisamment de temps pour vous y plonger dans les trois prochaines semaines."

"Oublie", répétai-je, un peu hébété, je l'avoue. "Qu'y a-t-il à oublier, à part peut-être mon nom, mon âge ou ma couleur ?"

"Ne vous inquiétez pas", lança Gertrude. "Je m'en souviendrai pour toi, quand tu en auras besoin. Je voulais dire," expliqua-t-elle, "à propos de tes billets de voyage, de train, etc. Mais de toute façon, ça n'a pas d'importance. Je te rappellerai tout ce jour-là. avant."

J'ai promis de faire un nœud à mon mouchoir.

"Et puis-je demander", risquai-je, "où nous allons ?"

"Je n'ai pas encore décidé", m'informa Gertrude. "Je te le dirai plus tard, chère Ranny ."

Il y a quelque chose de très sain et de complet chez Gertrude. C'est la raison, je suppose, pour laquelle je l'aime depuis si longtemps. Comment peut-elle supporter un rêveur comme moi, c'est plus que je ne peux comprendre. Sans aucune signification pittoresque ou romantique dans cette phrase, je suis une sorte de peigneuse de plage, qui se prélasse au soleil dans son énergie sans nuages sur le sable indolent de la vie. Tout le monde me dit ou sous-entend que Gertrude est bien trop bien pour moi. Je n'en doute pas non plus. Mais j'aimerais que nous puissions continuer ainsi sans l'exposer aux inconvénients d'être marié avec moi. Mais Gertrude sait mieux.

« Ne veux-tu pas rester et partager mon humble croûte ce soir ? Je lui ai demandé alors qu'elle se levait de partir.

"Non, merci, Ranny ", sourit-elle, un peu énigmatique, pensai-je. "Nous dînerons souvent ensemble... après."

"Bien sûr", ai-je accepté avec désinvolture. "Nous pourrions même nous rencontrer lors des courses."

« J'ai promis, dit Gertrude, de dîner au Club avec Stella Blackwelder , pour régler quelques affaires de comité avant de partir. Serez-vous seule, la pauvre ?

"Oui, mais ça n'a pas d'importance. Je suis souvent seul. J'appuie un livre contre un chandelier en verre et le dîner se termine avant que je m'en rende compte."

"Cela pourrait tout aussi bien être de la sciure de bois, pour autant que vous le sachiez", rit Gertrude.

« C'est possible, lui dis-je, sauf que Griselda peut faire mieux que la sciure de bois. Je pourrais, bien sûr, ajoutai-je, appeler Dibdin et le faire festoyer avec moi.

"Votre ami vagabond", commenta Gertrude. "Oui, tu ferais mieux de le faire. Je n'aime pas trop penser à toi seul."

"Maintenant, c'est très gentil de votre part, ma chère. C'est exactement ce que je ferai."

Ses lèvres froides touchèrent les miennes un instant et elle disparut.

CHAPITRE II

À ma grande honte, je dois dire qu'une fois seule, l'épouvantable réalité du mariage m'a submergée comme un glissement de terrain. Avec un sentiment d'étouffement et de lutte sauvage, j'avais envie de faire sérieusement ce que j'avais menacé de faire en plaisantant, de m'enfuir aveuglément, follement, n'importe où, vers la liberté, aussi loin que possible.

Quand j'aurais dû me réjouir, j'avais en quelque sorte envie de m'asseoir par terre et de raconter de tristes histoires sur la mort des rois. J'ai pensé à Lincoln, un homme courageux s'il en est, qui avait pâli à l'idée du mariage et avait écrit des lettres de consolation à un autre dans un cas similaire. Alors que j'aurais dû me sentir le plus viril, je me sentais sans équipage.

Pourtant, étais-je un garçon pour être en proie à ces émotions ? À vingt-neuf ans, un homme devrait sûrement connaître son propre esprit et être maître de lui-même. Jamais auparavant je n'avais douté de ma façon de vivre. Dans un monde où tous ceux qui n'ont pas d'argent travaillent avec énergie pour en gagner, et tous ceux qui en ont un peu travaillent sans relâche pour en acquérir davantage, j'avais consciemment et avec détermination détourné ma vie du marché et vers une dévotion studieuse. aux livres. Grâce à mon revenu compact de moins de deux cent cinquante dollars mensuels que m'ont laissé de généreux parents, j'ai pu entretenir mon modeste appartement de la Douzième Rue et vivre une vie, sans but aux yeux de certains, sans doute, mais qui pour moi n'a pas de prix.

Ce maigre revenu et la vieille Écossaise Griselda Dow, avec son austérité biblique et son économie du nord de la Grande-Bretagne, entourent mon existence du confort d'un coussin. Parce que deux moineaux vendus pour un sou, c'était pour Griselda une raison et une incitation aux miracles de l'économie. Changer tout cela en trois semaines — et je n'en ai pas encore informé Griselda ! Dans un tourbillon d' agitation , j'ai commencé à arpenter la pièce.

Peut-être suis-je idiot de nourrir de telles émotions, mais j'avoue que la vue de mon agréable bureau, couvert jusqu'au plafond des livres que j'aime et que j'ai rassemblés en si grand nombre, me remplit d'une mélancolie poignante. Déraciner tout cela ou le changer violemment semble être un péché que je ne peux me résoudre à commettre. Comment en étais-je venue à penser à le commettre ?

Gertrude est, bien sûr, une fille splendide. Malgré toute son énergie, elle peut pourtant sympathiser avec les légers succès d'un pauvre rat de bibliothèque et écouter avec patience le récit de ses triomphes comme s'il avait capturé un corps d'armée. Ma première édition de la Religio Médicis ne peut rien dire pour elle, qui ne l'a jamais lue, mais elle parut réjouie de ma victoire lorsque je l'achetais au nez et à la barbe d'un libraire rusé.

Quand avais-je demandé pour la première fois à Gertrude de m'épouser ? Il est étrange que je ne m'en souvienne pas, car notre amitié aurait pu continuer sur la même base agréable pour le reste de notre vie.

Je dînais seul avec elle un soir dans son appartement de Gramercy Park, je m'en souviens, et il y avait de la Moselle étincelante. Je ne suis pas un de vos toppers expérimentés, et cette Moselle étincelante est entrée dans mon sang comme un Caxton dans une reliure de Zaehnsdorf ou un premier in-folio de Shakespeare. Une brume dorée semblait émaner de chaque objet de la région de cette Moselle. Ensuite, je me souviens, Gertrude et moi étions sur un nouveau plan d'être. Nous parlions de mariage. Sans être « fiancés », nous parlions, selon l'expression de Gertrude, de « nous marier ». C'est ce soir-là que j'ai dû lui demander, mais, curieusement, je n'en ai aucun souvenir. Et maintenant, semble-t-il, trois années agréables se sont écoulées et le moment est venu.

De nouveau, je me rendis compte brusquement que je n'avais pas encore informé Griselda.

Et si Gertrude insistait pour que je m'installe dans son appartement ; accepterait-elle Griselda ? Et comment seraient domiciliés mes précieux livres ? Comme ils sont humains, ces livres, même silencieux ! Je les ai toujours trouvés attendant chaque fois que je revenais de voyages, de visites d'été, de campagne, de n'importe où. Leurs dos et leurs reliures semblent scintiller et émettre une salutation majestueuse, pour exhaler ce subtil parfum de cuir, d'encre et de papier que seuls les amateurs de livres connaissent. Ils ont développé en moi le sentiment de percevoir ces choses comme personne d'autre ne peut les percevoir. Comme il a été délicieux de les retrouver dans leurs paisibles légions, disposés et immuables, conservant les marques et les lapsus que j'ai laissés en eux, fidèles serviteurs et amis !

Je décroche l'« Antigone » du Sophocle de Cambridge qui me fait face tandis que je me lève et ouvre au hasard le refrain : « Amour, amour invincible ! qui fait le plus de ravages dans les richesses, qui veille sur la douce joue de la jeune fille ; l'immortel ne peut t'échapper, ni aucun des hommes dont la vie est d'un jour ; et celui vers qui tu es venu est fou. Il est clair que Sophocle n'était pas moderne.

Ah, moi ! Je dois le dire immédiatement à Griselda, de peur que sa probité écossaise ne m'accuse de malhonnêteté ou d'évasion. J'ai appuyé sur une cloche. Je ne pouvais pas affronter Griselda dans la cuisine qui est son fief. Je dois la convoquer chez moi.

Griselda, avec une casquette bleu chiné de travers sur ses cheveux gris et grossiers, apparut à la porte.

"Vous avez appelé?" » a-t-elle demandé.

"Oui, Griselda, j'ai appelé. Entrez, je souhaite vous parler."

Griselda me connaît depuis que j'ai sept ans et toute ma gravité compte pour très peu chez elle. Elle est si riche de personnalité incrustée qu'elle donne à mon pauvre petit appartement des airs d'établissement.

"Vous m'appelez toujours, M. Randolph", m'a-t-elle informé avec un peu d'irritation, "juste quand j'ai les mains dans le moule à pâte ou quand la marmite déborde."

« Qu'est-ce que c'est maintenant ? » Lui ai-je demandé en riant un peu tristement.

"Les deux", fut sa réponse laconique.

"Dépêche-toi," lui dis-je. "Ce que je voulais dire restera."

"Tout comme un homme", marmonna Griselda en me quittant sans cérémonie.

Le soulagement que j'ai ressenti était honteux. Faire face à Griselda avec la nouvelle d'un possible dérangement dans nos vies exigeait un courage, une détermination avec laquelle, à ce moment-là, je me sentais terriblement inégal.

Il y avait Dibdin et sa bienheureuse expédition archéologique. Il m'avait dit que j'aurais peut-être une place en tant que gardien des dossiers et des archives. Si seulement il avait commencé la semaine dernière. Dans un brouillard de vision bien connu des rêveurs, j'ai soudainement vu le bateau à vapeur en forme de navire avec des ponts en pierre sacrée, la ferronnerie scintillante, le soleil opulent du Pacifique Sud se déversant sur les passagers légèrement vêtus se prélassant dans des chaises longues ; des filles en blanc flirtant paresseusement avec des hommes indolents. Quels océans de joie et de bien-être pouvait-on trouver dans le monde pour ceux qui savaient les prendre !

Et bien! Gertrude ne s'opposerait pas à mon départ, puisque la liberté individuelle absolue est la clé de voûte de notre prochain mariage.

J'ai décidé d'appeler Dibdin .

"Notre ligne est en panne", m'informe le standard ci-dessous. "Ils enverront un homme ici dès que possible."

Frustration! Je ne souhaitais pas que le portier coloré en dessous entende ce que je disais. Il a une idée de ma dignité.

Avec une agitation nouvelle pour moi, je me remis à arpenter la pièce, une pièce qui n'était pas conçue pour l'exercice. Il m'est venu à l'esprit que je devais aller voir ma sœur, ma seule proche parente. Elle était sûre d'être à la maison, car elle, la pauvre fille, est toujours à la maison, avec ses trois enfants et sa santé brisée.

Si ce foutu téléphone n'était pas en panne, je l'appellerais immédiatement. Avec ses trois jeunes enfants et un revenu exactement équivalent au mien, elle n'a guère de distractions à moins que je l'emmène au théâtre ou à l'opéra. Comment fait la pauvre fille, je me demande ? J'ai peur de lui demander et elle ne se plaint jamais. Je devrais la voir plus souvent ; si seulement elle vivait plus près que les profondeurs de Brooklyn.

Voilà le résultat d'un mariage romantique pour vous ! La pauvre Laura a commis l'erreur de tomber amoureuse d'un homme sur un bateau à vapeur alors qu'elle avait à peine dix-neuf ans et de l'épouser en secret ; après sept ans et trois bébés, le scélérat Pendleton, avec ses manières douces et son œil incertain, l'abandonna et disparut dans le bleu. Depuis lors, la santé de la pauvre fille n'a jamais été bonne.

C'est irritant de penser que j'aurais pu faire plus qu'un cadeau occasionnel pour Laura et les enfants. Mais je suis moi-même si misérablement pauvre.

Je n'arrive toujours pas à comprendre comment Laura a pu être si inconcevablement stupide qu'elle a épousé ce voyou de Pendleton avant de l'avoir connu trois mois – et ensuite d'avoir trois bébés !

Gertrude, en tout cas, ne pouvait se rendre coupable d'une chose aussi perverse.

Mariage, enfants, chaînes, esclavage, comme tout cela est sordide et inquiétant ! Assez bien peut-être pour les désespérés de la classe moyenne, les types semi-animaux, qui n'ont rien d'autre à attendre de la vie, ni à les absorber. Mais pour les gens qui ont des ambitions et des idéaux !

Quels sont mes ambitions et mes idéaux, je ne peux parfois m'empêcher de me demander ? Inutile d'analyser. La liberté de les avoir est avant tout.

Comme j'avais hâte d'en discuter avec Laura pendant ces longs étés dans notre chalet de Westchester où la vie semblait sans fin et l'avenir infini. Entre les sets de tennis, je lui ai expliqué les choses que j'allais faire dans le monde. Laura n'a que deux ans de plus que moi, mais comme elle avait bien compris et comme elle était sympathique ! C'est sa maternité, je suppose, qui l'a conduite au mariage et aux enfants.

Le parfum de ces étés vient maintenant à mes narines, le parfum du lilas et du chèvrefeuille, qui mettaient en tête des idées, des rêves d'accomplissement, de perfection et de bonheur. À qui appartient ce cottage maintenant, je me demande ? Les rêves de la pauvre Laura ont été déformés en une réalité très lugubre. Et qu'en est-il du mien ? Mais voici Griselda et elle annonce Dibdin .

Ce prêtre grisonnant de ce qu'il se plaît à appeler la science grogna d'une manière qu'il voulait être agréable alors qu'il s'avançait dans mon confortable bureau et s'affala dans mon meilleur fauteuil. Il ne semble jamais tout à fait à l'aise dans une pièce civilisée.

"Je n'ai pas pu vous joindre au téléphone", a-t-il fait remarquer. "Je pensais que je passerais voir quelles iniquités tu fais."

"Comme vous le voyez, lui dis-je, je suis plongé dans le crime."

"Voulez-vous me nourrir?" » demanda-t-il avec un ton bourru qui fait partie de son charme.

"Certainement. Que puis-je faire d'autre quand vous venez à cette heure ?"

"Très bien, alors je t'écouterai", dit-il.

"Mais comment, me demandais-je, sais-tu que je veux dire quelque chose ?"

"Vous avez l'air chargé jusqu'au bec", répondit-il avec élégance. "Qu'est-ce que c'est ? Une édition rare de quelqu'un ou d'autre ?" Diable incroyable, Dibdin . Je suis toujours mécontent de sa capacité à me lire de cette manière. Mais il me dit que, au cours de ses expéditions archéologiques, il a dû si souvent observer des visages d'Indiens, de Chinois, de nègres, de Turcs et d'autres dont il ne parlait pas la langue, que voir dans leurs yeux les désirs des hommes équivaut pour lui à une chose supplémentaire. sens.

"Eh bien, si vous voulez savoir", je me suis assis face à lui, "je suis déconcerté, déconcerté, perplexe, en mer, face à un dilemme - toutes ces choses. Je dois me marier dans trois semaines."

« Swain impatient ! fut son seul commentaire.

"Est-ce tout ce que tu peux dire?"

"Eh bien, en pensant à ce que tu sembles ressentir, je pourrais ajouter que tu es un sacré imbécile."

« Dis-moi quelque chose de nouveau ! » Rétorquai-je avec irritation.

"Je ne peux pas", dit-il. "C'est la seule chose que je sais."

"Complet", ai-je ricané.

"Complet", fut sa réplique succincte.

"Quel réconfort tu es!" J'ai pleuré avec un rire harcelé.

"Qu'est-ce qui t'a poussé à te lancer là-dedans ?" grogna-t-il.

"Le destin", lui dis-je.

"C'est un sort malheureux qui ne fonctionne pas dans les deux sens", a-t-il observé.

"Je suppose que j'ai l'air d'une brute, d'un cadou ou des deux," poursuivis-je. "Mais le fait est, Dibdin , que je ne suis pas un homme qui se marie. La fille en question n'a rien à voir avec ça. C'est une fille admirable, splendide, bien trop belle pour moi. Mais je déteste tout simplement l'idée de mariage - d'avoir des devoirs envers qui que ce soit. Je veux être libre de faire absolument ce que je veux, de partir avec vous aux Îles Salomon, ou en Chine ou à Popocatepetl si je le souhaite, ou de courir après une première édition si j'en ai envie. ... Bref, je ne veux pas me soucier de ma femme, de mes enfants, de la coqueluche ou de la rougeole, ni qu'ils se soucient de moi. Diriez-vous que cela est égoïste ?

"Merde," dit Dibdin sans émotion.

"Eh bien, c'est ce que je suis," rétorquai-je chaleureusement, "et cela ne sert à rien d'essayer de changer. Il faut une myriade de sortes pour créer un monde. Je suis une sorte, cette sorte-là."

"Non," dit gravement Dibdin , "non, je pense que vous êtes d'un autre genre."

« Cette liberté éternelle, belle et sans limites », continuai-je en l'ignorant. « Il est sûrement bon que certains mortels l'aient, Dibdin , et je la perds.

"Trois semaines de congé, tu as dit… les obsèques ?" » il a demandé.

"Oui," répondis-je tristement.

"Alors peut-être que ça n'arrivera pas," remarqua-t-il au plafond.

"Qu'est-ce qui te fait dire ça?" Je l'ai rattrapé.

"Je ne sais pas," répondit-il de son ton soigneusement paresseux qu'il prenait lorsqu'il souhaitait paraître oraculaire. "Juste le sentiment que tu mérites quelque chose, une bonne affaire, pire que le mariage." Puis il s'assit brusquement sur sa chaise et sortit un mince volume de sa poche : "Regarde ça," marmonna-t-il.

J'ai pris le livre relié en vélin et je l'ai ouvert.

"Un 'Horace' d'Elzevir !" M'écriai-je. "Où l'avez-vous obtenu?" Tout le reste du monde et tous mes soucis étaient devenus insignifiants devant ce trésor.

"Un collectionneur de livres ploutocratique vivant dans un mausolée de la Cinquième Avenue vient de me le donner", a-t-il répondu. "C'est un double. Il en a un autre, meilleur, de la même date. Est-ce que cela vous intéresse du tout ?"

"Valorisez-le!" J'ai pleuré pendant que mes doigts le caressaient. "Eh bien, je l'apprécie certainement. C'est un Elzevir parfaitement authentique - le grand Louis lui-même l'a imprimé à Leyde. Ce n'est pas ce qu'on appellerait une copie haute, et les relieurs ont gâché sacrilègement une large marge initialement fine. Ce n'est pas parfait. Mais c'est un splendide spécimen d'impression ancienne, avec la page de titre et le colophon intacts. C'est une beauté!"

"Vous avez vaincu le diable", murmura Dibdin dans sa barbe. "On peut s'enthousiasmer pour certaines choses, c'est clair. De toute façon, le livre est à vous", a-t-il conclu. "Je n'en ai aucune utilité."

"Tu ne le penses pas!" J'exultais incrédule. "Je suis tout simplement ravi, Dibdin , chatouillé de rose, comme tu dis ! Je voulais depuis longtemps l' Elzevir 'Horace'. Je n'ai pas un seul Elzevir à comparer avec celui-ci. Pensez à cela qui surgit de nulle part !" Et, à ma manière stupide, je me suis mis à jubiler devant ce petit volume mince et moisi, à examiner les perceuses à vis sans fin, à le montrer à la lumière à la recherche de filigranes sur le papier gris et, en général, je suppose, à me comporter comme un imbécile.

"Cela illustre mon propos", marmonna Dibdin , fouillant avec un épi de maïs malodorant et une blague à tabac.

« C'est important ? À quel point ? » Je le regardai distraitement.

"À l'improviste – ce livre auquel vous dites que vous aspiriez – tout peut arriver."

"Et vous vous considérez comme un scientifique", m'émerveillais-je en m'adossant au dossier de la chaise. "Des choses comme celles-ci arrivent, oui. Mais dans les affaires sérieuses de la vie , vous êtes coincé entre les meules des dieux, victime d'événements que vous ne pouvez pas contrôler. Regardez Rabelais et Montaigne, deux esprits libres s'il en est. Et pourtant l'un a été victime de la tromperie sacerdotale, de sorte qu'il a crié jusqu'à éclater de rire orgiaque, et l'autre, victime de la propriété, a pris une femme qui l'a dégoûté. (J'ai d'ailleurs de belles éditions des deux, que vous devrait regarder.) Mais chacun d'eux était une victime.

"Une victime si vous êtes une victime." Dibdin tira une bouffée sur sa sale pipe. (Je ne peux pas lui faire fumer une cigarette décente.) "Mais si vous savez jouer avec les circonstances, vous les utilisez comme j'ai vu un cow-boy en Arizona chevaucher un broncho. Vous les chevauchez jusqu'à ce que vous les cassiez. Regardez-moi, mon mon garçon", poursuivit-il avec un sourire mêlé de modestie et de bravade. "Je savais que j'étais un vagabond dans l'âme. Mais mon peuple aurait été brisé d'humiliation si j'avais révélé un 'clochard' entre ses mains. Alors j'ai pris les ruines et j'ai enterré des villes dans des endroits isolés, et poliment parlant, je suis archéologue. Mais je parcourt le monde à ma guise.

Cela, je l'avoue, m'a présenté Dibdin et toute l'affaire sous un jour nouveau.

"Pourquoi," ai-je finalement demandé, "je n'ai pas fait ça ?"

"Parce que tu n'es pas un clochard dans l'âme", a soufflé Dibdin .

"Oui je suis!" Je lui ai presque crié dessus. "C'est exactement ce que je dois être, puisque j'ai une telle horreur du foyer, de la domesticité."

" Toi avec tout ce confort – un appartement, une femme de ménage, tout le camion dans cette pièce ? Non, non, mon garçon ! Tu es destiné à autre chose. Pendu si je sais pour quoi, cependant. Ces choses sont trop profondes pour que généraliser. Le temps nous le dira.

Je me levai et fis le tour de la pièce, observant bêtement « ce confort » qui semble offenser Dibdin , bien qu'il aime assez s'étendre dans mon meilleur fauteuil. Les livres, les tapis, le feu, les chaises séduisantes, les heures heureuses que j'ai passées ici semblaient se presser autour de moi comme les fantômes de familiers, priant pour ne pas être chassés de leurs repaires.

"Alors pourquoi diable," demandai-je d'un ton accusateur, m'arrêtant devant lui, "m'as-tu encouragé et loué mes petits devoirs et mes petits travaux à l'université lorsque tu m'enseignais ?"

"J'essaie de t'apprendre," corrigea-t-il placidement. "Tu n'as jamais été professeur dans une grande université à la mode, mon garçon. Quand la plupart de tes soi-disant étudiants suivent ton cours parce qu'on dit que c'est un jeu d'enfant, pour pouvoir passer leurs soirées au billard, aux comédies musicales, ou autre, tout jeune diable doté d'un rayon d'intérêt intellectuel devient le garçon aux cheveux d'or du professeur. Même les professeurs sont humains. Vous admettrez que vous n'avez pas encore mis le feu à votre propre encrier.

"Tout cela n'a pas d'importance", répondis-je avec irritation. " Me voici dans le pétrin et vous parlez comme les consolateurs de Job. "

"Oui," acquiesça-t-il, "je suppose que oui. Mais en fin de compte , ce ne sont pas les consolateurs mais les événements qui ont tiré Job vers le haut. Attendez les événements avec résignation et attente, Randolph, mon garçon, et jouez au jeu. Misez votre pièce et attendez que la roue s'arrête et voyez ce qui se passe.

"Tu es un bon professeur !" Je me suis moqué de lui, quoique sans joie.

"Ça ne sert à rien," acquiesça-t-il joyeusement, frappant sa pipe contre le cendrier et empochant la chose nauséabonde. "Et n'ai-je pas abandonné l'enseignement à la minute où les événements l'ont rendu possible ? Les événements, mon garçon ; ils sont le professeur et les divinités auxquelles s'attacher. Érigez un petit autel au grand dieu Événement, ici même dans votre petit temple parfumé. C'est ce que je devrais faire", a-t-il conclu en marmonnant dans sa barbe.

"Au fait," a-t-il ajouté, "j'ai extrêmement faim."

"Oh, désolé," murmurai-je. " Content que tu sois ici pour manger avec moi, de toute façon. Cela me permet de retarder l'annonce de mon prochain mariage avec Griselda. "

"Quoi... tu ne lui as pas encore dit ?" cria Dibdin en se redressant sur sa chaise. "Cette belle et honnête jeune fille des Highlands ? Alors vous n'êtes pas un de mes disciples ! Affrontez les choses avec courage et affrontez- les équitablement, Randolph. Allez lui dire maintenant ! J'attendrai ici avec mon soutien hautement moral."

"Je—je ne peux pas," lâchai-je misérablement.

"Oui, vous pouvez", insista-t-il avec obstination. "Allez et faites-le maintenant."

Avec un geste de désespoir, j'ai appuyé sur la sonnette.

"Si je dois lui dire quelque chose," marmonnai-je entre mes dents, "je le dirai ici." Dibdin rit macabrement.

« Cette lâcheté, ce retrait de la vie », philosophait-il détestablement, « c'est ce que notre type d'éducation provoque. »

Griselda apparut à la porte.

"Vous avez appelé, M. Randolph."

"Oui... euh... oui, Griselda," et je me sentais bêtement chaud et rouge. "Je voulais dire..." et des gouttes de transpiration me piquèrent le front. Puis, désespéré, j'ai balbutié :

"M. Dibdin , Griselda... il dîne ici ce soir... c'est tout, Griselda !"

de Dibdin résonna dans la pièce. Comme je le détestais à ce moment-là ! Griselda nous balaya d'un regard impénétrable.

« Une place lui est réservée », dit-elle du ton de quelqu'un dont la patience est une vertu durement acquise. Et elle nous a quitté.

"Tu ferais mieux de te déshabiller, mon garçon", rigola Dibdin , "et d'enfiler ton maillot de lutte."

"Qu'est-ce que tu veux dire ?" » ai-je demandé d'un air boudeur.

"Le combat que la vie va vous donner sera un avertissement."

"Vous en savez beaucoup sur la vie !"

"Pas grand-chose, c'est un fait", observa Dibdin plus sobrement. "Mais j'ai dû faire face à certaines choses, Randolph. J'ai dû sourire à beaucoup d'Arabes graisseux dans le désert qui pensaient me retenir contre une rançon. J'ai dû rire de leur ambition ennuyeuse. de voyous chinois infâmes à Gobi, qui pensaient que cela leur servirait à me trancher la gorge. J'ai dû me frayer un chemin seul à travers une jungle d'Amérique centrale pendant des jours lorsque les indigènes bestiaux se sont enfuis avec les fournitures et m'ont laissé au milieu de " Un travail de fouille. J'ai eu d'autres petits épisodes. Mais jamais, mon fils, je peux le dire en toute vérité, je n'ai fait preuve d'un funk aussi bleu que tu l'as fait tout à l'heure devant la patiente Griselda. "

"Pourrir!" était ma seule réponse. "Allons dîner."

Il est dix heures passées. Le vieux Dibdin est parti et j'ai mis ces notes stupides.

Ce doit être par une étrange loi d'équilibre ou de compensation, je suppose, que ceux dont la vie est la moins importante en gardent le plus grand nombre. C'est une de mes faiblesses de souhaiter lire dans le futur les choses que je n'ai pas réussi à faire dans le passé. C'est bien pour toi, ô Randolph Byrd, âgé de soixante-dix ans, que j'écris ces notes.

Si seulement Gertrude avait pris sa décision magistrale dans trois mois, au lieu de trois semaines, j'aurais tenté ma dernière aventure et pris le prochain bateau pour l'Italie.

Biagi , cet érudit courtois et humaniste, m'écrit du Laurentien à Florence qu'il a découvert de nouveaux éléments concernant Brunetto . Latini — le professeur de Dante. Parmi les rares ambitions avec lesquelles je caresse, il y a toujours eu celle d'écrire une vie de Brunetto , qui a enseigné à Dante comment un homme peut devenir immortel. J'ai un bel exemplaire des œuvres de Ser Brunetto , le "Tesoro" et le " Tesoretto ", et cela me semble une petite encyclopédie assez minable en vers de connaissance, maintenant un peu dépassée. Il devait donc y avoir quelque chose chez l'homme lui-même qui permettait à Dante d'attribuer sa propre grandeur au professeur.

Mais je ne peux pas aller à Florence et revenir dans trois semaines.

Gertrude, je sais, me dira que je pourrai le faire après notre mariage. Mais elle attendra de moi que je « fasse le ménage » dans deux semaines.

Il n'y a rien chez Gertrude qui me terrifie autant que son efficacité. Je n'oserai jamais lui en parler, aussi ne m'y lancerai-je jamais et ne connaîtrai jamais le mystère de l'immortalité de Dante. Mais tout cela ne fait qu'un ; qu'ai-je à voir avec la grandeur ? Pas plus qu'avec le mariage.

Bur-rr! La pièce est froide. *Sparge ligna super foco* , comme le conseille le joyeux vieux Horace. Je viens d'obéir et de mettre une autre bûche sur le feu.

Mes nerfs doivent être un peu décolorés ce soir. J'aurais juré il y a un instant, alors que la pièce devenait froide, que ma sœur Laura se tenait devant moi. C'est ma mauvaise conscience, je suppose. Trop tard pour l'appeler maintenant. D'ailleurs, le téléphone est sans doute toujours « hors service ». Pauvre Laure ! Je l'ai vue, blanche comme la mort, avec des larmes coulant sur ses joues tirées. Quelles choses sont les nerfs humains quand ils sont un peu détendus ! J'irai voir Laura demain.

J'ai eu ma conversation avec Griselda et cela ne s'est pas mal passé.

« Griselda », commençai-je négligemment après le départ de Dibdin , « vous ai-je dit que je devais me marier dans trois semaines ?

Griselda n'est pas du genre à perdre son souffle en exclamations féminines futiles et flamboyantes. Elle est devenue un peu pâle, pensais-je.

"Tu sais très bien que tu ne l'as pas fait," répondit-elle d'un ton égal, tout en polissant une cuillère.

"Eh bien, je le voulais", lui dis-je assez sincèrement. "Tu ne t'y attendais pas ?"

"Non, monsieur," fut sa réponse directe.

"Moi non plus," lâchai-je avant de m'en rendre compte.

Un sourire ironique et inhabituel illumina un instant ses traits sombres et gitans.

"Tu n'as pas besoin de me dire ça", a-t-elle rétorqué, et je me demande ce qu'elle voulait dire par là. Ce n'est pas dans son genre de gaspiller des mots. "Est-ce que je dois," continua-t-elle, "prendre cela comme un signal pour trouver un nouvel endroit ?"

"Dieu pardonne !" J'ai pleuré d'horreur. " Quoi qu'il arrive, Griselda, tu restes avec moi, que cela soit bien compris. "

"Et supposons que Miss Bayard ne veuille pas de moi ?" » demanda-t-elle avec une intensité calme.

"Alors elle ne voudra probablement pas de moi", lui dis-je. "Cette question ne se posera pas. D'ailleurs, Griselda, continuai-je, nous n'avons pas encore décidé comment nous allons nous débrouiller. Miss Bayard voudra probablement garder son appartement et moi le mien. Elle ne souhaiterait guère être je me souciais tout le temps de moi. »

"Et tu appellerais ça un mariage !" s'exclama Griselda consternée.

"Pourquoi pas?" Ai-je demandé doucement. "Je n'en sais pas grand-chose, Griselda, mais le mariage est déterminé par le type de licence que vous obtenez à la mairie et par ce que vous dit l'échevin. Les baux des appartements n'ont rien à voir avec cela, je suis assez bien sûr, même si je pourrais me renseigner.

Le visage de Griselda resta vide pendant un moment. Puis, tout à coup, elle fut pliée en deux dans un éclat de rire sauvage et hystérique. Je ne l'ai jamais vue aussi secouée par une cachinnation insensée. Peut-être que ses propres nerfs ne sont pas meilleurs que les miens. Même maintenant, je l'entends encore de temps à autre râler profondément comme un tonnerre étouffé. Mais je m'en fiche maintenant. Quel soulagement de s'en remettre !

Il est presque l'heure de se coucher. En examinant les événements de la journée, je ne peux m'empêcher de conclure que ma propre volonté a joué un trop petit rôle dans toute cette affaire.

Je dois voir Gertrude demain à temps et lui faire part de mon désir de courir à Florence avant notre mariage et de rechercher les nouveaux documents de Biagi concernant le bienheureux vieux païen Brunetto . Latini . Puisque Gertrude désire que je sois grand et célèbre, elle ne peut me refuser l'occasion de découvrir comment un homme grand et célèbre a accompli ce tour. En outre, ce qui a été retardé de trois ans peut sûrement supporter un nouveau retard de trois mois.

Mais bon Dieu ! Qu'est-ce que c'est? Des voix, des bruits de pieds dans le couloir, quelle armée m'envahit à cette heure ! Je crois entendre des voix d'enfants et un cri de Griselda, qui n'a jamais crié de sa vie !

CHAPITRE III

Laura, ma chère sœur Laura, est morte ! Ses enfants sont avec moi !

Sans avertissement, elle tomba brusquement sous ses fardeaux et, dans son dernier souffle, me confia ses enfants, moi !

Ce fait cataclysmique s'est installé dans mon cerveau et l'a engourdi ainsi que tous mes nerfs jusqu'à une paralysie glaciale et mortelle qui exclut tout le reste. Cela semble encore tout à fait incroyable – un cauchemar dont je me réveillerai avec une sorte de soulagement maladif à l'égard de la vieille coutume de ma vie tranquille.

Cependant, les turbulences et la douleur des trois derniers jours me fouettent toujours comme les vagues en colère après une tempête, d'une manière trop réaliste pour n'importe quel rêve. Je suis bien éveillé maintenant, je le sais, et pendant des heures, j'ai regardé fixement un abîme de ténèbres.

Que va-t-il se passer ou ce que je ferai ensuite, je n'en ai pas l'ombre d'une idée.

Laura est morte et ses enfants sont avec moi, et je suis leur tuteur et leur seule personne de confiance. Qui aurait pu me prédire un tel sort ou un tel rôle ? Trois jours! C'est incroyable! Il y a seulement trois jours, je protestais mollement parce que je ne pouvais pas m'embarquer immédiatement pour l'Italie pour examiner quelque manuscrit à la Laurentienne de Florence !

Non, par le ciel ! Ce n'était pas moi. C'était quelqu'un d' autre , quelqu'un que je connaissais vaguement, autrefois, un homme enviable, serein et joyeux, heureux de vivre, que je ne reverrai plus jamais.

Les trois derniers jours ! Je ne peux pas les bannir et pourtant je ne peux pas rencontrer leur souvenir. Est-ce moi qui ai fait face à la tragédie, ou est-ce quelqu'un d'autre ? Rien n'est sûrement plus tragique que la mort d'une jeune mère — et cette jeune mère, ma propre sœur ! Qui est-ce qui a enduré avec pierre l'épreuve des « arrangements » et la pantomime noire de la sépulture ? Je ne peux pas l'enregistrer, même pour moi-même, car jamais, je le sais, je ne désirerai m'en souvenir. A la mort de ma mère, j'avais encore Laura avec son sens pratique de femme. Mais maintenant j'étais seul. Je dis maintenant parce que, aussi lointaine qu'elle puisse paraître, cette tragédie sera toujours présente. Ma vie doit rester à jamais sous son charme abrutissant.

Il n'est pas croyable qu'il y a seulement trois jours j'étais assis ici dans mon bureau à discuter de bagatelles, de ces nombreuses bagatelles brillantes qui constituaient mon ancienne vie.

Il y a trois jours , le silence de cette maison a été troublé par les voix des enfants, le claquement de leurs pieds, et pour la première fois de ma vie j'ai entendu Griselda crier.

"Oh, M. Randolph", se précipita-t-elle en sanglotant, avec les sanglots secs et sans larmes de ceux qui connaissent bien le chagrin, "Miss Laura... elle... les enfants sont là !"

Je savais. Bien qu'intérieurement je sois tombé sans vie sous le coup, je savais clairement que Laura était morte.

"Est-elle très malade ?" M'entendis-je demander faiblement, avec un désir tenace de reculer encore devant l'épouvantable vérité.

"Elle... oh, M. Randolph", a-t-elle déploré, "vous ne comprenez pas, vous le savez très bien !" ajouta-t-elle soudain avec une dureté qui me surprit. "Nous devrons coucher les enfants dans votre chambre."

C'était comme si elle s'était soudainement révoltée devant la douceur de l'atmosphère de mon environnement, devant toute artificialité ou toute évasion. Elle semblait brusquement déterminée à affronter ouvertement les dures réalités.

"La fille va coucher avec moi", conclut-elle sans ton et se tourna pour partir.

"Quelle fille?" Ai-je demandé, hébété.

"Elle qui a amené les bébés ", a-t-elle répondu et m'a quitté.

"Envoyez-la ici, je veux lui parler !" J'ai crié après Griselda. Je ne pouvais pas supporter l'idée d'y aller. J'étais retenu sur ma chaise par un simple manque de courage pour avancer dans le gouffre épouvantable devant moi.

Je fermai les yeux et m'efforçai de faire taire le tumulte dans mon cerveau. Je voulais réfléchir. Mais seuls peuvent parvenir au silence ceux qui n'en ont pas besoin. Je ne pouvais pas. J'ai ouvert les yeux.

Une petite fille mince, âgée d'environ douze ou treize ans, se tenait devant moi. Ce ne pouvait sûrement pas être la fille dont Griselda avait parlé pour s'occuper des enfants. Elle était elle-même une enfant. Mes sens désordonnés me trompaient-ils ? J'ai éprouvé le frisson que le héros de Poe a dû ressentir à la vue du corbeau sur le buste de Pallas.

"Qui es-tu?" J'ai chuchoté.

"Je m'appelle Alicia, monsieur", répondit-elle avec de grands yeux gris effrayés fixés sur les miens.

"Qu'est-ce qu'il y a ?" J'ai balbutié.

"La dame a dit que tu voulais me voir."

"Avez-vous amené les enfants ?" J'ai respiré, incrédule.

"Oui Monsieur."

J'étais émerveillé. Ses yeux étaient ceux d'un enfant, mais ils étaient remplis de chagrin et d'une peur vieille comme le monde.

"Quel âge as-tu?" Je n'ai pas pu m'empêcher de demander, avec une inutilité assez insensée dans les circonstances.

"C'est le quatorze, monsieur."

« Et toi… tu es l'infirmière ?

"J'ai aidé Mme Pendleton avec les enfants avant et après l'école", répondit-elle avec plus d'assurance maintenant, mais toujours inquiète. "Je suis l'aide d'une mère, monsieur." Il n'y avait aucune gaieté dans mon âme, mais mes muscles déformaient mes traits en un sourire maladif.

"Je vois," murmurai-je mensongèrement. Mais je ne voyais que ma propre turpitude confuse face à mon aveuglement et à ma négligence face aux changements et aux besoins que la pauvre Laura avait été obligée de souffrir.

"D'où viens-tu?" » demandai-je, la gorge sèche, honteuse de demander quoi que ce soit d'important.

"Du... foyer pour... enfants à charge... dans le comté de Sullivan," murmura-t-elle avec hésitation, avec une teinte de couleur sur les joues. Soudain, je vis trembler ses lèvres pâles et, coupable, je réalisai que, sans réfléchir, comme d'habitude, je la soumettais à une épreuve simplement parce que j'étais tourmentée.

"Asseyez-vous," me forçai-je à parler d'une voix égale, "et dites-moi exactement ce qui s'est passé."

Elle se glissa jusqu'au grand fauteuil, le regard toujours fixé sur moi, comme si m'observer était désormais son premier souci. Elle agrippa le bras du fauteuil et resta un instant indécise, comme si elle craignait de se sentir suffisamment à l'aise au point de s'asseoir dans cette pièce.

"Asseyez-vous", répétai-je de manière plus encourageante, "et dites-moi ce qui est arrivé à ma sœur."

"Oui, monsieur," murmura-t-elle docilement, se perchant sur le bord de la grande chaise. "Eh bien," commença-t-elle, "quand je rentrais de l'école dans l'après-midi, Mme Pendleton était allongée. Les enfants traînaient autour de son lit et elle avait l'air très pâle."

"Oui, oui", la pressai-je avec impatience.

"Ensuite, je les ai emmenés en bas, je leur ai donné leur pain et leur lait et j'ai essayé de leur faire la lecture pour qu'ils se taisent. Mais seul le plus petit, Jimmie, voulait écouter. Randolph et Laura voulaient jouer aux Rois et aux Reines." J'ai réalisé que je devais entendre l'histoire à la manière de la fille.

"Ensuite," continua-t-elle avec un effort d'exactitude, "j'ai pensé que Jimmie et moi ferions mieux de les rejoindre, car je pourrais ainsi les empêcher de faire autant de bruit. Nous avons joué jusqu'à l'heure du dîner. Mais Mme Pendleton ne l'a pas fait. Je me sens assez bien pour descendre. Alors les enfants et moi avons dîné en bas et Hattie – c'est la cuisinière – a apporté le dîner de Mme Pendleton sur un plateau.

Cela devait être pendant que je me lamentais auprès de Dibdin sur la dureté de mon sort.

"Et alors, qu'est-il arrivé?" Murmurai-je en me détournant de son regard.

"Je suis montée voir si Mme Pendleton voulait quelque chose," reprit-elle nerveusement, effrayée par mon mouvement, "et elle a dit non, mais qu'elle se lèverait plus tard quand il serait temps pour eux d'aller se coucher. Alors j'ai les a aidés avec leurs leçons jusqu'à l'heure du coucher et Mme Pendleton est descendue. Elle a dit qu'elle se sentait un peu mieux, mais elle avait l'air très triste et blanche. Et quand elle a commencé à monter les escaliers... " Ses lèvres devinrent de nouveau tremblantes et les larmes coulèrent. hors de ses yeux, mais elle finit par se contrôler courageusement.

"... Elle est tombée... et..." elle s'est mise à pleurer amèrement, "elle a juste dit : " Les enfants... mon frère... téléphone... " et c'est tout... " et cette pitoyable enfant qui n'avait aucun lien de parenté avec ma pauvre sœur sanglotait convulsivement.

Cela devait être à peu près à l'époque où j'étais à table avec Dibdin et, de l'autre côté du sauterne, je me plaignais auprès de lui de l'étroitesse de mes revenus, en raison des lacunes et des besoins de ma bibliothèque.

"Nous n'avons pas pu vous joindre au téléphone", trouva-t-elle enfin le souffle de prononcer. " Alors j'ai amené les enfants ici. Hattie m'a dit comment y aller. Hattie est seule là-bas. "

Rien au monde ne pourra plus jamais me poignarder comme le poignant de son récit m'a poignardé. Ma vie semblait brisée, irréparable. Tous mes rêves étaient terminés. Laura était partie et voici ses enfants confiés par le destin à mes mains – à moins que leur scélérat de père ne revienne un jour pour m'en débarrasser. J'avais vécu paisiblement et sans danger à ma manière, mais pour une raison impénétrable, le destin m'avait choisi pour porter son coup le plus dur.

"Très bien," lui dis-je aussi gentiment que possible dans les conditions, "maintenant, retourne à Griselda et va te coucher. Je vais devoir réfléchir."

"Oh... mais la maison !" s'écria la petite fille, et je ne souhaite plus jamais voir une telle horreur sur un visage enfantin qui figea à cet instant les traits de la petite Alicia. "Toute seule", ajouta-t-elle, ses fines épaules se soulevant. « Vous n'y allez pas maintenant, monsieur ?

"Maintenant!" m'exclamai-je en regardant automatiquement ma montre. "Eh bien, oui, dans quelques minutes, mon enfant."

"Mais… Hattie est là seule…" balbutia-t-elle. "Il n'y a personne d'autre, alors je ferais mieux de rentrer."

Bien entendu, il était évident que je devais y aller immédiatement. Mais pourquoi un enfant devrait-il voir spontanément ce à quoi je suis obtus ?

"Oh, eh bien, tu as raison, bien sûr - je dois y aller immédiatement - je n'y avais pas pensé - je vais y aller maintenant" - et je me suis détourné d'elle, j'ai soulevé le rideau et j'ai regardé dans la rue humide et sombre. ci-dessous. La vie s'était effondrée et ses ruines tombaient autour de mes oreilles brûlantes. Je sais à peine combien de temps je suis resté là, complètement inconscient de la fille Alicia.

"S'il vous plaît, M. Byrd", j'ai été surpris d'entendre une voix enfantine et en larmes derrière moi - "ne verrez-vous pas les enfants avant de partir, monsieur ?"

Je me retournai brusquement.

"Les enfants ? Oh, oui, non !" L'horreur de la situation s'est abattue sur moi comme une avalanche qui était restée suspendue un instant puis s'est écrasée sur moi de manière étouffante . "Non," murmurai-je d'une voix rauque, "Je ne peux pas, pas maintenant, pas maintenant !" Une sorte d'obscurité glaciale engourdit mes sens.

Comme un coup de pistolet, j'entendis soudain la voix dure de Griselda dans l'embrasure de la porte.

"Le taxi est à la porte, M. Randolph. N'oubliez pas vos caoutchoucs."

Et comme un automate galvanisé dans la vie, je me suis retrouvé à tourbillonner vers la maison de la mort.

CHAPITRE IV

Depuis une semaine, les enfants sont avec moi et rien n'a encore été fait pour eux. Une autre semaine, je pense, me rendra fou d'indécision.

Il me semble incapable de sortir de l'ombre du mystère et de la terreur dans laquelle mon monde serein a été si soudainement plongé. Le bureau bordé de livres est mon refuge solitaire ; et comme une écolière, je ne peux rien faire d'autre que de déballer mon cœur avec des mots.

J'ai vu Gertrude.

Il est étonnant de constater à quel point même nos amis les plus proches et les plus chers sont démunis face à quelque chose de vraiment capital.

"Pauvre Ranny ! Comme c'est horrible !" Gertrude a pleuré dès qu'elle en a entendu parler pour la première fois, en me tordant la main. "Mais courage, mon cher garçon. Tu sais ce que je ressens. Il y a une issue à tout." Elle parlait, pensai-je, comme si j'avais besoin d'argent liquide.

Elle était ici cet après-midi pour voir les enfants. Gertrude n'a rien à voir avec les enfants. Ils semblaient étrangement timides envers elle, une femme, bien qu'ils tombèrent littéralement sur le cou du vieux Dibdin grogneur et grisonnant . Ils sont toujours subjugués par la soudaineté de leur tragédie, même si, me dit Gertrude, le véritable chagrin est, Dieu merci, au-delà d'eux.

"Il faudra trouver un moyen de disposer de ces chères choses", remarqua-t-elle vivement. Et même si je ne sais absolument pas quoi en faire, je ne peux pas dire que j'ai apprécié sa façon de le dire.

"Que pourriez-vous suggérer, par exemple ?" » demandai-je d'un ton ennuyeux.

"Les écoles, chère Ranny , les écoles", répondit-elle avec impatience. "Il y a des endroits comme à la maison tenus par des femmes splendides - juste faites pour de tels cas. Pourquoi, même le petit - Jimmie, n'est- ce pas ? - Quel âge a-t-il ? quatre ans ? - Il y a des endroits même pour des enfants aussi jeunes que ça."

Une lourde confusion, à l'opposé de l'enthousiasme, m'oppressait.

"Tu oublies, Gertrude", m'efforçai-je de lui rappeler le plus doucement possible, "Laura m'a confié ces enfants dans son dernier souffle, à moi, son seul parent. Croyez-vous que je devrais les jeter tout de suite, Dieu sait. où!"

"Bon Dieu, Ranny !" s'écria-t-elle en rougissant avec un sourire de colère particulier à Gertrude quand elle est agacée. — Quel sentimental vous êtes au fond, après tout !

"Un sentimentaliste, moi ?" Je me sentais blessé. "Mettez-vous à ma place, Gertrude, et voyez à quel point une telle décision serait facile pour vous."

"Oui, Ranny , c'est exactement ce que je fais", insista-t-elle avec impatience. "Mais ne vois-tu pas que s'il y a une chose que tu ne peux pas faire, c'est de les garder ici... ou dans mon appartement ?"

"Oui," dis-je, "je vois ça. Mais je vois aussi que je ne peux pas les présenter parmi de parfaits inconnus, une semaine après la naissance de leur mère..." Je ne pouvais pas faire confiance à ma voix idiote pour finir.

"Oublies-tu," demanda Gertrude avec son sourire qui me rend imbécile, "oublies-tu, Ranny , que nous devons nous marier dans deux semaines ?"

"Non, Gertrude, loin de là. Mais c'est pour cela que nous discutons de ce problème, parce qu'il est déroutant. D'ailleurs, les bonnes écoles sont forcément des choses assez chères."

"Oh," dit Gertrude, "bien sûr. Mais les revenus de la pauvre Laura devraient suffire..."

"Ma chère Gertrude, c'est ce que je ne sais pas. Carmichael doit m'en rendre compte aujourd'hui ou demain. Laura ne m'a jamais parlé de ses questions d'argent. Mais, comme vous le dites, il y aura probablement ça suffit... Seulement, ce n'est pas tout à fait ça... voyez-vous, Gertrude... " J'ai pataugé.

"Oui, je vois, Ranny , je vois", m'a-t-elle martelé à la manière exaspérante des femmes. "Vous ne pouvez tout simplement pas avoir assez de volonté pour faire quelque chose. C'est la vieille histoire. Mais vous devrez le faire, ma chère," et elle sourit gentiment. "Vous avez toute ma sympathie et toute la coopération dont vous aurez besoin. Mais la seule chose que nous ne pouvons pas faire, c'est rester immobiles. Vous comprenez cela, n'est-ce pas, Ranny ?"

"Oui. Je comprends cela. Mais mon cerveau est aussi fertile en projets qu'une poignée de porte en verre."

"Je vais te dire ce que je vais faire, Ranny ", résuma Gertrude. "Je sais que tout cela a été un grand choc pour vous. Je vais vous laisser tranquille pendant quelques jours pour changer les choses. Et pensez à ce que j'ai dit. Mais ensuite, nous devrons prendre une décision définitive. Je" Je donnerais n'importe quoi si cette chose terrible ne s'était pas produite maintenant — mais on n'y peut rien, n'est-ce pas ?

C'était très gentil et raisonnable de la part de Gertrude. Et c'est mille fois dommage qu'elle se sente affligée. Mais cela aurait été dix mille dollars de plus si la pauvre Laura était morte juste après notre mariage au lieu d'avant. Dans l'état actuel des choses, le problème qui se pose à moi vient en grande partie du mien. Si nous étions maintenant mariés, Gertrude aurait dû en supporter une part indue.

Vais-je un jour retrouver l'ancienne tranquillité et la paix qui étaient les miennes ? C'est la première pensée qui m'est venue en me séparant de Gertrude, une pensée égoïste, comme je l'ai immédiatement compris, au vu de ce qui m'attendait. Je ne peux plus penser comme je pensais et de nouveaux sentiments luttent pour naître en moi, à la mesure de la nouvelle responsabilité. Le monde, à mesure que je le parcoure, semble présenter un aspect étrangement différent de ce qu'il avait il y a une semaine. C'est tellement froid, étranger et creux !

Alors que je rentrais dans mon bureau, j'entendis un fracas dans la salle à manger, qui est maintenant la chambre des enfants, et quand je les aperçus, la fille Alicia ramassait des morceaux de verre et Ranny , l'aîné des garçons, annonça doucement : "C'est cassé" d'une manière qui le trahissait si visiblement, tous les autres ne pouvaient s'empêcher de rire ; et ils rirent encore plus fort quand je les rejoignis. Confus et en colère, le garçon sortit en courant de la pièce.

C'est un monde à part, celui des enfants, dans lequel les parents, je suppose, évoluent progressivement. N'étant pas le parent de ces enfants, je crains de ne jamais y pénétrer.

Tôt ou tard , ils devront être renvoyés, comme le prétend Gertrude. Et je dois faire face à cet événement immédiatement.

J'ai été interrompu à ce moment par l'irruption dans la chambre de Jimmie, le plus jeune, inimitable, grotesquement informe en tenue de nuit , babillant vers moi et se réfugiant entre mes genoux. Il était poursuivi par la jeune fille Alicia qui se tenait timidement et souriante dans l'embrasure de la porte, comme si toute explication était vaine.

"Eh bien, mon vieux, qu'est-ce qu'il y a ?" » demandai-je avec une fausse sévérité, même si en vérité j'avais plus peur de lui qu'il ne l'avait évidemment de moi.

" Je veux te dire des prières comme maman ", prononça-t-il d'un seul souffle excité, comme s'il s'agissait d'un seul mot.

"Tu veux quoi?"

"Il dit qu'il veut vous dire ses prières, monsieur", dit clairement la jeune fille. "Je suis désolé, il s'est détaché. Dois-je l'emmener, monsieur ?"

" Je veux te dire mes prières comme maman", a insisté l'enfant de Laura en se mettant à genoux. Et avec un pincement de tristesse qui a fait mal à tous mes sens, j'ai vu l'image du passé : la pauvre Laura avec son visage doux et résigné, vivant alors qu'elle ne vivait que dans ses enfants, écoutant les prières de cet esprit avec le soleil soyeux dans l'intérieur. ses cheveux.

"Très bien, Jimmie", murmurai-je faiblement alors qu'il s'accrochait à moi; "poursuivre."

Me serrant fermement par le cou et blotti son visage contre le mien, il prononça avec une douceur de gorge enfantine les quelques mots adressés à l'Esprit créateur que l'humanité du monde entier, sous une forme ou une autre, appelle Notre Père. "Et mon Dieu", conclut-il avec un brillant triomphe dans les yeux, "bénis maman et oncle Ranny ."

Rien de ce dont je me souviens ne m'a jamais ému autant que cet enfant m'a ému. Comme sainte Catherine de Gênes lors de son confessionnal décisif, il me semblait recevoir une profonde blessure intérieure par l'acte de cet enfant, tendre, amère et douce, que je ne désire jamais guérir. Pour le moment, Laura et moi étions plus près de ne faire qu'un que jamais nous ne l'avions jamais été de son vivant. Je n'oublierai jamais la douceur et le parfum de ce petit enfant et sa confiance chaleureuse en moi. Et j'ai l'intention de le rejeter.

"Viens, maintenant", intervint Alicia, comme pour rompre un sort.

"Encore un câlin", s'écria Jimmie avec l'arrogance de la droiture. Et adaptant son action à ses paroles, il descendit de mes genoux avec une maladresse engageante et se dirigea vers Alicia. Une fois de plus, j'étais seul avec mes pensées.

Se pourrait-il qu'un instinct chez l'enfant dont le cœur est encore ancré dans celui de sa mère l'ait poussé à rechercher la personne la plus proche de sa mère ?

Je ne peux pas le dire, je ne peux pas le dire.

Oh, mon Dieu – et je dois l'envoyer, lui et les autres, les enfants de Laura, loin, parmi des étrangers !

Il ne semble y avoir aucune autre issue.

J'ai tourné paresseusement les pages des livres à la manière des gens livresques, à la recherche d'inspiration, d'un mot d'orientation. Brunetto me dit, sur la parole de saint Bernard, que l'or terni vaut mieux que le cuivre brillant ; et que l'âne sauvage braie une fois par heure et constitue ainsi une excellente montre pour son voisinage sauvage. Mais rien de tout cela ne jette une lueur sur mon dilemme. Rabelais n'arrête pas de crier depuis sa page jaune : " *fais ce que vondras* . » Mais qu'est-ce que je désire faire ?

Ah, je sais ce que je désire faire ! Après tout, il y a des conseils dans les vieux livres.

J'aurai la fille Alicia, et je verrai ce que je peux glaner. Elle a été élevée sans amis ni parents. Et même si une institution est plus une machine qu'une bonne école, ceux qui l'ont élevée étaient de parfaits inconnus. Il y a peut-être là une lueur de suggestion.

Alicia est venue ici.

"Viens, mon enfant, assieds-toi", je l'invitai, observant qu'elle affichait toujours une tendance à me craindre. "Je souhaite vous poser quelques questions." Mais son petit visage tendu était encore hanté par une vague peur. "Il s'agit des enfants", ai-je ajouté, et elle semblait un peu plus à l'aise sur le bord de sa chaise.

« Combien de temps êtes-vous resté dans cette maison, dans le comté de Sullivan ? » Ai-je commencé en souriant pour me faire plaisir.

"Depuis que je me souviens, monsieur," répondit-elle.

« Étaient-ils gentils avec toi ?

"Oh, oui, monsieur."

"Comme c'est gentil ?— Qu'ont-ils fait pour toi ?"

"Ils nous donnaient à manger et—et des médicaments quand nous étions malades. Et à Noël, nous avions un arbre. Sauf que personne ne venait me voir. J'ai toujours regardé par la fenêtre pour voir si quelqu'un venait. Mais personne n'est venu."

"Oui, oui, je sais," poursuivis-je. "Mais vous ont-ils montré de l'affection, de la sympathie ?"

Alicia restait silencieuse.

"Tu ne vois pas ce que je veux dire ?" J'ai pressé.

"Oui, monsieur, je pense que oui."

"Alors pourquoi tu ne réponds pas ?"

"Je... c'est difficile à expliquer," et elle rit d'un petit rire effrayé. " Il n'y a personne là pour—pour faire ces choses que vous avez dites. Nous étions cinq cents là-bas. Si vous n'êtes pas malade, vous continuez comme tous les autres. Si vous êtes malade , ils vous donnent de l'huile ou quelque chose du genre. Parfois, un enfant fait semblant d'être malade juste pour que la matrone ou une infirmière puisse le prendre sur ses genoux et en faire toute une histoire. Et certains sont méchants – pour la même raison.

J'acquiesçai gravement, mais mon cœur était saisi d'une douleur poignante. J'ai vu les enfants de Laura obligés de feindre la maladie ou la délinquance afin de recevoir une touche d'attention individuelle dont, je suppose, chaque enfant a spontanément besoin.

« Étiez-vous heureux de partir de là ? J'ai demandé.

"Oh, oui, monsieur !" répondit-elle avec empressement.

"Tragique, ma pauvre sœur est en train de mourir", dis-je à moitié pour moi-même. "C'était une mère idéale. Maintenant, je ne sais plus quoi faire."

Alicia sauta de sa chaise et vint vers moi avec impatience. Son petit visage tremblant et travaillant, elle s'écria :

"Oh, M. Byrd, vous ne nous enverrez pas dans une maison, n'est-ce pas ?"

"Non, non ! Pas dans une maison", répondis-je sur la défensive. « Mais les écoles – il doit y avoir de bons endroits pour les enfants… »

"Ils se sentiraient très mal", réprima-t-elle un sanglot. "Ils adorent ça ici – même ici, Laura pleure sa mère tous les soirs – et le petit Jimmie…"

" Ce n'est pas grave, " je la reprenais précipitamment, " rien n'est encore décidé, ma chère enfant. Je suis content de t'avoir parlé. Tu vois, " continuai-je, " il y a si peu de place ici, et je... je sais rien à propos des enfants… »

"Mais il n'y a rien à faire", proteste-t-elle en sanglotant.

"Rien?" Je souris vaguement dans un effort pour la remonter le moral et posai ma main sur sa fine épaule.

"Rien à part les aimer", a-t-elle dit. "Je prendrai soin d'eux, autant que je peux." Comme c'est simple !

"Eh bien, nous verrons", ai-je voulu être rassurant.

"Dois-je retourner à la Maison ?" » demanda-t-elle d'une voix brisée, un bras cachant son visage.

"Oh, non, certainement pas," répondis-je précipitamment. "Nous trouverons un meilleur moyen que cela. Maintenant," ajoutai-je, "soyez une bonne fille, séchez-vous les yeux; courez et ne dites pas un mot de... notre conversation."

"Non, monsieur," murmura-t-elle docilement. Et toujours en déglutissant, elle m'a quitté.

Il est évident que la fille Alicia m'a été d'une aide décisive !

Mais il est tout aussi évident que je ne peux pas garder les enfants ici.

Dibdin est venu ici et il m'a laissé dans un état de distraction, pire si possible que celui dans lequel j'avais été auparavant.

Le brave garçon s'efforçait d'encourager largement et solidement.

« Toutes ces absurdités, grogne-t-il, sur les enfants qui sont les otages de la fortune. Ils sont la seule contribution qu'un être humain puisse réellement apporter au monde. tout ce que les gens des laboratoires font à propos des éprouvettes, des microscopes, des métaux et des germes, de tout ce que les gens passent leurs nuits blanches à mettre dans vos foutus livres — tout cela est fait pour eux — pour la prochaine génération et les générations qu'ils formeront. engendrer."

"Éloquent!" Je me suis moqué de lui avec désinvolture ; "Mais comment se fait-il que tu aies choisi d'être ce que tu appelles un vagabond ?"

"Élu?" grogna-t-il avec dédain. "Je n'ai pas élu. Il m'a élu. D'ailleurs," continua-t-il en baissant la voix, "j'aurais abandonné d'un coup, abandonné n'importe quoi, changé ma vie à l'envers, fait n'importe quoi si j'avais pu le faire." épouser la seule femme que je voulais. Je suis une de ces bêtes étranges pour qui il n'y a qu'une seule femme au monde, pas d'autre :

'Si le paradis me faisait un autre monde

D'une chrysolite entière et parfaite,

Je ne l'aurais pas vendue pour ça,'

» Cita-t-il, et il ajouta avec un rire rauque, « tu devrais connaître ton Othello. »

"Alors pourquoi diable ne l'as-tu pas épousé ?" Je ne pouvais m'empêcher de m'émerveiller.

"Trop tard", murmura-t-il, avec un sourire fantaisiste sur la tête, très engageant. "Elle était déjà mariée à quelqu'un d'autre quand je l'ai vue pour la première fois. Trop tard", répéta-t-il avec une tristesse méditative. "Mais ne parlons pas de ça," s'interrompit-il brusquement. "Est-ce que les enfants ont déjà commencé à aller à l'école ?"

"Quelle est l'utilité?" Je lui ai répondu sombrement. "Je n'ai pas encore fait de plans pour eux."

"Des projets ? Que veux-tu dire ?" » s'enquit-il, perplexe. Comme la fille Alicia, il semblait penser qu'il n'y avait rien à faire qui nécessitait une réflexion. Et je me demandais si les âmes simples de la vie étaient seulement les imprévoyantes ou les très jeunes.

"Considérez-vous cet endroit", demandai-je avec irritation, "comme une maison pour une famille avec trois enfants, sans parler du quatrième qui s'occupe d'eux ?"

"Il faut avoir un endroit plus grand, plus éloigné, bien sûr", répondit-il avec désinvolture en tirant sur sa pipe.

"Et suis-je une personne qui doit s'occuper et élever trois ou quatre enfants ?"

"Pourquoi diable pas ?" il a ordonné.

"Pourquoi diable oui ?" Rétorquai-je farouchement. "Qu'est-ce que je sais sur les enfants ? Quelle expérience ai-je vécue ? Me voyez-vous comme la nourrice de beaucoup de bébés ?"

"La nourrice soit pendue", répondit-il d'un ton bourru. "Voici votre première chance d'être utile au monde et... vous parlez comme ça..."

"Facile à parler", de ma part avec regret.

"Eh bien, qu'est-ce que tu comptes faire ?"

"C'est ce que j'essaie de comprendre," lui tombai-je amèrement. "Pensez-vous que c'est facile ? Je dois élaborer un plan : trouver des foyers pour eux, le bon type d'écoles, avec un environnement familial. Oh, c'est facile, je vous l'assure ! En plus," continuai-je sauvagement. , "tu sembles oublier que je dois me marier dans deux semaines."

"J'ai oublié ça", grogna Dibdin , avec un semblant de contrition. "Que dit la dame?"

"Eh bien, que devrait-elle dire ? Pouvez-vous vous attendre à ce qu'une fille, le jour de son mariage, devienne la mère harcelée de trois enfants qui ne sont pas les siens ?"

Dibdin sauta de sa chaise, cracha un juron entre ses dents et son front était couvert de rides.

"Écoute, Randolph," commença-t-il d'une autre voix. "C'est sacrément dur, et je le sais. Mais vous ne pouvez pas, vous ne pouvez tout simplement pas disperser les enfants de votre sœur Dieu sait où. Vous êtes le seul parent qu'ils ont. Mettez-vous à leur place. Ce serait la damnation. "... Si vous avez besoin de... plus d'argent," balbutia-t-il confus, "eh bien, lancez-vous... Je suis un de vos amis assez vieux pour... pour vous en avancer, hein ?"

Et il rit bruyamment en essuyant la sueur de son front.

"Tu es un bon genre de clochard," souris-je timidement, saisissant sa main. Je ne sais pas encore ce que Laura leur a laissé. C'est la chose du monde la plus facile, je vous l'assure . Mais je voudrais à Dieu de trouver le moyen de les garder !
"Facile ou pas", dit Dibdin d'une voix rauque, "si vous renvoyez ces enfants, je briserai tous les os de votre corps."

J'ai ri presque hystériquement. Je connais Dibdin . Lorsqu'il est le plus ému
et le plus sympathique, il est le plus violent.

"Ne pars pas," je m'accrochais à lui tandis que, la tête baissée, il se dirigeait
vers la porte.

"Il le faut," grogna-t-il. "Je dois réfléchir aussi."

"J'aurais aimé que tu te maries, Dibdin , et que tu aies tes propres enfants",
murmurai-je presque avec ma main sur son épaule. "Et je suis désolé pour
cette femme. Tu es un bon diable, Dibdin . J'aurais aimé savoir qui est cette
femme."

"Je vais te le dire ", murmura Dibdin , avec un ton étrangement rauque. "Je
vais vous dire qui elle était. Cela n'a plus d'importance maintenant. Elle était...
Non, par Dieu ! Je ne peux pas... pas maintenant !"

Et il est sorti d'un pas traînant, me laissant le regarder sans voix et bouche
bée.

CHAPITRE V

La fille Alicia continue de m'observer comme un animal domestique désorienté, vaguement conscient de la dissolution de sa maison. Je suis toujours conscient de ses grands yeux sur moi. Pour elle, je présume, je suis un Setebos qui peut infliger douleur et torture, comme la Mort elle-même ; qui peut perturber son petit monde d'affections collantes par le simple mouvement de ma main.

Je suis dans ce processus de remise des choses auquel Gertrude m'a avec indulgence m'a confié et je suis en fait plus loin d'une décision qu'il y a vingt-quatre heures. Je doigte mes livres et ouvre au hasard un volume du « Montaigne » de Florio dans une édition aussi parfumée de bonne encre et de bon papier que l'anglais Tudor est riche, et la première ligne qui me tombe sous les yeux est celle de Sénèque : « *Il qui ne vit pas assez pour les autres, vit peu pour lui-même.* » Cela signifie-t-il que ma longue absorption dans mes propres petits soucis m'a rendu incapable de prendre une décision sur quoi que ce soit d'important – que je vis trop peu ?

Hier soir, je me suis glissé dans la chambre où dormaient les enfants, pendant que Griselda préparait mon canapé dans le bureau.

Avec leurs visages rouges, ils gisaient là, brillant presque visiblement devant mes yeux avec cette foi parfaite que les enfants semblent avoir dans le monde des adultes qui les entourent. Heine parle quelque part d'anges gardant le canapé de l'enfant, et ce n'est pas de la pure poésie. Leur foi et leur confiance, encore illusoires, confèrent, je suppose, au rang angélique tout le monde autour d'eux. Randolph, avec un léger froncement de sourcils et des lèvres mobiles, rêvant apparemment de quelque chose d'actif et d'épuisant, comme il sied à son âge mûr de onze ans ; Laura, sereine avec le visage de sa mère et ses boucles égarées, et le petit Jimmie avec ses cheveux ébouriffés comme ceux d'un enfant de Praxitèle ou de Phidias, ils dormaient, sûrs de leur confiance, malgré leur récent deuil bouleversant.

Personne ne peut réellement savoir quoi que ce soit sur les enfants avant de les avoir vus dormir. Comme la fortune, ils sont toujours dans le giron des dieux. Jamais auparavant ils ne m'avaient touché comme ils semblaient toucher les sources cachées en moi à ce moment-là. C'était ainsi, imaginais-je, que Laura avait l'habitude de se faufiler dans leur dortoir avant de se coucher ; et cette vision, sans aucun doute, a été d'une aide puissante pour lui donner le courage de continuer sans se plaindre et avec courage face au chagrin, à l'humiliation et à sa solitude effacée. Aurais-je pu imaginer de telles choses plus clairement pendant qu'elle vivait.

Griselda m'a surpris en sortant de la pièce et elle a souri, l'austère et impénétrable Griselda, avec un tel sourire que Michel-Ange aurait pu représenter sur le visage d'une de ses Sybils Sixtine, ces sœurs étranges qui semblent tout savoir parce qu'elles ont tout souffert. .

J'ai murmuré une bonne nuit à Griselda et je l'ai effleurée nonchalamment, comme un garçon siffle avec une apparente insouciance lorsqu'il se sent le plus mal à l'aise ou le plus mal à l'aise.

J'ai dormi sur mon problème comme les vieilles femmes vous le conseillent, mais aujourd'hui je ne suis pas plus près de la solution.

Je continue d'essayer froidement de les imaginer dans des écoles et des foyers convenablement choisis, et pourtant certains tiraillements sur mes cordes cardiaques, une étrange alchimie du cerveau, effacent ces images avant qu'elles ne se forment et les remplacent par la vision que j'ai eue la nuit dernière dans mon chambre envahie.

Qui va m'aider à faire un choix ? Et avant d'avoir prononcé ces mots, je réalise que personne ne m'aidera. Ma salle à manger s'exprime en ce moment avec leurs rires, mais quelque chose en moi s'élève encore plus bruyamment contre la trahison que je prépare. Traîtrise! C'est absurde, bien sûr. J'ai parfaitement le droit de décider ce que je choisis. Mais déjà ce mot revient sans cesse dans mon cerveau chaque fois que j'envisage leur dispersion.

Ma décision est prise.

Je peux difficilement dire qui l'a fait. En réalité, je suppose que cela s'est fait tout seul. Mais quelle que soit la manière dont cela s'est produit, là – que Dieu m'aide ! – c'est là.

Gertrude a téléphoné pour lui dire qu'elle venait cet après-midi. Je lui ai proposé d'aller la voir, mais elle viendrait, a-t-elle gracieusement insisté, maintenant que j'étais père de famille, après avoir déjeuné avec un ami au Brevoort.

L'entrée de Gertrude est toujours aérée et joyeuse.

"Bonjour, Ranny ," murmura-t-elle légèrement, s'enfonçant sur le canapé et tendant les deux mains. Je les ai pris, je les ai embrassés et je les ai tenus dans les miens. J'étais bien conscient que pour elle c'était des jours de tension.

"C'est sympa", dit Gertrude en riant. "Mais ce que je veux, c'est une cigarette, une allumette et un cendrier."

"Bien sûr, comme c'est stupide de ma part !" J'ai marmonné et lui ai fourni ses désirs.

"Ces livres, Ranny ," souffla-t-elle en parcourant mes étagères chargées, "ils me terrifient à nouveau chaque fois que je les vois – quand je pense que tu les as tous lus."

"Ils n'ont pas besoin de vous alarmer", ai-je désapprouvé très sincèrement. "Plus je les lis, moins j'ai l'impression d'en savoir, vous en conviendrez." Et je me suis assis face à elle.

"Pas de place pour que le cerveau puisse se retourner ?" elle a ri. "Oh, allez, mon cher garçon, ce n'est pas si grave que ça. Je pense vraiment", ajouta-t-elle plus sobrement, "tu as un vieux haricot très sage sur tes épaules."

"Quelle découverte soudaine et surprenante vous conduit à des mots si téméraires ?" J'ai demandé.

"J'ai bien fait la découverte", acquiesça-t-elle avec emphase. "Quiconque peut gérer une situation comme celle-ci de la manière dont vous la gérez n'est pas un piquier."

Gertrude utilise souvent l'argot du jour pour protester avec humour contre ce qu'elle appelle mon purisme. Mais la vérité est que j'aime moi-même la langue vernaculaire.

"Transmettez-le", lui ai-je exhorté, ce à quoi elle a souri.

"Vous êtes un Arabe ordinaire de la rue", a-t-elle déclaré avec une ironie acerbe, "mais ce que je veux dire, c'est ceci. Je suis toujours du genre à agir rapidement - et je ne connais pas grand-chose aux enfants. Je vous ai exhorté à les renvoyer immédiatement. Mais je me rends compte maintenant que si peu de temps après le décès de la pauvre Laura, cela aurait été cruel — et d'ailleurs, cela n'aurait pas semblé bien. Maintenant, je vois les choses plus à ta façon, Ranny .

"Tu fais!" Je ne pouvais m'empêcher de m'exclamer.

"Oui," continua-t-elle fermement. "Je vois que ta voie est la meilleure. Je vois que nous pouvons nous marier tranquillement et faire quand même notre petit voyage. Puis, à notre retour, dans le cours naturel des événements et des réarrangements, nous pourrons leur chercher des endroits et nous installer. tout va bien comme la pluie. C'est ce que tu avais dans ta vieille tête intelligente, Ranny , j'en suis tout à fait sûr - et je t'admire pour cela.

"Je vois", haletai-je, me demandant quels mots ou quels actes avaient transmis cette stratégie élaborée à Gertrude. Pendant l'espace d'une minute, j'étais peut-être plongé dans mes pensées. La vision des enfants endormis dans leur foi innocente en moi est soudainement apparue avec vivacité et m'a frappé au cœur. L'image de Jimmie – la fille Alicia avec ses grands yeux nostalgiques me disant qu'il n'y avait rien à faire « à part les aimer » – tout cela palpitait dans mon cerveau à chaque battement de cœur. Et avais-je réellement imaginé le dessin complexe dont Gertrude me prêtait maintenant ? En ne frappant pas mon pauvre cerveau, je n'ai pu me souvenir d'une telle invention. C'était impossible. C'était nouveau pour moi. Alors quelque chose en moi qui est meilleur ou pire que moi a pris les rênes de l'occasion et, comme l'auditeur du discours d'autrui, je m'entendis dire avec une fermeté solennelle :

"Non, Gertrude, vous avez dû me tromper. Je n'avais pas un tel projet. Nous nous marierons, bien sûr, mais notre mariage ne peut faire aucune différence. Je ne peux pas chasser ces enfants, les enfants de Laura, de la maison. Pas maintenant, en tout cas, pas avant qu'ils soient plus âgés. Ils n'ont personne au monde à part moi et je compte les garder.

"Je veux dire les garder ! Tu veux dire ça ?" Elle haleta. Et cela me faisait mal d'être la cause d'une profonde rougeur au visage et au cou de Gertrude.

"Je n'ai jamais pensé quelque chose de plus sûr de ma vie", lui ai-je dit.

"Alors nous ne pouvons pas nous marier", dit Gertrude à voix basse, me scrutant toujours comme si elle se demandait si elle m'avait déjà rencontré auparavant.

"Pourquoi pas?" J'ai pleuré. "Pourquoi devraient-ils faire une si grande différence ? De toute façon, tu ne pensais pas que nous garderions chacun notre appartement séparé ?"

"Ne parlez pas de pourriture", lança Gertrude avec une exaspération que je déplore encore, car l'éclat d'acier de ses yeux n'était pas agréable. "Je ne vais pas me rendre ridicule en épousant une maison pleine d'enfants dont mon mari est l'infirmier. Est-ce que tu t'en tiens vraiment à ça, Ranny ?"

"Oui, Gertrude," j'acquiesçai. "Je dois."

Gertrude m'a regardé attentivement pendant un moment, puis, à mon grand étonnement, elle m'a ri au nez, un peu plus fort qu'à son habitude. Le rire était à cet instant loin de mes pensées.

"Oh, eh bien," reprit-elle sa légèreté de ton d'avant, "alors nous allons simplement reporter notre mariage un peu. Tu vas en avoir assez de ce jeu de maternité, Ranny , compte-le. Nous l'avons reporté de trois ans… quelques mois de plus ne peuvent pas faire une grande différence, n'est-ce pas ?

Puis elle s'est approchée de moi et m'a pris la main.

"Il faut donner du plaisir à la tendre conscience du petit garçon, n'est-ce pas ?" commença-t-elle d'un ton moqueur, à l'imitation d'un discours d'enfant, dans lequel elle n'excelle pas. "Peu importe, donnez-lui la tête à son petit caprice."

Gertrude est une femme remarquable.

« Peut-être n'est-il que juste, » conclut-elle plus sérieusement, « que nous différions cela, puisque vous êtes en ce moment en deuil.

"C'est absurde", lui ai-je répondu. "Laura n'aurait certainement jamais souhaité une telle chose. Notre mariage ne sera pas une affaire de faste et de fleurs d'oranger. Nous pourrions aussi bien nous marier maintenant qu'à tout autre moment."

"Non, Ranny ," répondit-elle de manière décisive. "Maintenant, c'est à mon tour d'être ferme. Je pense que j'ai raison."

J'aurais honnêtement préféré, malgré les conditions qui m'entouraient, épouser Gertrude sur-le-champ, sans plus tarder. Nous ne sommes ni l'un ni l'autre des jeunes gens pleins d'ineffables bêtises en matière de romance et j'éprouvais un sobre désir de toutes les finalités possibles au milieu de la confusion confuse et douloureuse dans laquelle le destin avait cru bon de me jeter. Mais Gertrude était obstinée.

Juste au moment où elle était sur le point de partir, on frappa doucement à la porte. Gertrude, dont la main était déjà sur la poignée, l'ouvrit. C'était la fille Alicia.

Avec un regard interrogateur vers le bas, Gertrude fixa la jeune fille de telle sorte qu'elle resta un instant fascinée, incapable de détacher ses yeux de ceux de Gertrude. Elle les tourna finalement vers moi et ils étaient troublés et implorants.

"S'il vous plaît, M. Byrd", dit-elle, "les enfants veulent aller se promener maintenant, au lieu de prendre des cours. Le soleil est au rendez-vous. Puis-je les emmener ?"

"Oui, oui," dis-je précipitamment. "Par tous les moyens."

"Attends une minute", ordonna Gertrude en souriant machinalement. "Comment t'appelles-tu, mon enfant ?"

"Alicia, madame."

"Alicia quoi ?"

"Alicia Palmer", et la voix de l'enfant était tremblante d'inquiétude.

"Et est-ce que vous donnez des leçons aux enfants ?"

"Oui, madame", répondit-elle en baissant les yeux comme si un crime l'avait découverte.

"Et quel âge as-tu?" » demanda Gertrude sans méchanceté.

"C'est quatorze ans, madame." La jeune fille leva immédiatement les yeux, sensible au ton plus doux. Mais voulant la soulager de l'interrogatoire, je lui dis maladroitement un mot pour qu'elle fasse sortir les enfants immédiatement avant que le soleil ne disparaisse. La jeune fille s'éloigna comme une ombre.

"Eh bien, elle est plutôt jolie, la petite chose", murmura Gertrude. "Vous aurez toute une ménagerie." Puis, se tournant vers moi en riant, elle s'écria : "Oh, Ranny , l'efficacité devrait être votre deuxième prénom."

"Peut-être que je ferais mieux de l'adopter ?" murmurai-je.

"Fais-le", dit Gertrude. "Eh bien, au revoir, mon vieux, je dois courir." Et dans sa hâte, elle a même oublié de me laisser lui dire au revoir.

Donc, après tout, l'échevin de la mairie ne devait pas encore chanter sa chanson sur nous. Sans aucune raison que je puisse aider, j'ai l'air d'être en disgrâce devant la fortune, aux yeux de Gertrude et des échevins.

Une mélancolie sans nom, une sorte de tristesse humoristique s'est emparée de moi.

Ce n'est pas ma tranquillité perdue que je regrette maintenant, et les railleries d'inefficacité de Gertrude ne me dérangent pas non plus. Mais au fond, j'ai toujours réalisé quel type d'homme je ne suis pas. Le type d'homme qui se tient debout face à tous les chocs et urgences de la vie, qui peut affronter tous les changements et tous les événements avec le même courage, qui peut prendre n'importe quelle situation par la main en souriant comme s'il en était le maître indiscutable et indulgent, c'est le genre d'homme que je souhaiterais être. Mais tous mes propres défauts m'accusent haut et fort d'incarner exactement le contraire d'un tel idéal. J'ai reculé devant la vie jusqu'à ce qu'elle me vienne comme un vêtement grossier et mal coupé plutôt que comme un gant. Il faut beaucoup de vie pour être en vie, et la terrible obsession me hante d'être devenue comme une momifiée dans cette obscure catacombe de livres.

Je me suis rendu au bureau de Carmichael à sa demande et le coup qu'il m'a porté est plus lourd que jamais depuis la mort de Laura.

Il semblerait que Laura, dans son désir désespéré d'augmenter ses revenus, ait spéculé sur les promesses mensongères des actions pétrolières et minières qui offraient des rendements fabuleux. L'une après l'autre, ses importantes obligations ferroviaires et sidérurgiques sont allées à ses courtiers pour des « marges » et certaines ont été vendues pour gagner leur vie courante. Pas étonnant qu'elle ait été obligée de recourir à un orphelinat pour une « aide-mère », qui est elle-même une enfant. Le résultat est qu'il reste moins de deux mille dollars du capital de Laura pour ses trois enfants orphelins de mère et de père, dont le plus âgé a onze ans.

Je ne doute pas que son inquiétude tourmentée et silencieuse à ce sujet n'ait précipité la mort de ma pauvre sœur. Carmichael lui-même, son avocat et conseiller, ignorait ses actes jusqu'à ce qu'il soit trop tard. La redoutable déesse Fortune ne fait clairement rien à moitié. Si ce n'était mon chagrin face aux souffrances que la pauvre Laura a dû endurer sans se plaindre, je serais poussé à un rire bruyant. Job, j'en suis sûr, a dû avoir ses moments où les consolateurs n'étaient pas là, où il riait jusqu'à ce que les larmes inondent sa vieille barbe abattue.

Et moi, reclus incompétent que je suis, j'ai entrepris de soigner et d'élever trois enfants ! J'admirerais au moins la complétude avec laquelle le destin joue son jeu ou produit ses situations, si je n'étais en ce moment totalement et pierreusement imperméable à toute pensée et à toute émotion – à moins qu'un sentiment inerte et mortel de désastre ne soit une émotion.

Non, ce n'était pas suffisant. Quel glouton que ce même Destin ! Dibdin est venu ici pour nous dire au revoir en toute hâte.

Il a entendu parler d'un navire qui partira de San Francisco dans une semaine et qui touchera son groupe d'îles particulier, de sorte qu'il n'aura pas à transborder à Papeete, comme c'était son projet initial. Je ne me suis jamais senti aussi complètement seul de ma vie !

Il a ri d'un rire curieux, qui semblait insensé mais exultant, lorsque je lui ai dit que j'avais décidé de garder les enfants. Ses yeux brillèrent et il se détourna un instant pour les cacher.

"Écoutez," marmonna-t-il d'une voix rauque, avec l'apparence de son air le plus terre-à-terre, "laissez-moi vous avancer environ mille dollars, au cas où vous en auriez l'utilité. Soyez un investissement pour moi." ajouta-t-il avec un petit rire. "A quoi ça me sert aux Marquises ou aux Îles Salomon, hein ?"

"Non, merci, Dibdin ", lui ai-je dit. "Je peux citer une ou deux bonnes banques sur l'île de Manhattan, si vous n'en connaissez pas."

"Ne sois pas un con, Randolph," répondit-il avec sévérité. "Je vais te faire un chèque."

"Non, vous ne le ferez pas", répondis-je avec la même obstination. "Je ne le prendrai pas. Si j'en ai besoin, je vous enverrai un câble."

"Diable, tu le feras," grogna-t-il avec irritation. "Les câbles ne passent pas là où je serai. Tu es un con, après tout."

"Merci. Voudriez-vous voir les enfants avant de partir ?"

"Hmm, oui," répondit-il d'un ton méditatif. "Non, bon sang !" ajouta-t-il avec une soudaine confusion. "Non, je ne peux pas. Je dois fuir. Il y a encore plein de choses à faire."

Diable impénétrable, Dibdin ! Qui aurait cru qu'il était rempli d'émotions si étrangement assorties ?

"Au fait," dit-il brusquement, alors qu'il commençait, "Carmichael… des nouvelles de lui… tout va bien ?"

Intérieurement, j'ai ressenti une traction comme si quelqu'un avait tiré violemment sur une corde en moi.

"Oh, oui," mentis-je aussi poliment que possible, "tout va bien. Vous me garderez des adresses, je suppose ?"

Il m'a scruté un instant avec une telle scrutation que, avec un tremblement, j'ai eu peur qu'il ne voie à travers moi.

"Oh, oui, bien sûr," répondit-il finalement. "L'Hôtel de France, Papeete, est une bonne adresse en attendant d'en entendre parler une autre. On me connaît là-bas."

"Bien," je lui tapai dans le dos. "Écrivez un mot à un ami chaque fois que vous le pouvez. Je me sens assez seul ici après votre départ."

"Solitaire!" Il a répété. « Et toi – oh, par George, et j'avais presque oublié – et toi qui vas te marier dans quelques jours – seul !

"C'est... off", ai-je balbutié, "pour le moment."

"Désactivé!" s'exclama-t-il consterné. "Est-ce qu'elle a rompu?"

"Remettez ça à plus tard," corrigeai-je.

« Quand tu lui as dit de garder les enfants ?

J'ai lentement hoché la tête, observant le jeu étrange de ses traits.

Il ouvrit rapidement les bras comme s'il était sur le point de me serrer dans ses bras comme un vieil ours grizzli, puis tout aussi vite il les laissa tomber, honteux.

"Par Dieu!" » dit-il solennellement. "Cela... cela me touche... la façon dont les choses se sont passées. Vous... vous êtes un homme, Randolph, mon garçon. Le courage... qui finit par tout gagner. Même quand il perd, il gagne. Oui, monsieur."

Je n'ai pas la moindre idée de ce qu'il voulait dire par ces mots.

« Tu as rompu à cause de ça ? » demanda-t-il brusquement.

Ce que mon geste annonçait à Dibdin, je ne le sais pas. Pour moi, cela exprimait tout ce que j'avais vécu au cours des dix derniers jours.

"Non, tu as raison. Cela ne sert à rien", dit-il en me tapant sur l'épaule. " Asseyez-vous bien, mon garçon. Courage, la seule chose ! Maintenant, au revoir, " il me tordit la main, " et que Dieu vous bénisse. "

"Pareil pour toi, mon vieux, et bonne chance."

Et maintenant, le seul ami intime que je possède est parti et a laissé dans l'atmosphère un trou aussi grand que Central Park.

CHAPITRE VI

Un étrange regard d'approbation manifeste que j'ai surpris récemment dans les yeux de Griselda me provoque un étrange pincement au cœur. Cela montre que les nouvelles conditions ont largement supplanté les anciennes. Griselda n'avait jamais pris la peine de m'approuver auparavant. Je n'ai aucun désir de changement chez Griselda, même pour le mieux.

J'ai réussi, mais je suis obligé d'enregistrer. J'ai trouvé une école en plein air pour Ranny et Laura dans Macdougal Street, près de Washington Square, ainsi qu'un jardin d'enfants à proximité pour Jimmie. La fille Alicia parvient à emmener Ranny et Laura dans la rue Macdougal en route vers sa propre école publique. Jimmie, qui n'y va que plus tard dans la matinée, pose problème. Jusqu'à présent, je l'ai conduit moi-même à son jardin d'enfants. Mais évidemment cela ne peut pas continuer, malgré le fait que Jimmie, voyant partir son frère aîné avec deux filles, se tourne vers moi avec un air de supériorité inimitable et observe :

"Nous, les hommes, devons rester ensemble, n'est-ce pas, oncle Ranny ."

Je suis tout à fait d'accord avec lui sur la politique générale, bien que j'aie pour objectif de prévenir de futurs troubles en indiquant que l'opportunisme régit souvent ces choses.

Les factures à terme payées d'avance aux écoles ont laissé un vide dans mon budget. Pour la première fois, j'ai été obligé de refuser une véritable affaire. Andrews, le libraire, m'a appelé pour m'annoncer qu'il avait quelque chose auquel je ne pouvais pas résister. En riant, je lui ai demandé de le nommer.

« Ce n'est rien de moins que le « Johnson » de Boswell, me dit-il avec une solennité particulière, édition originale, avec la faute d'impression à la page 135, un bel exemplaire.

« Daté du 10 avril 1791 ?

« Daté du 10 avril 1791 », répéta-t-il avec un triomphe impressionnant. Mon cœur se serra, même s'il battait fort. Depuis de nombreuses années, j'ai reçu une commande pour ce Boswell.

"Et le prix ?" Murmurai-je faiblement.

« Pour vous, dit-il, quatre cents dollars.

Griselda m'approuverait ouvertement si elle connaissait le courage qu'il fallait pour répondre à Andrews.

"Non, mon ami, je suis désolé mais je ne peux pas me le permettre pour le moment."

Andrews était incrédule. « Est-ce que je vous ai bien entendu ? » il a demandé.

« Exactement », lui ai-je dit, « si tu entends ça, je ne peux pas le supporter.

"Alors je refuse d'accepter le témoignage de mes oreilles", rétorqua-t-il avec entrain. "Je vais vous l'envoyer." Je lui ai dit que c'était inutile. "Oh, tu n'as pas besoin de l'acheter", a-t-il crié. "Mais j'insiste pour donner à un ancien client le plaisir de le consulter à loisir, dans sa propre bibliothèque."

Andrews est un bon diable astucieux, même s'il est un bon vendeur. J'ai régalé mes sens avec le Boswell, mais il faudra y retourner.

de Dibdin m'a laissé parfois très lourd sur mes propres mains. Il avait une habitude d'arriver à l'improviste au moment où on l'attendait le moins, si bien que je comptais sur lui dans les moments inattendus. Il n'y a personne pour le remplacer. Maintenant, les soirs clairs, je me promène sans but vers le nord et je me rends souvent au club, même si j'y ai si peu fréquenté que je connais à peine âme qui vive dans cet endroit. Hier soir, j'ai croisé mon camarade de classe, Fred Salmon, pour la première fois depuis des mois.

Fred est, devrais-je dire, mon antithèse exacte. Il est plein de rires, de bruit et d'exubérance. La richesse est son but dans la vie, et s'il dépensait à l'acquisition de richesses la moitié de la vitalité qu'il consacre au recueil d'anecdotes humoristiques, il serait aujourd'hui un homme riche.

"Bonjour, Ranny ", a-t-il crié en me voyant, "tu es juste à temps pour me rejoindre pour un petit rafraîchissement. Que fais-tu maintenant ?" Heureusement , il attend rarement une réponse. Avec une rapidité entraînée, il passa sa commande à un serveur et poursuivit : « Avez-vous récemment découvert des éditions rares, de beaux exemplaires, comme « Skeezicks » ou « Toodlums » de Gazook ?

"Non, lui dis-je, ma collection manque de ces chefs-d'œuvre."

"Dites-vous ce que vous devriez être, Ranny ", grogna-t-il alors que le serveur posait les verres. "Vous devriez être (voici comment !) un vendeur d'obligations !" » décida-t-il après une pause et avala sa liqueur ; – « ou bien un amateur de chiens ».

"Pourquoi ces appels exaltés ?" Ai-je demandé avec la plus douce curiosité.

"Tu es tellement idiot et tu as l'air si honnête", a-t-il expliqué, "que n'importe qui croirait tout ce que tu dis."

"Alors tu me croiras si je dis que je ne veux être ni l'une ni l'autre de ces choses, ni quoi que ce soit d'autre ?"

"Oh, bien sûr!" il a répondu chaleureusement. "Je le sais très bien. Vous n'avez rien contre moi. Je préférerais posséder quelques bons chevaux et suivre les courses sur les pistes du monde, si j'avais le choix. Au lieu de cela, je dois "Je vais séparer le monde de suffisamment d'argent pour me permettre de continuer. Si jamais tu es en difficulté, Ran," conclut-il d'un ton réfléchi, "faites-le-moi savoir. Je vous mettrai dans le bon jeu. Ne faites jamais d'erreur. J'ai suivi un cours en lecture de personnages pour cinq dollars – par correspondance – c'est comme ça que j'en sais autant.

Des dollars ! Des dollars ! Des dollars ! Chacun doit-il alors devenir une simple machine à amasser des dollars ? Je me souviens de Fred à l'université, rouge de la fraîcheur de la jeunesse, quand il faisait des blagues pour le *Lampoon* et, tant son énergie était abondante, tout le monde s'attendait à ce qu'il fasse de grandes choses. Et maintenant, il ne peut parler que de dollars – et il ne semble pas en avoir trop. Je ne suis rien moi-même, mais au moins personne n'attendait rien de moi.

Fred nous propose de jouer au poker, au bridge, aux dames ou au cribbage. Mais comme aucun de ces sports virils ne me tentait au moment de notre séparation, il m'informa cordialement qu'il me chercherait un jour.

Néanmoins, malgré tout son bruit et son vide, Fred rayonnait, ou me semblait rayonner. Ses idées sont puériles. Son discours est coulé dans un seul moule, selon un seul dessein, celui de susciter le rire. Mais il est vivant. Il n'est pas apathique. C'est ce que je déplore en moi, l'apathie qui m'a saturé après les événements récents, qui sont comme un liquide sombre qui est entré dans mon esprit à un moment donné et qui, par une action naturelle et incontrôlée, a taché chaque fibre de mon être. Ce n'est pas ainsi que je m'acquitterai de la tâche que j'ai assumée. Je dois devenir vivant !

Les enfants, je commence à le penser, sont les seules créatures réellement vivantes dans ce monde. Ils n'ont pas envie d'éditions originales qui sentent le moisi, ni de connaissance d'anciens dignes comme Ser Brunetto , morts il y a sept siècles, ni même de la conversion éternelle de la vie en dollars.

Aujourd'hui, j'ai été témoin d'une curieuse excroissance de leur imagination bouillonnante. Ma porte étant ouverte, j'ai pu assister à une cérémonie qui transformait ma salle à manger en église et les quatre enfants aux visages solennels en célébrants vifs du sacrement de mariage. Ils ignorent évidemment la méthode des « échevins ». Pour le plus grand plaisir de Jimmie et Laura, Ranny , mon neveu aîné, était en train de se marier avec une pompe hiératique avec la fille Alicia. Même elle savait qu'il ne fallait pas rire alors que le garçon lui glissait une bague au doigt, murmurant un charabia qu'il avait appris ou inventé, et la dotant de tous ses biens mondains. La marchandise consistait d'abord en une centaine de baisers, que le garçon administrait avec un réalisme sauvage, pour le plus grand plaisir de Jimmie et le rire incontrôlable de Laura. Cette partie de la dotation étant enfin complétée, il sortit de sa poche un petit pistolet-jouet et le lui déposa gravement dans la main. J'ai failli sauter de ma chaise quand j'ai vu ça. Un pistolet de toutes choses ! Qu'est-ce qui a bien pu faire penser cela aux petits singes ? Quel texte pour un cynique ! Peut-être que chaque mariée devrait recevoir un pistolet dans le cadre de sa dot de mariage ? Ils ont ensuite mangé joyeusement des morceaux de gâteau et ont ri et bavardé comme n'importe quel autre invité au mariage. J'ai fermé ma porte doucement et pendant un espace, j'ai été perdu dans mes réflexions. Car il m'est soudain venu à l'esprit qu'aborder la vie avec autre chose que l'enthousiasme ludique des enfants était une erreur sinistre et fatale.

Il était étrange que Gertrude ait choisi cette heure pour manifester le seul signe depuis sa décision qu'elle avait un souvenir de moi. Lorsqu'elle entra, précédée du coup et de l'annonce laconique de Griselda, les premiers mots qu'elle prononça furent :

"Eh bien, Ranny , et comment se passe la vie domestique ?"

"Très éducatif", lui dis-je, tout en répondant à ses désirs habituels. "Je viens d'apprendre la bonne manière d'épouser une femme."

"En effet?" murmurai Gertrude, un peu aigre, pensai-je, et comment ça se passe ?

"Ce n'est pas l'échevin qui est important", lui dis-je. "C'est fait avec cent baisers et un pistolet." En réponse à son air d'incompréhension, je lui racontai l'épisode de la salle à manger. À ma grande surprise, Gertrude n'y voyait aucun humour.

"Quel enfant tu es, Ranny ," elle secoua tristement la tête. "Et je pensais qu'avec tous tes défauts tu étais une personne sérieuse."

"Cela a dû être votre erreur fondamentale à mon sujet," répondis-je un peu penaud et pourtant agacé. "Je crains de ne pas être aussi sérieux que les enfants."

"Non", dit Gertrude. Puis après une brève pause,

"Avez-vous déjà décidé que les enfants devraient être envoyés dans des écoles ?"

"Mais non, Gertrude ! Une telle chose ne m'est pas venue à l'esprit depuis... depuis que nous en avons parlé", lui dis-je.

" Ranny , " elle se pencha solennellement en avant, " Je pense que je sais ce qui te trouble. Tu n'as pas besoin d'être aussi bêtement fier de moi. C'est une question d'argent, je suppose. Eh bien, je suis prête à les aider avec leur " Je sais que ces choses sont chères. Je suis prêt à mettre de côté une partie de mes revenus pour leurs factures. Nous pourrions arranger cette partie d'une manière ou d'une autre. Pourquoi, espèce d'idiot, ne me prends-tu pas dans ta confiance ? "

"Ce n'est pas ça du tout", balbutiai-je. "Pourquoi ne comprends-tu pas ? Ce sont les enfants eux-mêmes. Comment puis-je les renverser ?"

"Tu ne penses pas faire quoi que ce soit pour eux ici – toi et cette enfant trouvée, qui vient de Dieu sait quels parents ? Tu ferais mieux de me laisser gérer ça…"

Curieusement, je me suis senti offensé qu'elle parle ainsi de la fille Alicia qui semble faire partie intégrante de ma charge et de ma maison comme les autres.

« C'est très gentil de votre part, Gertrude, murmurai-je, d'offrir autant. Mais vous prendre de l'argent pour les enfants de ma sœur est… hors de question. Cela la mettait plus en colère que jamais.

"Je n'ai jamais connu quelqu'un d'aussi idiot", rétorqua-t-elle caustiquement. "Vous ne pouvez rien faire vous-même et vous ne laisserez personne vous aider." Et après avoir fumé en silence pendant quelques minutes, Gertrude se détourna de moi avec dégoût. Elle était également très élégamment habillée, avec un chapeau d'hiver des plus séduisants et de belles fourrures. Je voudrais faire plaisir à Gertrude. Mais elle semble incapable de comprendre mon point de vue, à savoir qu'en touchant ces enfants, je ressens ma responsabilité personnelle.

« Si seulement quelqu'un de plus proche d'eux que moi se présentait, murmurai-je abjectement, vous me verriez les regrouper si vite que leurs petites têtes bourdonneraient.

« Plus près, répéta-t-elle vaguement, quand on sait qu'une telle personne n'existe pas.

"Leur père, par exemple", expliquai-je. "Je n'ai aucune raison de le croire mort. Laura a toujours eu la certitude qu'il était vivant. Il y a toutes sortes d'explications possibles à son absence. Il reviendra peut-être, tu sais."

Gertrude se moqua amèrement de moi.

"La seule explication probable", rétorqua-t-elle, "c'est qu'il était fatigué de sa femme et de ses enfants. Il passe probablement du bon temps quelque part avec quelqu'un qui sait comment le tenir."

C'est une phrase qui m'a piqué. Pourquoi doit-elle insulter ma pauvre sœur maintenant dans sa tombe ? J'ai baissé la tête mais je n'ai pas pu répondre même si j'avoue un sentiment de sombre certitude que Jim Pendleton ne reviendra jamais.

"Au revoir", dit Gertrude en me souriant sinistrement.

"Au revoir", répondis-je en la laissant sortir. Mais elle ne m'a plus prêté attention.

Pourquoi devrais-je exprimer mon indéniable irritation sur Alicia, je ne le sais pas. Mais je l'ai appelée dans mon bureau dès que Gertrude était partie et elle est entrée avec un sourire éclatant. L'enfant, je crois, a l'air considérablement plus heureuse qu'elle ne l'était lorsqu'elle est arrivée ici et ses yeux sont moins mélancoliques. J'avais conscience de la sévérité d'un juge pendu sur mon visage. Mais Alicia a ignoré mon humeur. Peut-être m'a-t-elle découvert et sait-elle que je suis le moins à craindre alors qu'en apparence le plus despotique.

"Alicia," commençai-je sévèrement, "comment vont les enfants ? Est-ce qu'ils vont bien ?" (Quelle requête idiote !)

"Oh, oui, monsieur," répondit-elle avec étonnement.

"Je veux dire, sont-ils heureux ici ?" Je lui lançai un regard renfrogné.

"Oui, monsieur, ils trouvent ça charmant."

« Est-ce qu'ils… ont-ils peur de moi ? » Demandai-je austèrement, en regardant mes ongles d'un air sombre.

"Non-o, monsieur," balbutia-t-elle, "ils—ils ne le sont pas."

Je terrifiais l'enfant, réalisai-je avec un pincement au cœur. Mais quand j'ai levé les yeux, la petite renarde semblait avoir du mal à rire, même si cela ne peut guère être le cas. Elle a eu les manières de se détourner. Cet enfant est un petit bagage attachant, mais je n'aurai pas de bêtises.

"Et toi..." Je la relevai brusquement, trop brusquement peut-être, ce à quoi je souris en guise d'atténuation...

"Vous sentez-vous compétent pour continuer à vous occuper d'eux ?"

"Oh," haleta-t-elle – aucun soupçon de rire maintenant – "J'adore ça… Oh, vous ne pensez pas à… à me renvoyer, après tout, M. Byrd ?"

Il y avait un creux dans la voix de la pauvre fille et je me sentais stupide et brutal.

"Non, non," grognai-je d'un ton judiciaire. "Pas du tout. Je voulais simplement m'assurer qu'il n'y avait aucun problème d'aucune sorte. Je suggère que vous me rendiez compte tous les jours ou deux de tout ce qui vous vient à l'esprit et que vous pensez que je devrais savoir."

"Oui, monsieur," balbutia-t-elle, "je le ferai, monsieur."

"Est-ce qu'ils ont des vêtements, des chaussures et tout, assez chauds pour ce temps ?"

"Oh, oui, monsieur, des tas", répondit-elle en souriant à nouveau.

"Et toi, as-tu tout ce dont tu as besoin ?"

"Eh bien, oui, monsieur, je pense que oui." Ses chaussures semblaient fines et usées. Je n'étais pas d'humeur à être superficiel ou évasif.

"Est-ce que ce sont vos meilleures chaussures ?"

"Oui, monsieur," répondit-elle faiblement. Sa robe en calicot semblait également extrêmement mince.

"C'est tout," je la congédiai sèchement. "Demandez à Griselda de venir me voir, s'il vous plaît."

"Griselda," commençai-je, assez sympathique pour quelqu'un qui n'est pas en admiration devant moi, "J'aimerais que tu regardes la garde-robe de la fille Alicia et que tu lui procures tout ce dont elle a besoin en termes de chaussures et autres. Cela te dérangerait-il de faire ça ? "

"Oui, je vais le faire, M. Randolph. Je connais des endroits bon marché dans la Quatorzième Rue—"

"Dieu nous préserve, Griselda," l'interrompis-je. "Je n'accepterai pas cela. Il y a assez d'inégalités et de chagrins dans le monde sans que cela concerne les enfants. Non, non. Achetez les choses là où vous avez acheté les autres — pour les enfants de Miss Laura."

Griselda rit d'une voix rauque.

"Vous ne commencerez pas à ruiner la jeune fille avec des vêtements criards !" s'exclama-t-elle.

"Non, Griselda, je ne le ferai pas. Les bons vêtements n'ont encore jamais ruiné personne", lui ai-je donné comme ma véritable conviction. "C'est l'inverse. Ce sont de mauvais vêtements qui rongent votre estime de soi comme le renard dans l'histoire du garçon spartiate."

"Avez-vous consulté les factures des vêtements des enfants ?" elle m'a lancé.

"Pas encore," répondis-je doucement. "Mais je ferai une visite à pied à travers eux un de ces jours."

"Tu marcheras à reculons quand tu le feras, je pense", lança Griselda, et elle disparut en marmonnant. Dans le lexique de Griselda, l'extravagance est synonyme de crime et le dépasse même . Mais elle est certaine de faire ce que je lui demande.

Il y a eu une vente aux enchères de livres aujourd'hui. Et deux jours s'étant écoulés depuis mon entrevue avec Gertrude, j'étais assez moi-même, lorsque je déposai le journal qui l'annonçait, pour songer à y aller. La nouvelle d'une vente aux enchères a encore sur moi l'effet qu'un clairon pourrait exercer sur quelque cheval de cavalerie surannée et battu. Malgré l'essor du collectionneur ploutocratique, malgré les bancs de marchands qui ont fait de l'achat de livres une science presque exacte, je rêve encore de rencontrer un jour la fortune d'Edward Malone, qui, à la fin du XVIIIe siècle, acheta les sonnets de Shakespeare à l'édition de 1609 et un premier tirage de "L'Enlèvement de Lucrèce ", le tout pour deux guinées.

J'avais déjà conduit Jimmie à son jardin d'enfants. En chemin, alors qu'il serrait plus fermement sa main dans la mienne, il me regarda avec un sourire humoristique et m'informa que « nous, les hommes, passons des moments merveilleux ensemble ». Cela me procurait un curieux frisson et j'étais reconnaissant même pour cette compagnie dans ma vie solitaire que Gertrude et tant d'autres trouvent insensée et méprisable.

J'étais en train de franchir la porte d'entrée lorsqu'une jeune femme d'une trentaine d'années, simple et à grande bouche, austèrement vêtue de noir, se tenait face à moi. Je restai un moment sans voix, puis, bien sûr, je m'excusai bêtement, je ne sais pourquoi, peut-être d'avoir encombré la terre.

"Tu souhaites voir Griselda ?" Marmonnai-je, mon chapeau à la main.

"Non", a-t-elle déclaré en me scrutant dans le couloir sombre. "Je veux voir M. Randolph Byrd."

"Je le suis", lui dis-je.

"Je voudrais vous parler", dit-elle à voix basse. Mentalement, j'ai fait un triste adieu à la vente aux enchères de livres et à toutes les bonnes affaires qu'elle pourrait proposer et j'ai ouvert la voie à mon bureau.

"Je suis à votre service", lui dis-je en souriant, et je lui offris presque une cigarette.

"Il s'agit de la petite fille, Alicia Palmer", commença-t-elle avec hésitation, comme si elle avait quelque chose d'horrible à raconter.

"Es- tu son professeur ?" Ai-je demandé avec étonnement.

"Non, M. Byrd, je viens du foyer pour enfants à charge, je suis l'un des inspecteurs."

"Ah, je vois. Vous souhaitez... l'inspecter", ai-je bêtement gaffé, ce dont elle a ri.

"Non, pas exactement", sourit-elle. « À vrai dire, M. Byrd, je souhaite vous inspecter… »

"Eh bien, c'est tout ce qu'il y a de moi", interrompis-je.

"Et je veux", a-t-elle ajouté, "la ramener au Foyer."

"Reprenez-la!" J'ai pleuré, piqué par quelque chose dans son ton. "Mais… mais pourquoi ?"

"Nous ne permettons pas à nos filles de vivre dans des maisons de célibataires", murmura-t-elle en baissant les yeux un instant.

"Oh!" J'ai haleté faiblement. C'est mon tort éternel qui semble être au fond de tout. L'image des enfants sur mes mains sans la fille Alicia m'a balayé d'un froid consternant.

"Cela aurait dû nous être signalé", dit-elle d'un ton réprobateur. "Ça devrait vraiment."

"Qu'est-ce qui aurait dû être rapporté ?" J'ai tâtonné avec perplexité.

"Le changement, le transfert. Nous avons envoyé Alicia chez Mme Pendleton", a-t-elle expliqué. "Quand Mme Pendleton… euh… est décédée, nous aurions dû en être informés – afin que nous puissions nous occuper d'elle."

"Je comprends," murmurai-je faiblement. "Vous voyez, la mort de ma sœur a été si soudaine que personne n'a pensé à de telles choses. Je ne savais même pas qu'elle avait enlevé cette fille de chez vous."

Je lui expliquai alors, à ma manière maladroite, comment les enfants étaient venus ici, leur attachement à Alicia et ma propre dépendance absurde à son égard, ce dont je m'aperçus brusquement. Je lui ai dit en toute honnêteté, je crois, que désormais les enfants ne pourraient plus se passer d'elle. Et l'amère pensée m'assaillait que rien dans ce monde de ce qui est agréable, convenable ou agréable ne peut rester longtemps intact ; que tout ce qui est humain, doux et tranquille doit être défait par des mains humaines. Quelle race misérablement destructrice nous sommes !

"Eh bien", concluai-je tristement, "je suppose que maintenant vous allez l'emmener - et ce que je ferai de ces trois enfants me dépasse."

À ma grande surprise, alors que je levais les yeux, je vis distinctement une larme briller dans ses yeux. Elle détourna le regard.

"Vous avez beaucoup de livres", observa-t-elle avec un ton nerveux et hors de propos. »

"Le résultat d'une vie mal dépensée", soupirai-je.

"Eh bien, je ne sais pas quoi faire ou dire," dit-elle en se levant maladroitement. "J'aimerais voir Alicia et... les autres enfants. Et je devrai me présenter... j'appellerai la directrice du foyer au téléphone."

"Tu ne veux pas le faire maintenant ?" Ai-je demandé avec empressement.

« Je ferais mieux de voir Alicia d'abord, je pense – quand reviendra-t-elle ?

"A l'heure du déjeuner", dis-je; "Tu ne veux pas rester ou venir déjeuner ?"

Elle semblait se rappeler qu'il s'agissait de cet environnement obscène, de la maison d'un célibataire.

"Non, merci," murmura-t-elle d'un ton primaire. "Je ferais mieux de revenir dans l'après-midi. Est-ce que trois heures trente suffiraient ?"

"Admirablement", lui dis-je.

"Je ferai de mon mieux", m'a-t-elle rassuré.

"C'est très gentil de votre part," répondis-je avec un cœur reconnaissant.

Adieu les enchères ! Adieu, paix ! Une fois de plus , je suis en eaux troubles, prédestiné comme une épave à ne se balancer que dans la tempête. Obscurément, au plus profond de moi, j'aspire au pouvoir de tout faire, de tout arranger, de faire osciller mon monde autour de moi en rythme au lieu de m'y emballer en ivresse. Même sur cette page secrète, destinée à aucun autre regard que le mien, je déversais mon chagrin et ma tragédie, l'éternelle tristesse sous-jacente de la vie, puis je suscitais un homme de volonté et d'énergie pour gérer mes affaires. Au lieu de cela, je ne peux que griffonner faiblement des incompétences pour passer le temps jusqu'à ce qu'une pauvre inspectrice sous-payée revienne prononcer une sentence contre moi. Dois-je, ou non, être autorisé à vivre dans la tranquillité ? Gertrude, j'en ai terriblement peur, avait raison après tout. Qu'est-ce qu'un mannequin comme moi a à regarder avec des yeux audacieux en service, ou à se débattre avec une responsabilité qu'un homme ordinaire assumerait comme s'il ajoutait une autre clé à son porte-clés – pour empocher et oublier ?

Falstaff n'aurait pas pu être plus génial ou hilarant que ce que je ressens en ce moment, pas plus que l'ancien pistolet. Lorsque j'ai quitté la salle à manger il y a quelques minutes, ma dignité aurait été définitivement éclipsée si les enfants m'avaient aperçu après que j'ai fermé ma porte. Je caracolais dans la pièce comme une chèvre rhumatismale chantant une mélodie sauvage *à voix basse* .

L' inspectrice a pointé ses pouces vers le haut. Je ne sais pas si Alicia, les enfants ou Griselda ont tranché favorablement.

"Veux-tu voir Alicia seule ?" J'ai demandé à l' inspectrice à son retour. Elle ne saura jamais, cette gentille fille simple, avec quelle tension je l'attendais. Aucun amant qu'elle ait pu avoir n'a jamais réservé un rendez-vous amoureux avec plus de tremblements - sinon elle ne serait pas maintenant Miss Smith.

"Non", fut sa réponse, "ce n'est qu'une enfant. Je veux la voir avec les enfants." Alicia était déjà préparée et, je dois l'admettre, partiellement préparée.

"Voici Miss Smith, venez vous voir, Alicia", ai-je annoncé avec une légèreté assumée, alors que j'introduisais la dame. Oh, c'était très distinctement "introduit".

"Comment allez-vous, Alicia," Miss Smith lui tendit la main, fondant à la vue des enfants au milieu du jeu. "Comment vas-tu, bien et heureux ?"

"Oh, tellement heureux !" répondit Alicia en s'avançant les joues rouges. "Je suis tellement contente que tu sois venu."

"Mais pourquoi ne nous as-tu pas écrit, mon enfant ?" » fut la douce remontrance.

"Je suis terriblement désolée, Miss Smith", dit Alicia contrite. "Mais le temps a passé si vite – j'allais juste le faire – et j'ai dû me procurer de nouveaux vêtements – et il y a tellement de choses à faire."

Miss Smith baissa les yeux sur les vêtements d'Alicia d'un air dubitatif. Peut-être pensait-elle que leur qualité était trop mauvaise pour l'un des pensionnaires de sa maison. Elle jeta ensuite un coup d'œil aux enfants silencieux et étonnés.

"Bonjour, Mademoiselle Smith !" crièrent-ils en chœur brisé, attirant son regard. C'était elle qui, à l'origine, leur avait amené Alicia. "Tu n'emmèneras pas Alicia, n'est-ce pas ?" Laura a parlé courageusement.

"Pourquoi, chérie ? Ne voudrais-tu pas qu'elle s'en aille ?" elle revint, souriant avec incertitude.

"Non ! Nous ne le ferions pas !" » ont répondu tous les enfants d'une seule voix, le petit Jimmie étant le plus fort, ce qui nous a fait rire tous les deux.

"Qui", demanda sévèrement Randolph, "qui va coudre nos boutons ?"

"Et qui va me donner mon baf ?" s'écria Jimmie.

"Ou nous aider avec nos leçons ?" » intervint Laura.

"Eh bien, nous verrons !" Miss Smith revint joyeuse. Je crois que cette jeune femme aime vraiment les enfants. "A quoi joues-tu en ce moment ?"

Ils commencèrent tous à s'expliquer en même temps.

"Dois-je te laisser avec eux ?" murmurai-je.

"Oui, je vais rester une minute ou deux", acquiesça-t-elle, et je sortis sur la pointe des pieds pour attendre le malheur.

Quand je reviens quelques minutes plus tard, j'entends à ma grande surprise la voix de Griselda, juste avant d'ouvrir la porte, montant dans toute la hauteur de son indignation :

"Si cela ne convient pas, alors rien ne convient..." sur quoi j'ouvris la porte.

Les enfants avaient disparu. Griselda, aux yeux brillants, dominait littéralement la pauvre Miss Smith. De toute évidence, Griselda avait témoigné. Très excellent témoin, Griselda ! Quelle chance avait Miss Smith contre un roc doté d'une forte personnalité comme Griselda ?

"Tout va bien", annonça Miss Smith, souriant légèrement à mon entrée. "J'ai appelé la matrone ce midi et elle l'a laissé entre mes mains. C'est une exception - la première du genre dans notre institution - mais je veux laisser Alicia rester. Elle - elle a l'air si heureuse ici", a-t-elle ajouté : chancelant.

"C'est très aimable de votre part," je m'inclinai. "Je vous remercie. Pouvons-nous leur faire part de votre décision ?"

Griselda ouvrit la porte de la chambre où ils étaient tous enfermés comme autant de petits lièvres effrayés, et Randolph, incapable de se contenir, demanda avec empressement :

"Peut-elle rester ?"

"Oui", acquiesça Miss Smith, et des cris sauvages ont dû briser les nerfs des autres locataires. Jimmie, en signe de faveur, courut vers Miss Smith et lui tendit les bras pour qu'il soit pris dans les siens. Il ne pouvait pas accorder une plus grande confiance. Alicia essuya quelques larmes de joie sur ses joues. J'ai supplié Miss Smith de rester prendre le thé avec eux et je me suis échappé discrètement. Maintenant, mon esprit est en proie à des imaginations triomphales. Si jamais je deviens président, Griselda sera certainement ma secrétaire d'État.

CHAPITRE VII

Maintenant que les vacances de Noël sont passées et que je fais mes comptes, je réalise avec inquiétude que je ne vis plus de mes revenus. La vague de factures continue à affluer autour de moi. J'ai peut-être été imprévoyant, mais je n'ai pas acheté de livre depuis des lustres. Andrews, le libraire, m'a informé l'autre jour, avec une expression plus de tristesse que de colère, que bien qu'il ne comprenne pas mon refus inexplicable du Boswell, il n'avait pas le cœur de l'offrir à quelqu'un d'autre. Il le tenait immobile, déclara-t-il, pour épargner des regrets à un ami.

"Vendez-le, Andrews, pour l'amour de Dieu, vendez-le", lui dis-je.

"Mais vous avez votre commande depuis trois ans", protesta-t-il, "et vous ne l'avez jamais annulée. Et maintenant, tout à coup, vous la refusez. Cela doit vouloir dire quelque chose !"

"Cela signifie... je vais vous dire ce que cela signifie, Andrews : j'ai acquis une jeune famille." Je lui ai ensuite brièvement expliqué ma situation.

"Vous ne me le dites pas, M. Byrd, vous ne me le dites pas !" répétait-il encore et encore. "Alors c'est ce que je fais", annonça-t-il avec une soudaine férocité de décision. "Je garde cet ouvrage, si je dois le garder pendant dix ans, jusqu'à ce que vous sentiez que vous pouvez le prendre. Seulement, je manque tellement de place ici", ajouta-t-il doucement, "ne le garderez-vous pas pour moi. sur vos étagères ? »

"Eh bien, toi, toi Samaritain !" J'ai ri de mon embarras, en lui frappant l'épaule. « Qu'essayez-vous de faire : me mettre en faillite ? »

« Si vous l'incluez dans votre assurance... » répondit-il, « mais peu importe : je l'assurerai moi-même. Et puis il a parlé d'autre chose. Il était aussi bon que sa parole. Avant de rentrer chez moi, Boswell était ici et est maintenant sur mes étagères. Je me réjouis de cette épopée de personnalité et il me vient à l'esprit que Johnson et Griselda sont apparentés à l'esprit.

Deux mois! C'est incroyable. Des années ont dû passer depuis que les enfants sont venus ici. Ma vie passée semble lointaine comme l'Egypte ancienne. Ce matin est arrivée une lettre de Biagi de la Laurentienne, demandant pourquoi il n'avait pas de nouvelles de moi, quand venais-je à Florence, et ajoutant qu'à Oxford aussi quelques Brunetto Du matériel Latini a été récemment découvert et je pourrais m'arrêter en chemin et l'examiner. J'ai ri. Ces jours sont révolus et, je le crains, ils ne reviendront jamais. Si seulement je pouvais à nouveau sentir un bon vieux parchemin ! Je me souviens encore du frisson que j'ai ressenti lorsque Biagi m'a montré pour la première fois l'écriture sur vélin de Sophocle à la Laurentienne. Je pouvais effectivement voir le scribe dans le Byzance du XIe siècle copier avec révérence les belles et hautes paroles, dans un esprit de haute adoration, ses joues pâles rougies par sa pieuse tâche. J'étais *ce* scribe ! Pourquoi, je demande, ce sentiment étrange et désireux s'est-il implanté dans mon sein particulier ? Se pourrait-il qu'à une époque passée, j'aie moi-même été un savant grec ? — Mais cela n'a aucun sens.

Si seulement je pouvais payer mes factures. Pourtant, je n'ose toucher au peu que Laura a laissé à ses enfants. Cela doit rester en urgence.

Et le premier mai, il faudra changer de quartier. L'agent de location, une petite personne assez honnête, s'est excusé.

"J'ai moi-même des enfants", m'a-t-il informé avec dépréciation, "et je sais ce que c'est. Mais vous comprenez. Un célibataire est une chose et quatre enfants en est une autre. Cela fait une différence." Je lui ai dit que j'étais plus ou moins conscient de la différence que cela faisait.

"Et ces gens ici, ici, maintenant, en train de construire", a-t-il expliqué, "ils sont tellement méchants et gentils qu'ils ne supportent pas la vue d'un enfant, encore moins le bruit." Je n'ai fait aucun commentaire, car j'avais été si méchant et gentil trop récemment.

Il nous faudra chercher de nouveaux pâturages.

Fred Salmon, fidèle à sa parole, m'a en fait consulté.

Je ne sais pas pourquoi la simple entrée de ce Mohock venteux dans la pièce a apporté à ma paternité involontaire un soulagement dix fois plus aigu que je ne l'avais ressenti auparavant. Je me sentais soudain bouche bée et raté devant un homme du monde – même si je ne respectais pas entièrement l'homme du monde. Une fois de plus, j'étais profondément conscient de ma liberté perdue. Liberté abstraite, dont j'étais sorti comme un homme passe de la vie à la mort.

Heureusement, Fred n'est pas du genre à tourner autour du pot.

"Tu te souviens," commença-t-il en tournant habilement le bout mutilé d'un cigare entre ses dents, "je t'avais dit au club pour quel genre d'affaires tu serais fait ?"

"Un vendeur d'obligations ou un amateur de chiens", répondis-je promptement.

« Avez-vous participé à quelque chose ? »

J'ai répondu par la négative.

"Eh bien, je pense commencer quelque chose", annonça-t-il solennellement.

"Une niche pour chien ?" J'ai demandé.

"Non, une affaire d'obligations, Ran."

"Je te souhaite bonne chance, mon garçon", lui dis-je.

"Rien de tout ça..." il sourit, "Je veux que tu entres avec moi."

Je l'ai regardé avec un étonnement muet.

"Ai-je dit un ventre plein ?" » demanda-t-il en retirant son ignoble cigare.

"A-oui," haletai-je, "et plus encore."

"Ha ! Je suis comme ça", rit-il. "Les idées me viennent et j'agis en conséquence."

"Mais... qu'ai-je fait..." commençai-je en balbutiant, "pour mériter ça..."

"Tu es l'homme de mon argent," éclata-t-il bruyamment, "Je fais parfois une erreur en choisissant un cheval, mais jamais en choisissant un homme, Ranny , mon garçon, jamais !"

Quand Henri l'Oiseleur piégeait tranquillement des pinsons et que la nouvelle lui fut soudainement annoncée qu'il avait été élu empereur, je doute qu'il se soit senti plus complètement découragé que moi à ce moment-là. Mais être sérieux avec Fred Salmon me dépassait à ce moment-là.

"Tu es tombé sur la bonne personne, cette fois, Fred," lui répondis-je en parodiant son propre ton, "aucun doute là-dessus !"

"Vous pariez que je l'ai fait, vieux Hoss," s'écria-t-il, "je ne le sais pas ?"

"En d'autres termes," poursuivis-je, "si la forme physique, l'entraînement, l'expérience, la capacité, la prédilection et l'abondance du capital sont des facteurs, vous avez choisi le seul homme..."

"Ouais!" interrompit Fred, "Je sais tout à ce sujet. N'essaye pas le sarcastique avec moi, mon vieux. Je sais tout ce que tu peux dire et bien plus encore. Mais je t'ai dit que c'est la coupe de ta tasse que je veux. À quoi bon est l'enfant de deux ans le mieux entraîné s'il est tête de marteau ? C'est avec un homme comme avec un cheval. Vous avez le bon look, et c'est ce qui compte !

La moquerie de mes remerciements et toutes les autres tentatives de satire maladroite ont été totalement ignorées par Fred.

"Vous êtes confortablement installé, je sais", dit-il en parcourant mes livres d'un air ruminant, qui suggèrent curieusement à chacun la richesse . " Mais laisse tomber tout ça, mec, tu dois vouloir plus d'argent pour quelque chose ou autre – plus de livres, peut-être. Tout le monde veut plus de quelque chose. Je sais, " poursuivit-il, " ce n'est pas tous les gars qui se décident sur le coup. comme je le fais. Vous devez le retourner dans votre soi-disant haricot, je suppose. Très bien. Mais rappelez-vous : je n'accepte pas un non pour réponse.

"Avec cette légère limitation, je suppose, j'ai une grande liberté de choix ?" Je me suis aventuré.

"Oh, oui," sourit-il. « En dehors du fait que vous entrez, vous pouvez aller aussi loin que vous le souhaitez. Salmon et Byrd ! s'exclama-t-il soudain. "C'est quoi un nom d'entreprise ? Bon Dieu ! — Il y a du génie là-dedans ! C'est peut-être ça qui m'a poussé à vous. Je ne me trompe jamais. Salmon et Byrd — Bon Dieu ! C'est tellement bon que ça me fait peur ! "

"Salmon et Byrd", répétai-je machinalement après lui. "Le *menu* me paraît incomplet pour un *viveur* comme toi. Ajoutez une petite salade de crevettes, ou au moins un artichaut."

Il sourit mais il ne prêta aucune attention à ma désinvolture.

"Non, non," il secoua la tête. "Rien de tout cela. Ne gâchez pas une belle chose. C'est… comment appelle-t-on cela… un sacrilège. Un bon nom d'entreprise, c'est la moitié de la bataille. Par George ! Cela a été une journée de travail pour moi. Je ne savais pas ça allait être si riche. Nous devrions dîner là-dessus au Knickerbocker… ou au Claridge.

En un éclair, j'ai vu s'ouvrir devant moi le panorama de la vie de Fred – bruit et rires, crises de ventripotent avec des plats coûteux dans des endroits chers, tintements de verres – le monde de l'argent qui consiste autant en dépenses effrénées qu'en moitié plaisantes. -obtention fanatique. C'était dans ce monde que Fred m'invitait.

"Il y aura un souper à six heures, si vous voulez rester", suggérai-je doucement.

"Non-non, merci," dit Fred pensivement. "J'aimerais bien. Mais d'une manière ou d'une autre, pas ce soir. Je ne pourrais pas. Mieux vaut venir avec moi. Et nous réglerons les détails."

J'ai cependant résisté à ses insistances et il m'a laissé cette flèche parthe :

"Réfléchissez-y autant que vous le souhaitez, Randolph, mon garçon. Mais c'est parti. Rien de ce que vous pourrez dire contre cela ne tiendra le coup aux raisons en faveur. Le nom de l'entreprise à lui seul vaut cent mille dollars. Considérez que c'est réglé. " Je ne me suis jamais senti aussi sûr de rien de toute ma vie. A bientôt, mon garçon. Tu auras de mes nouvelles. "

Il n'a même pas tourné la tête lorsqu'il a entendu mon éclat de rire presque hystérique alors qu'il fermait la porte. Jusqu'à présent, je m'étais toujours considéré, aussi humble et insignifiant soit-il, comme un sacerdoce dans le temple des belles choses. C'était humiliant de penser que Fred m'avait réclamé pour les changeurs.

Je ne souhaite plus jamais revivre les minutes martyres d'angoisse que j'ai traversées au cours des dernières vingt-quatre heures.

Pour une raison que personne ne peut expliquer, Jimmie a soudainement eu de la fièvre. Ce petit tourbillon lumineux de vie parut tout à coup blanc, refusa sa nourriture avec le pâle sourire pitoyable d'un octogénaire et, en un clin d' œil , ses joues étaient brûlantes, ses yeux brillaient sèchement et ses lèvres étaient desséchées. Appelé à son chevet, je me penchai sur lui et l'air autour de moi parut s'assombrir. L'enfant de Laura était, je le croyais, dangereusement malade. Le cœur en moi est devenu plombé et même Griselda s'est montrée alarmée. À ce moment-là, je me suis juré intérieurement qu'aucun étranger ne devrait avoir la garde de cet enfant s'il se rétablissait, tant que je pourrais m'en occuper moi-même.

Le médecin le plus proche, qui occupe un appartement au rez-de-chaussée, une brute d'environ trente-cinq ans, a choisi, lorsqu'il est arrivé, d'avoir l'air sage et impénétrable. Calme et grave, il m'a prescrit de l'huile et, en murmurant : « Nous verrons demain matin », il m'a laissé dans une agonie de doute et d'anxiété.

La seule personne qui faisait preuve d'un certain calme était Alicia. Et bien qu'elle soit elle-même encore une enfant, j'avoue éprouver un sentiment de ressentiment contre ce qui me semblait insensible face à notre perturbation. J'ai eu des visions d'un certain nombre de maladies, d'être mis en quarantaine, de la mort possible de Jimmie, de porter à jamais un sentiment de culpabilité sans nom devant la mémoire de Laura. Je leur ai dit que je devrais veiller la nuit.

"Oh, non, M. Byrd", insista la jeune fille avec une soudaine véhémence. "Ne fais pas ça. Je vais me faire une place dans la salle à manger et laisser la porte de leur chambre ouverte. Je l'entendrai s'il se réveille."

"J'ai bien peur, Alicia, que tu ne prennes pas ça assez au sérieux," lui dis-je sévèrement. Elle m'a regardé avec nostalgie pendant un moment, puis a légèrement souri.

"Oui, monsieur, je le fais", répondit-elle. "Mais ça ne sert à rien de nous épuiser tous d'un coup si c'est une vraie maladie. Mais je ne pense pas que ce soit grand-chose."

"Comment peux-tu savoir?" Ai-je demandé avec méfiance.

"Je le pense simplement", a-t-elle affirmé. "Au foyer, les enfants descendaient toujours comme ça. Le lendemain, ils étaient à nouveau aussi bien."

"Mais ce n'est pas la Maison", rétorquai-je sévèrement. La fille rougit. J'ai vu que je l'avais blessée.

"Mais c'est un enfant", insista-t-elle avec obstination, à voix basse. J'ai secoué ma tête.

"Je vais m'asseoir dans le bureau, lui dis-je, avec la porte ouverte. Je l'entendrai s'il appelle. Tu ferais mieux d'aller te coucher."

Ses grands yeux obsédants m'ont regardé un instant et elle m'a quitté. Dans le bureau, j'ai allumé un feu, j'ai rapproché la grande chaise, j'ai allumé une cigarette et, en robe de chambre et en pantoufles, je me suis composé pour la nuit, déterminé à la passer éveillé.

Dans mon esprit, beaucoup de choses tournaient. La proposition absurde de Fred Salmon, l'étrange concours de circonstances qui m'avait soudainement rendu responsable d'une maison remplie d'enfants, la localisation de Dibdin , l'étonnante multiplicité des factures, la fièvre brûlante du petit garçon. La somnolence commença à envahir mes paupières devant le feu rougeoyant. Pour le combattre, j'ai transcrit en paroles cette sonate, "Le Nègre du Narcisse" de Conrad, et relu la description de la tempête du Cap, qui n'est pas tant une description que l'expression de la tempête elle-même. Comme toujours en lisant ce livre, j'ai été impressionné au point d'en souffrir par ce que le langage peut faire. Et en réfléchissant à cela, je me suis permis de m'assoupir pendant quelques secondes. Soudain, je me suis réveillé avec un tremblement et j'ai regardé ma montre. À mon grand étonnement, il était six heures et demie du matin.

Abjectement coupable, je suis sorti en douce et suis entré dans la salle à manger sur la pointe des pieds. La lumière brûlait. J'ai vu trois chaises avec un oreiller froissé dessus et Alicia, souriante d'un air somnolent, sortait de la chambre des enfants.

"Comment est-il maintenant?" Ai-je demandé d'un ton étouffé, pensant bassement lui donner l'idée que j'avais regardé toute la nuit.

"Dormir tranquillement", fut la réponse. "Sa fièvre a pratiquement disparu."

"C'est splendide," murmurai-je penaud. « Vous vous levez… euh… tôt, n'est-ce pas ?

"Je suis juste allongée ici sur ces chaises," répondit-elle doucement. "Je regardais Jimmie toutes les demi-heures environ. Il a passé une très bonne nuit." Avec un pincement de contrariété mêlé de soulagement, je me sentais austère et démasqué. Nous nous regardâmes en silence pendant un moment, puis j'éclatai d'un rire étouffé auquel elle se joignit doucement. Et même si je me sentais idiot, j'aurais juré que j'aurais pu serrer cette enfant dans mon cœur pour son sens de l'humour autant que pour sa constance silencieuse et sans faille.

Comme le soleil après la tempête, le rétablissement de Jimmie fait à nouveau sonner l'appartement, et quand ça sonne trop, je ferme ma porte.

Je ferme ma porte, mais pas sur les factures. Ceux-ci continuent d'affluer avec le bourdonnement insistant d'un essaim de frelons, et chaque jour je les vois avec une consternation plus impuissante. Je calcule, j'additionne et je calcule, mais je semble incapable de soustraire. Je ne vois pas comment on pourrait se passer des choses qu'on achète. Mon modeste compte courant est déjà proche du point d'épuisement et rien ne pourra rentrer avant avril.

Aujourd'hui, dans ma perplexité, j'ai pris un train surélevé et je me suis dirigé vers le sud, dans la région de l'argent. Ce que je devais faire là-bas, je le savais à peine, mais une nécessité intérieure sans nom semblait me pousser à faire quelque chose. J'avais une vague idée de consulter Carmichael. Mais lorsque je suis arrivé dans Lower Broadway et que je me suis trouvé devant la porte de Carmichael, je me suis enfui, dégoûté de moi-même, pour la raison suffisamment évidente que je n'avais vraiment rien à lui dire. Je me sentais comme un pickpocket débutant qui se détourne brusquement du seuil de sa vocation parce qu'il se rend compte de l'absence de vocation ou parce qu'il est envahi par la lâcheté.

Dans la rue, je regardais les masses de gens qui grouillaient, ruisselant, les visages tendus, poussés par les fouets invisibles du besoin, du désir, poussés comme les âmes de l'enfer de Dante par des puissances démoniaques qui criaient toujours : « Payez votre chemin ! payez votre chemin!" Ils n'entendaient plus le cri, le claquement continuel des fouets infernaux, mais je les entendais et je tremblais intérieurement. Pour moi, j'imaginais le plus ces personnages déferlants sur un niveau de vie qui a peu de problèmes, qui est toujours « heureux » du bonheur ennuyeux et sans exultation de l'esclave ou du captif, arrivant vivement au bureau le matin avec une sorte de une gaieté métallique ternie, déjeunant chez Childs ou à un comptoir dépourvu de tabourets, s'accrochant à une sangle dans une voiture bondée de leur espèce, visitant un "palais" de cinéma le soir et vivant selon leurs revenus parce qu'ils le doivent. Et même si tout le reste était odieux, ce dernier détail me faisait les envier.

Payez à votre guise ! Payez à votre guise ! Le cri battait dans mes pouls alors que je m'éloignais, bourdonnant dans les roues de la voiture alors que je voyageais vers le nord, sourdement insistant dans les bruits mêmes des rues autour de moi.

Une fois devant ma porte, la chaleur m'enveloppa comme l'air de l'été et avec la chaleur vinrent les rires joyeux des enfants qui jouaient dans la salle à manger. Dans un bouillonnement de turbulences joyeuses , ils se précipitèrent vers moi alors que je les regardais, exigeant que je juge entre eux sur les règles de leur jeu.

"Juste parce que c'est une fille", se plaignit Randolph à haute voix, désignant Laura, "elle veut toujours être reine."

"Ce n'est pas parce que je suis une fille", interrompit Laura, haletante. "C'est parce que c'est juste. Les garçons ne veulent jamais être justes, Oncle Ranny , c'est ça le problème. Il est roi depuis une demi-heure et il veut toujours que nous fassions des choses impossibles pour qu'il puisse être roi pour toujours."

"Et je veux aussi être roi", proclama bruyamment Jimmie.

J'ai réprimé du mieux que j'ai pu la révolte naissante et j'ai apaisé les passions des prétendants. Je leur ai rappelé que nous étions en démocratie et que la royauté dans notre pays ne pouvait compter que sur l'accueil d'un visiteur.

"Oh, je ne sais pas ?" » dit Randolph avec férocité. "Je ne serais vraiment roi pour rien au monde."

C'était un plaisir pour moi de sortir de la tourmente du monde extérieur pour entrer dans cette fontaine ludique de jeune vie affectueuse. Jimmie, Laura, Randolph, de petites lueurs de personnalité semblable à des étincelles clignotaient par intermittence au-dessus de leurs têtes d'enfant et c'était ma tâche de les transformer en flammes constantes. C'était ce que je devais à ma sœur Laura et c'était la voie dans laquelle j'étais irrévocablement engagé. Mais maintenant, seul dans mon bureau, j'entends encore dans le bourdonnement et la rumeur des rues le cri impératif et insistant : Payez votre place ! Payez à votre guise !

CHAPITRE VIII

L'incroyable s'est produit. Non, pas l'incroyable. L'incroyable se produit toujours. C'est l'impossible qui s'est produit.

Moi, Randolph Byrd, je suis maintenant un homme d'affaires – non pas prêtre du temple, mais un changeur d'argent effronté comme toujours.

Le bourdonnement, le bruit et le cliquetis sont perpétuels dans mes oreilles comme le vrombissement des machines dans le cerveau de l'ouvrier d'usine. Je ne peux pas penser ou me mettre dans des états de pensée. Le son du téléscripteur est constamment dans ma tête et mes nerfs ont soif de mouvement.

Fred Salmon a accompli sa volonté.

"Vous devez le remuer, l'écraser et sonner votre propre trompette", telle est sa devise, et il m'apprend à sonner. La société Salmon and Byrd est une réalité et, clownesquement, Fred profite au maximum de l'humour du nom et fait de son mieux pour que je le soutienne. Je dis que Fred a tout accompli. Mais au fond, ce sont les enfants de Laura qui sont innocemment la cause première de ma débâcle .

"Tu sais ce que tu es ?" Fred m'a tiré dessus aujourd'hui dans un éclair d'inspiration : il est doté d'une fécondité d'éclairs ces jours-ci. "Vous êtes le premier vieil homme qui vivait dans une chaussure ! Ce sont les enfants qui vous ont fait entrer dans le jeu. Mon Dieu ! J'aimerais que nous puissions mettre ce fait sur notre papier à en-tête !"

Pour Fred, penser à une notion idiote, c'est la prononcer et la commettre. Et je vis dans la crainte constante que certains de nos clients, encore sporadiques, ne s'enquièrent des enfants dont je ne sais que faire. Fred est un élisabéthain. Dans les jours spacieux, il se serait pavané, se pavanerait, se serait trompé et aurait pris des risques avec un humour insouciant et tranchant parmi les meilleurs ou les pires d'entre eux. C'est un boucanier qui peut lancer les dés avec un rire jovial lorsque les choses s'annoncent les plus sombres sous les armes mêmes du désastre. C'est une énigme. En bref, il est mon exact opposé.

Pourtant, il a fait de moi son partenaire et son complice. Avant, je me croyais catégorique, mais entre ses mains , je suis de l'argile.

Nous sommes maintenant fin mars. Aux coups de froid succèdent souvent de belles journées de soleil éclatant qui promettent déjà la naissance d'un nouveau printemps. Combien j'aurais plaisir à aller au marché aux fleurs près des Laurentides ou à gravir la colline en direction de Fiesole en passant devant les villas florentines féeriques, ou à me promener dans le Lungarno et à travers le Ponte Vecchio jusqu'à San Miniato - au Pitti - aux Offices - au le doux air du cloître de Fra Angelico, quelles fantaisies absurdes ! ... Je suis dans le New York hivernal, attelé à un courtier, ou comme le papier à en-tête nous appelle : des banquiers d'investissement. Et bien que nous n'ayons reçu aucun câble jusqu'à présent, nous sommes équipés d'une adresse de câble codée fascinante, qui est " Sambyrd ! " Il n'y a pas de fin à notre grandeur.

Sambyrd ! Comment tout cela est arrivé est encore enveloppé pour moi dans une sorte de mystère semi-transparent – semi-transparent, car même maintenant, je vois clairement une chose : mes revenus étaient désespérément insuffisants pour élever trois enfants et mon capital était déjà envahi. . Le capital disparu, ce qu'il me restait à part les enveloppes, les enfants dans un foyer comme celui d'où venait Alicia et l'effondrement général et la catastrophe !

Et puis il y avait l'enthousiasme de Fred.

« L'argent, » dit-il sentencieusement, « est une affaire très simple. Il ne vous arrive pas tout seul, mais vous pouvez l'obtenir. Chacun doit trouver sa propre voie. C'est ma voie – Salmon et Byrd. . Veux-tu me rejoindre et faire ton chemin aussi ?"

Et moi, luttant comme un poisson dans un filet, comme un oiseau dans un piège, comme n'importe quelle bête prise dans un piège, je ne pouvais discerner aucun moyen par moi-même.

"Mais que puis-je faire," demandai-je avec une sorte d'indignation désespérée, "que puis-je faire dans cette affaire ?"

"Vous pouvez apprendre", a déclaré Fred. "Et vous gagnerez quelque chose avant de vous en rendre compte. Et à mesure que nous grandissons , vous en gagnerez plus."

Et puis j'ai fait la découverte surprenante qu'il n'y a pas de parallèles dans la vie. Les écrivains peuvent bavarder sur les types et les statisticiens sur les moyennes et les populations de faits, mais j'ai réalisé avec douleur qu'avec tous mes livres, je ne connaissais aucun guide ni source d'inspiration. Le cas de chacun d'entre nous est unique. Je ne pouvais penser à personne dans ma propre situation. Une mélancolie pathétique et abattue m'envahit à cause de mon retard fatal à apprendre que le monde, comme une bête affamée, réclamait des décisions. "Décidez ! Décidez ! Décidez !" il semble rugir avec des mâchoires puissantes, "ou je te dévore ! Et si tu ne te décides pas, je te dévorerai quand même." Les vagabonds périssent sans lutte. Jusqu'à présent, j'avais dérivé, mais maintenant je dois flageller la volonté de faire un choix.

Et donc j'ai cédé.

La moitié de mon capital a déjà été investie dans nos bureaux, et si les chaises, les bureaux et les tables réussissent, nous serons tous les deux millionnaires. Il y a de magnifiques canapés en cuir comme je n'aurais jamais rêvé de m'y prélasser, mais les discussions et les transactions d'argent, semble-t-il, doivent se faire dans des murs capitonnés de luxe. L'argent engendre l'argent, me dit toujours Fred, et même si les abeilles sont attirées par le miel, les investisseurs opulents afflueront vers notre ruche richement aménagée. Le bourdonnement du téléscripteur et le bruit d'une machine à écrire sont les seuls bruits autorisés, et la fumée des cigares doit être la plus odorante.

Je ne sais pas pourquoi je devrais être ironique. Jamais auparavant je n'avais eu autant de plaisir en si peu de temps. Ce fut l'entrée de notre premier client, Signor Visconti. Il est venu, ce Milanais entreprenant, en réponse à l'une des centaines de lettres circulaires individuelles que nous envoyions aux petites banques et aux investisseurs, sur un magnifique papier à lettres, annonçant nos rares affaires sur des titres si sûrs que le rocher de Gibraltar était en comparaison du carton, alors des tranches dorées que seuls les meilleurs papiers gouvernementaux pouvaient oser crépiter en leur présence ; si rémunérateur que... enfin M. Visconti, admirablement habillé, entra.

La jeune femme qui avait cité son nom avait été entraînée à ne pas paraître troublée. Fred rougit de plaisir et exécuta une danse de guerre brève mais exquise sur le tapis.

"Dites-lui que je le verrai directement", murmura-t-il à la jeune femme et s'étala sur le fauteuil en cuir à côté de moi dans son triomphe.

"Pourquoi tu ne le vois pas alors ?" Je ne pouvais m'empêcher de demander.

"Ça ne ferait pas l'affaire," Fred secoua mystérieusement la tête. "Je dois le faire attendre au moins une minute ou deux, même si je brûle d'avoir envie de lui mettre mes serres en place."

Je me suis moqué de lui.

"Maintenant, c'est ce que tu fais, mon garçon," me donna rapidement Fred d'une voix feutrée de conspirateur. "Une minute environ après que je vous ai quitté, vous prenez votre chapeau et votre manteau et traversez la pièce où je lui parle. Je ne vous remarquerai pas. Quand vous serez presque à la porte, je vous appellerai. Tu seras pressé, mais tu reviendras. Je te présenterai à M. Visconti, puis je lui dirai de manière confidentielle, mais assez fort pour qu'il entende : « Vous sortez à cause de ces des obligations ? «Oui», répondez-vous, «mais je serai bientôt de retour.» « Pendant que vous y êtes, lui dirai-je, vous pouvez dire à Spifkins que nous pouvons lui laisser ces deux cent mille de garde à quatre heures trois quarts. Il vous suffit de hocher la tête rapidement, comme un homme occupé, de saluer M. Visconti et c'est parti."

"Où est-ce que je vais?" J'ai balbutié dans un état second.

"Vous allez à une cabine téléphonique en bas dans le hall et vous m'appelez sur le fil. Et ne soyez pas surpris de ce que je dis jusqu'à ce que je raccroche. Ensuite, vous pouvez faire le tour du pâté de maisons et revenir. Est-ce clair ? "

"Clair comme un trottoir d'asphalte", répondis-je dans ma perplexité.

"Tout va bien alors," sourit-il et me quitta.

Néanmoins, conformément à son accusation absurde, j'ai été dûment présenté au banquier italien bien habillé, bien nourri et aux couleurs foncées de la rue Macdougal et je me suis dirigé vers la cabine téléphonique dans le hall de l'immeuble en dessous. Et c'est ce que j'ai entendu sur le ton le plus suave et le plus complaisant de Fred.

"Oh, pas du tout, M. Ferris - toujours heureux d'avoir des nouvelles d'un client. Ah - oui, M. Ferris. Nous pouvons toujours vous laisser ces obligations. Même si en réalité elles sont vendues à un autre client. Mais je pense que nous Je peux lui donner quelque chose d'aussi bon qui lui conviendra également. Oui, ce sera très bien. Cent mille, n'est-ce pas ? Eh bien, eh bien, ha ! ha ! Mieux vaut tard que jamais. Ne laissez pas cela vous déranger vous. Oui, oui, M. Ferris. Envoyez-les à votre bureau dès que mon partenaire revient. Je suis un peu occupé maintenant avec un client. Oh, n'en parlez pas, n'en parlez pas ! Hein ? Eh bien, oui, merci. Au Waldorf, vers cinq heures, alors. Ta-ta. Et il a raccroché.

Un instant, je restai sans voix dans la cabine fumante, le combiné téléphonique à la main, puis je sortis en chancelant, secoué par un rire impuissant.

A mon retour, Visconti, tout sourire, était en train d'être accueilli par Fred avec de chaleureux échanges d'amabilités. Nous nous sommes tous serré la main sur le seuil dans un élan cordial d'enthousiasme et un instant plus tard, Fred et moi étions seuls.

"Je viens de vendre cette belle pêche d'une Guinée pour dix mille dollars d'obligations Hesperus Power", rigola Fred avec une joie irrépressible.

"Mais où," ai-je demandé, "avez-vous trouvé les obligations à vendre ?"

"Je ne les ai pas encore reçus," il arpentait la pièce avec une jubilation nerveuse. "Mais nous les aurons en un tournemain... à la National City Bank. Ils en ont beaucoup là -bas."

Quelque chose de sombre, de lourd et de froid semblait être tombé en moi sur les parties vitales et m'avoir glacé un instant.

" Alors c'est ce genre d'affaire ? " marmonnai-je.

"C'est ainsi que commence ce genre d'entreprise", répondit-il calmement.

Cet intermède de véritables affaires après l'activité féroce consistant à louer, équiper et meubler un bureau, faire imprimer et graver de la papeterie, installer un téléscripteur, établir ce mystérieux ensemble de connexions qui était le domaine de Fred, était suffisamment exaltant pour me faire l'accepter sans trop d'examen. . Après tout, que pouvais-je faire ? C'était le sillon dans lequel était placée ma charrue et c'est, je suppose, la coutume du pays.

"Comment," ne pus-je m'empêcher de demander, "avez-vous fait atterrir le brillant Visconti ?"

"Oh, c'est un bon éclaireur", expliqua Fred. "Il dirige une banque pour ses camarades dagoes dans la rue Macdougal . Il a vu que nous étions nouveaux et il aime donner une chance aux jeunes gens. Il a été très franc. Vous voyez, ce n'est rien pour les grandes maisons de vendre une dizaine d'obligations. Mais il sait que pour nous, le simple fait d'ouvrir, cela signifie bien plus que la commission. Cela signifie une vente. Oh, c'est un sport, d'accord. "

"Cela me surprend plus que je ne peux le dire", lui dis-je.

"Il y a des brutes au bon cœur même dans ce métier," grogna Fred, "et ne l'oublie pas."

"Pensez-vous," demandai-je avec un pincement de honte, "qu'il a compris vos affaires téléphoniques et votre charabia dans la cabine?"

"Merde si je ne pense pas qu'il l'ait fait !" rugit Fred. "Mais peu importe. C'est un sportif. Et un jour, quand nous serons de gros calibres, nous lui montrerons que nous apprécions son aide en lui faisant faire quelque chose de bien - voyons si ce n'est pas le cas !"

Je me sentais aussi honteux que si nous avions commis un crime. Pourtant, je suppose qu'il s'agit là d'une chicane ordinaire, relativement innocente, même dans les affaires honnêtes, vestiges des querelles et des marchandages orientaux qui survivent encore. J'espère que nous en sortirons grandissant. Même si je soupçonne parfois une certaine flamboyance de tempérament chez Fred qui le pousse à recourir à de tels changements plutôt que non.

Un homme qui avait acheté des obligations nous a appelé et nous a demandé si nous allions les reprendre. Il n'y avait aucune raison pour que Fred propose autre chose que de s'efforcer de s'en débarrasser. Mais au lieu de cela, sa réponse grandiose fut :

"Eh bien, nous allons certainement reprendre ces obligations, M. Smith, et autant d'autres que vous en avez. Oui, faites-les tomber par tous les moyens."

Une fois qu'il eut raccroché, il se tourna vers moi avec un profond désarroi en marmonnant :

"Maintenant, qu'allons-nous faire de ces choses ?"

Je reconnais un éclair de colère sincère face à son mensonge imbécile.

"Tu ne sais pas quoi faire ?" J'ai bafouillé. "Alors pourquoi diable as-tu parlé comme si une douzaine d'acheteurs attendaient d'affilée ?"

"Parce que ce sont les affaires", a-t-il essayé de me crier. "Ce diable aura plus confiance en nous si nous le laissons revenir sur son marché que s'il gagnait beaucoup d'argent avec cela. Ne connaissez-vous pas la nature humaine ?"

"Ce n'est pas la nature humaine comme ça", rétorquai-je amèrement. "Dites-moi ce que vous allez faire à ce sujet."

« Téléphoneons tous les deux, dit-il joyeusement, et chacun d'entre nous appellera autant de personnes que possible et leur proposera ces obligations avant que cette faible sœur n'arrive. »

"Un remède désespéré", grognai-je avec irritation. "Laisse-moi te voir le faire."

Fred alluma un cigare et regarda par la fenêtre. Lorsqu'il se tourna, son visage était suave et bienveillant. Il ne ressemblait en rien à un homme sur le point de remplir une rangée de bas de Noël. Puis il se tourna vers le téléphone. D'une voix joyeuse, amicale et persistante, il commença à offrir son cadeau à l'un après l'autre de sa liste, comme si une grâce intérieure et spirituelle le poussait irrésistiblement à la bienfaisance. Son visage arborait un large sourire même sous une série de refus répétés, et j'avoue éprouver une sorte de joie truculente face à ce que je croyais être sa déconfiture. Ses accents, cependant, ne perdaient jamais leur velouté et il ne trahissait par une seule note aucune trace de déception. Au contraire, il s'intéressait à son travail avec un enthousiasme vif. Tout à coup, la jeune femme au téléphone à l'extérieur l'informa qu'on l'appelait. Il a écouté.

"M. Smith?" répondit-il doucement. "Bonjour ! Vous nous avez apporté ces obligations ? Quoi ? Vous avez décidé de les garder, après tout ? Eh bien, eh bien," en riant, "le Seigneur soit avec vous alors, M. Smith. Nous aurions pu les vendre dix fois depuis votre arrivée. m'a appelé. Non, non. Cela n'a pas d'importance. Je trouverai autre chose pour les autres. Vous êtes très sage, M. Smith, je vous le remets. Non, tout va bien. Venez voir. nous. Au revoir, au revoir, monsieur !

Lorsqu'il se détourna du téléphone, la sueur perlait sur son front et ses joues gonflées et il sourit amicalement.

« Ouf, » siffla-t-il en se passant un mouchoir sur le visage. "C'était très amusant. Mais pourquoi veulent-ils s'immiscer dans une matinée innocente avec des choses comme ça ! Eh bien, c'est comme ça, Randolph, mon garçon," ajouta-t-il légèrement et se tourna vers d'autres choses. À sa manière, Fred force mon admiration. Car ce n'est là qu'un exemple parmi tant d'autres, un fil conducteur de la texture de notre vie quotidienne. Qu'il me tarde de lire quelques pages de "Urn Burial" pour tout oublier !

Il est trop tôt pour savoir si nous réussissons ou non. Mais nous touchons chacun un petit salaire et pour moi, c'est une aide immédiate.

Quel curieux fouillis est notre vie ! Forces étranges et impressionnantes, les étoiles mêmes dans leurs cours semblent défendre les enfants de Laura, de peur que je ne leur fasse du mal. Mais pour les conserver et les élever, je dois recourir à une sorte d'olla-podrida de déplacements en coulisses et d'appareils, tels que ceux que j'ai décrits, qui me brûlent la joue. Mais je suppose que c'est comme le dit Dibdin : Nous sommes tous les ministres et la suite, que ce soit en tenue de cour ou en guirlandes et en livrée, de ce prince exalté du monde, l'enfant. Pour moi, cependant, il est encore difficile de saisir cette vérité inéluctable. Peut-être qu'en récompense de cela, comme une sorte de pourboire du Destin, je deviendrai horriblement riche, une sorte de Mécène , une figure orgueilleuse parmi les érudits, et financerai de nouveaux textes Tudor ou des premiers textes anglais ou des recueils récents de classiques ?

Ma pipe est éteinte. J'ai pris l'habitude de souffler une pipe d'une manière qui ravirait l'âme de Dibdin . Dibdin ! Chaque jour, j'attends de ses nouvelles, mais mon attente reste vaine. Les enfants sont tous couchés et je suis assis ici avec le sentiment que je suis responsable d'eux tous, endormis et éveillés, de leur nourriture et de leur existence, de toute cette machinerie qui nous fait vivre tous les six, et cette pensée me remplit de la crainte — et pourtant il y a aussi une sorte de sentiment agréable de fierté. Dibdin dirait que je lui faisais penser à une poule couveuse, et Dibdin aurait raison. Une poule couveuse est un modèle de responsabilité pour toute l'humanité.

Pourtant, même si je ne peux pas regarder tout cela avec un regard jeune et confiant, ni mon entreprise avec Fred, je peux difficilement résister au sentiment que quelque chose de la jeunesse et de la virilité que j'ai passées en solitaire parmi les livres, quelque chose d'émouvant et d'effervescent que je ont supprimé, lutte pour un débouché. Les méthodes commerciales de Fred, même si certaines d'entre elles me font grimacer, me remplissent d'éclats de rire irrésistibles. Ses chahuts constants et sa bonne humeur sont contagieux.

Aujourd'hui, il est venu me voir avec un visage grave et m'a informé que la Sampson and Company, maison à laquelle nous achetons parfois quelques titres, désirait savoir si nous nous joindrions à eux pour garantir l' emprunt roumain .

"Et qu'est-ce que vous avez dit?" » demandai-je avec la même gravité.

"Bien sûr, je lui ai dit que je devais consulter mon partenaire."

"Qu'est-ce qu'ils ont dit à ça ?"

"'Oh, bien sûr,' dit-il, 'mais ce n'est pas un prêt important – seulement quinze millions . Tout ce que nous voulons que vous preniez, c'est environ trois millions .'"

Je l'ai regardé d'un air interrogateur.

"Eh bien, qu'en dites-vous, partenaire, allons-nous le prendre ?"

J'ai scruté son expression déconcertante et j'ai éclaté de rire. Il m'a rejoint en riant jusqu'à ce que les larmes coulent sur ses joues.

"Mais écoutez," commença-t-il, la flamboyance de ses manières persistant même en privé, "trois millions , ce n'est pas beaucoup, et le profit serait énorme."

Tant qu'il s'agissait de chahuts, j'ai apprécié la blague. Mais chez Fred, la barrière entre la plaisanterie et le sérieux est très mince, souvent impossible à distinguer.

"Ne parle pas de pourriture", lui ai-je dit. "Voulez-vous un raccourci vers la faillite ?"

"Eh bien, ce serait pour une grande cause", sourit-il. "Il faut aider cette chère vieille Roumanie !" Et en fredonnant un air de comédie musicale, il m'a quitté. Mais je suis toujours conscient de la crainte que Fred, dans un moment de magnificence irrésistible, ne livre les pauvres petits Salmon et Byrd au diable ou aux profondeurs.

CHAPITRE IX

Aujourd'hui est un jour marquant pour moi. La lettre rouge venait de Dibdin
. En effet, son bref gribouillage, dans cette écriture particulière, lourde et sans
fioritures que j'aime, est écrit sur le papier finement ligné et à l'encre violette
de l'Hôtel de France à Papeete. Mais c'était si délicieusement réconfortant de
revoir son cher vieux poing – presque comme de voir l'homme lui-même. La
feuille est datée de plus de deux mois et porte le cachet de la poste de San
Francisco d'il y a six jours. Je me demande quelle brute chargée de l'envoyer
l'a transporté dans sa poche.

Sans un mot de préambule, cela commence de la manière abrupte de Dibdin
.

"Je pense à toi. Comment vont les enfants, et toi, vieux rat de bibliothèque ?
J'ai déniché pour toi quelque chose ici même, une première édition du Père
Goriot de Balzac , un peu folle et le pire à l'usure, mais intact quand même.
Je ne le confierai pas aux courriers. Je vous l'apporterai.

"Je vous joins un chèque de mille dollars. Maintenant, ne soyez pas idiot,
aussi difficile que cela puisse s'avérer. Je sais tout ce que vous pouvez dire, et
croyez-moi, cela ne vaut rien. Utilisez-le d'une manière ou d'une autre pour
le enfants et faites-moi sentir heureux ici parmi les épaves et les fainéants de
l'humanité blanche. J'aimerais que vous puissiez venir ici un jour et voir à
quelles créatures qui étaient autrefois des hommes blancs s'abaisseront juste
pour éviter un peu de travail. Cependant, c'est par le Je compte sur toi pour
faire ce que je te demande, sinon tu me feras mal.

"Le vieux baquet béni Je suis parti en voiles pour Suva dans trois jours. Et
de Suva je pars pour les Marquises. Vous aurez bientôt de mes nouvelles. Si
vous voulez tenter votre chance et m'écrire, l'Hôtel de France , Papeete, reste
la meilleure adresse que je puisse vous proposer. La vôtre, Dibdin ."

C'était tout, après des mois d'attente. J'aurais aimé que le vieil homme aime
écrire des lettres un peu plus qu'il n'y paraît. Néanmoins j'étais ravi. Le
clochard irrépressible ! Il parle des Marquises comme si elles étaient au coin
de la rue.

Quant à son chèque, mon premier réflexe fut de le détruire immédiatement.
Je le garderai cependant en souvenir de l'absurde générosité d'esprit de
Dibdin . Il faudrait que ce soit un besoin désespéré qui m'obligerait à l'utiliser.
Dibdin petits rêves de Salmon et Byrd.

J'ai appelé les enfants pour leur montrer la lettre. Et même s'ils étaient moins
excités que moi, ils semblaient ravis du fait qu'après une journée au bureau,
je paraisse gai et joyeux au lieu d'être las et soucieux. Les soins sont le signe

d'une vie incomplète. Et ce dont j'avais besoin, c'était d'une lettre de Dibdin
.

Un souffle du vaste monde m'est venu avec cette agréable note charnue,
d'autre monde, de liberté, d' errance et d'errance, quelque chose de l'entrain
que j'éprouvais autrefois. Je me sentais (du moins c'est ce que je pense) enfilé
comme un luth, sensible à chaque souffle et signe de beauté, à tous les airs
subtils de la vie. Mes nerfs sont plus émoussés maintenant, ne réagissant qu'à
l'évidence. Dans le monde inversé des affaires , je suppose que c'est un
progrès. La lettre de Dibdin m'a ramené un peu de moi-même, du moins une
nostalgie d'autrefois.

Et là, ma conscience me frappe. Il y a longtemps que je n'ai pas vu Gertrude.
Je dois rectifier cette omission immédiatement. Après tout, Gertrude a été
elle-même patiente avec mes aléas. Et la pensée de l'ancienne liberté est
transpercée par les années de son amitié. Gertrude n'est jamais intervenue.

J'ai vu Gertrude et elle s'est montrée d'une amabilité indulgente lorsque je lui
ai lu la lettre de Dibdin .

"Je crois, Ranny ," dit-elle avec plaisir, "vous êtes en train de vous développer.
Savez-vous, je pense qu'une expérience en affaires est très bonne pour vous
?" C'était très agréable de voir Gertrude recroquevillée sur un canapé dans
une très jolie robe de thé, fumant confortablement sa cigarette. J'ai soudain
senti que négliger la société féminine était une erreur pour tout homme, et
surtout pour moi.

"Je suis content que mon partenaire ne soit pas là", lui dis-je. "Il pourrait me
trahir."

"Je m'en fiche", répondit-elle. "Vous êtes un homme plus fort aujourd'hui
qu'il y a quelques mois et même quelques semaines. Ici, vous attirez de
l'argent. Mille dollars, c'est toujours mille dollars."

"Oui, en effet ! Laissons Morgan se tourner vers ses lauriers", ai-je répondu.
"Ses jours sont comptés."

"Ne sois pas absurde", rit-elle. "Tu seras riche avant de t'en rendre compte.
Mais là n'est pas la question. Tu verras plein d'autres choses d'une manière
nouvelle. Tu as été un sentimentaliste, Ranny ", a-t-elle poursuivi en
expliquant. "Les affaires donnent à l'homme du jugement plutôt que de la
sentimentalité. Vous comprendrez que mes conseils sur un certain nombre
de choses, y compris sur les enfants, avaient plus de sens que vous ne l'aviez
deviné. Vous reconnaîtrez que même les enfants peuvent être pris en charge.
mieux vaut par des gens efficaces et formés à cela que par un célibataire
inexpérimenté et une petite fille trouvée. Ne vous inquiétez pas pour cela
maintenant, ajouta-t-elle précipitamment, mais vous le découvrirez.

Mon sourire en réponse a dû être d'une teinte pâle et maladive, car j'avoue que je me sentais glacial à ses mots.

"Je pensais," dis-je, "que tout était fini et réglé entre nous."

"C'est vrai, ma chère Ranny ," répondit-elle rapidement. "Ne vous méprenez pas. Je ne vous conseille pas maintenant. Je ne fais que prophétiser."

"Oh, dans ce cas", m'efforçai-je d'être conciliant, "ce sera un jeu agréable de voir à quel point votre prophétie se réalise."

"Oui," dit-elle avec plus d'enthousiasme. "Maintenant, parle-moi de tes affaires. Elles doivent être horriblement intéressantes."

"C'est horrible", ai-je convenu, "et c'est terriblement fait." Et j'ai continué en lui décrivant, avec amusement, quelques-uns des moyens utilisés par l'ingénieux Fred Salmon.

"Comme c'est délicieux", fut son commentaire riant. "Sais-tu, Ranny , quand nous sommes mariés , j'ai l'intention de venir assez souvent à ton bureau ?"

"Mieux vaut venir maintenant", suggérai-je. "Qui sait... s'il y aura un bureau d'ici là ?"

"Oh, ce n'est pas si long à attendre, peut-être en juin, ou quand tu prendras tes vacances."

"Le plus tôt sera le mieux", lui dis-je très sincèrement. "Je ne vois aucun inconvénient à tout retard supplémentaire...", ce à quoi Gertrude parut satisfaite.

"Oh, je te le ferais tomber un de ces jours", sourit-elle gaiement. "Maintenant, veux-tu prendre du thé ou quelque chose à boire ?"

Gertrude est une personne très sociable. Puisque, comme l'a dit un grand homme, une grande passion est aussi rare qu'un grand opéra, je présume que, malgré le contraire des romanciers et des romanciers, la camaraderie est la base sur laquelle reposent pratiquement tous les mariages réussis. Une chose que mon expérience professionnelle m'a apprise jusqu'à présent est le dégoût des conditions vagues et indéfinies. Plus tôt Gertrude et moi serons mariés, plus cela me plaira.

A peine avais-je écrit les derniers mots ci-dessus que quelque chose s'est produit pour leur faire mentir. Je suis toujours secoué par la colère face à ce que j'ai appris.

Alicia, que j'avais cru au lit, frappa doucement à ma porte et entra, son doux visage candide si chargé de douleur et d'inquiétude que je sautai de ma chaise à sa vue. Il me semble que je l'ai à peine remarquée ces mois-ci, mais je me rends compte qu'elle est devenue aussi chère à mes yeux que n'importe lequel des autres enfants. La voir souffrir semblait poignantement intolérable.

« Qu'est-ce qu'il y a, Alicia ? » haletai-je. Elle pouvait à peine parler à cause des larmes qui l'étouffaient. "Est-ce que c'est l'un des enfants ?"

"N-non, monsieur," sanglota-t-elle. "Ils vont bien."

"Qu'est-ce que ça peut bien être alors ?" » Exigai-je en passant mon bras autour de cette petite Niobe et en l'asseyant doucement dans le grand fauteuil. "Viens, ma chérie, parle-moi de ça." Elle fit un effort pour contrôler ses sanglots.

« Vous allez… me renvoyer », pleura-t-elle. La même vieille histoire. Cela, pensais-je, devait être l'obsession de cet enfant.

"Suis-je?" J'ai parlé aussi doucement que je pouvais, prenant sa petite main froide dans la mienne, "et pourquoi vais-je faire ça ?"

"Je ne sais pas", sanglota-t-elle amèrement. "Je suppose que c'est parce que je ne suis d'aucune utilité ici – parce que tu ne veux pas de moi." Je me suis moqué d'elle bruyamment dans le but de la sortir de cette idée.

« Et qui, ai-je demandé, a dit quelque chose de semblable ? Elle n'a pas répondu. « Était-ce Griselda ?

"Non, monsieur," souffla-t-elle.

"Est-ce que c'était l'un des enfants ?"

"Oh, non, oncle Ranny , je veux dire M. Byrd. Ils m'aiment bien."

"Qu'est-ce que c'était alors ?" J'ai insisté gaiement. "Allez, laisse tomber. Je n'ai jamais entendu un tel tapage. Viens, raconte-moi toute l'histoire, Alicia."

"Je... j'étais sur la place cet après-midi", commença-t-elle en s'essuyant les yeux avec un petit mouchoir très mouillé et froissé, "je jouais avec Jimmie pendant que Laura et Ranny faisaient du roller..." et elle fit une pause.

"Oui, oui," insistai-je, "et alors ?"

"Une dame s'est arrêtée pour me parler... c'était mademoiselle... mademoiselle Bayard."

« Mademoiselle Bayard ? répétai-je avec étonnement. C'était étrange que Gertrude n'en ait pas parlé. Elle avait dû, pensai-je, avoir oublié l'incident. — Et qu'a dit Miss Bayard, ai-je demandé ?

"Elle a dit," et les lèvres d'Alicia tremblèrent pitoyablement, "'tu es toujours là, mon enfant ?'"

"Oui continuer!" J'avais du mal à me faire confiance pour parler de la colère prémonitoire qui montait en moi.

"Je lui ai dit, oui, madame." Alicia parlait un peu plus facilement, sentant évidemment que je n'étais pas contre elle. « Et Miss Bayard a dit, poursuivit-elle, qu'elle croyait que j'étais parti depuis des semaines. Je n'ai pas compris ce qu'elle voulait dire, et je lui ai demandé où elle pensait que j'étais parti. tu viens te chercher ? " Elle m'a demandé. Et je lui ai dit que Miss Smith était venue. Et elle m'a demandé si Miss Smith n'avait rien fait à mon sujet. Et je lui ai dit que Miss Smith avait... qu'elle avait dit que je pouvais rester. "

"Et qu'a-t-elle dit à ça ?" J'ai haleté, à ce moment-là livide de colère.

" Elle a dit que c'était très étrange, qu'elle ne comprenait pas. Elle ne me l'a pas dit. Elle semblait se parler à elle-même. Et puis elle a juste fait un petit signe de tête et s'est éloignée. "

"J'ai juste fait un petit signe de tête et je suis parti", répétai-je machinalement après elle. "Et à cause de ça tu pensais que j'avais l'intention de te renvoyer ?"

"Oui, M. Byrd", murmura-t-elle avec un abattement qui, chez les jeunes, est si profondément touchant qu'il fait mal au cœur.

"Eh bien," et j'espère que mon rire maladif était aussi rassurant qu'il était censé l'être, "et si je vous dis que je n'en savais rien du tout, est-ce que cela vous fera vous sentir mieux ?" Elle acquiesça. " Et si je te dis que bien loin d'avoir l'intention de te renvoyer, je ne pourrais pas me passer de toi ; que tu es nécessaire dans cette maison, que tu es pour moi comme tous les autres enfants ; que je fais en sorte que aucune distinction entre vous ; qu'en bref, cette maison est votre maison jusqu'à ce que vous grandissiez et vous mariiez, aussi longtemps que vous voudrez être ici. " Et je m'assis sur le côté de la chaise, je l'attirai vers moi et je l'ai caressée comme j'aurais pu caresser la petite Laura. "Est-ce que tout va bien?"

"Oui, oncle, M. Ranny ", murmura-t-elle, sa tête s'enfonçant vers moi comme celle d'un enfant , et un soupir de profonde satisfaction lui échappa. "Je ne veux rien d'autre dans ce monde !"

Comme l'affection repose magnifiquement sur un enfant !

"Maintenant, va te coucher, Alicia," la pressai-je doucement, "et ne dérange pas ta petite tête innocente avec des choses de ce genre. Miss Bayard plaisantait probablement, mais - elle ne le fera plus - quand elle saura comment C'est dommage que ça t'ait fait ressentir."

Elle s'agita comme d'une transe et se releva lentement. "Comment se passe le travail scolaire ?" Je lui ai demandé. "D'accord?"

"Oui, M. Byrd", murmura-t-elle, "sauf le latin - je n'y consacre pas assez de temps, dit le professeur, surtout la composition latine."

"Ah, il va falloir remédier à ça. Il faut venir et me laisser t'aider. Qu'est-ce que tu lis en latin ?"

« Commentaires de César », sourit-elle honteusement, comme un enfant troublé qui a retrouvé le bonheur.

" Ah, alors tu *dois* bien faire les choses. Car que se passerait-il, Alicia, si tu devais affronter le monde sans savoir comment César a conquis les Belges ! Et si tu devais sortir dans la vie sans une connaissance intime de l'équipement de la lumière de César. -infanterie armée, des habitudes des Gaulois et du bon usage de la catapulte ou du bon emploi du char, les conséquences pourraient être presque ignominieuses ! Mieux vaut venir me voir et je vous remettrai en ordre. Je sais que vous comprenez l'indirect. Discours de la façon dont tu m'as raconté ton histoire ce soir. Mais le subjonctif, ma chère... ah, le subjonctif doit être plus proche de toi qu'un frère et plus proche que des mains et des pieds !

Elle a ri d'un rire joyeux et délicieux et quand elle m'a dit bonsoir, j'ai posé ma main sur ses doux cheveux soyeux et j'ai fait sortir de la pièce une petite fille très radieuse et heureuse.

Mais maintenant, alors que ma pensée revient à la surprenante *démarche de Gertrude* , une indignation incontrôlable s'empare à nouveau de moi. Dire que c'était elle qui avait provoqué la visite de cette petite inspectrice , Miss Smith, il y a des semaines ! C'est incroyable. Les méthodes sournoises de Gertrude sont nouvelles pour moi.

J'ai appelé Gertrude au téléphone. Et malgré l'heure tardive, elle insista d'une voix un peu hivernale sur le fait que je ferais mieux de monter tout de suite et de la voir, comme elle disait, régler le problème une fois pour toutes. *Je m'y déchire* . Régler cette question une fois pour toutes est précisément ce que je désire.

Mon désir a été orageusement satisfait. Bien que intérieurement indigné, je suis revenu vers Gertrude avec la ferme intention d'être très fade et très raisonnable, espérant contre tout espoir que ce fait désagréable soit dissipé d'une manière ou d'une autre. Mais Gertrude, semble-t-il, avait décidé que l'indignation lui appartenait.

"Bonjour, Ranny ", me salua-t-elle facilement, du ton gris qui précède une tempête. "Que veux-tu dire en me parlant comme tu l'as fait au téléphone ?"

"Je... je veux dire ça", ai-je hésité, mais ce fut la dernière fois que j'ai hésité à lui parler. "Avez-vous ou non signalé le cas d'Alicia au foyer et m'avez-vous envoyé une inspectrice ?"

Elle m'observa un moment avec les paupières plissées, puis, décidant évidemment qu'un peu de truculence me ramènerait à mon état normal de pulpe, elle répondit froidement :

"Et supposons que je l'ai fait, qu'en est-il ?"

"Je veux simplement connaître la vérité," lui répondis-je assez doucement. "Les mensonges me sont tellement détestables." Elle tressaillit sensiblement, mais se redressa avec hauteur.

"Eh bien, alors je ne l'ai pas fait !" elle revint avec hauteur. "Mais et si je l'avais fait ? Quelqu'un aurait dû le signaler", a-t-elle poursuivi avec une colère qui lui faisait penser à m'écraser. "Je pense que c'est indécent pour toi d'avoir à la maison une fille de cet âge qui n'a aucun lien de parenté avec toi. Le fait que tu sois un imbécile ne rend pas cela moins indécent. Je suis la seule amie que tu as et quelqu'un. Il faut que tu ne fasses pas de toi un idiot pire que ce que la nature t'a fait au départ. Comprenez-vous maintenant, mon excellent ami ?

Et après avoir lancé cette volée, elle resta haletante, comme si elle contemplait mes ruines. Mais pour le moment, je ne pouvais pas la considérer. Je savais seulement que des éclairs rouges apparaissaient devant mes yeux, que je disais la vérité littérale quand je lui disais :

"Pour moi, un tel acte et la personne qui en est coupable seraient tout aussi méprisables."

"Tu me dis ça?" » haleta-t-elle en faisant un pas en avant, avec une imitation colorable d'incrédulité, étrange au vu de son déni.

"Pour toi, oui", lui dis-je assez doucement, car désormais j'étais plus maître de moi-même. "Et méprisable n'est qu'un doux euphémisme pour ce que je devrais vraiment penser." Elle m'a regardé sans voix pendant un moment.

" *Tu* penses!" » dit-elle avec un mépris moqueur. "Vous vous êtes présenté comme une sorte d'imbécile de Dieu, mais ce que vous êtes est l'outil du diable."

"Faites attention, Gertrude", la prévins-je. "Tu pourrais dire quelque chose que tu regretteras encore plus."

Elle m'a fait signe de s'éloigner avec mépris.

"Je vais dire ceci", répondit-elle d'un ton égal, s'asseyant et serrant les mains dans un effort de contrôle - mais en réalité , elle commençait une nouvelle offensive. « Tu ferais mieux de rentrer chez toi, Ranny , et de te décider à renvoyer cette fille. Tous les hommes sont pourris. Mais c'est parce que je pensais que tu étais différente que… que… » Elle n'acheva pas, mais ajouta : « Et pour est-ce que vous rassemblez des filles du caniveau… »

"Arrêt!" J'ai crié : « Je n'entendrai plus un mot » et je me suis détourné comme pour partir, ne me faisant pas confiance pour en dire plus.

"Revenir!" » appela-t-elle en sautant du canapé. "Reviens et écoute : soit tu renvoies cette fille, soit je n'ai plus rien à voir avec toi. Est-ce compris ?"

Je me suis moqué d'elle sans joie.

"Choisissez entre elle et moi", a-t-elle prononcé avec une touche de mélodrame à laquelle peu de femmes semblent échapper.

"Ne sois pas théâtrale", lui dis-je, maintenant plus maître de moi-même. "Cette fille me permet d'élever les enfants de Laura. Elle n'est pas plus pour moi que les autres. Mais quoi qu'il en soit, elle reste... comprends-le, s'il te plaît, Gertrude : elle reste !"

"Alors tu as choisi ?" » demanda-t-elle avec une stupéfaction livide.

"Je n'ai annoncé aucun choix. Mais la fille reste."

"Dieu merci!" elle a levé les mains vers le haut et j'espère que sa prière a été acceptable. « Je savais que j'étais liée à un imbécile, ajouta-t-elle comme si je la tenais enchaînée, mais je ne savais pas qu'il était aussi un fripon. Je suis enfin libre !

Je suis sorti sans me faire confiance pour répondre.

J'espère sincèrement que Gertrude appréciera davantage sa liberté que son esclavage. Quoi qu'il en soit, je suis heureux qu'elle ait nié.

Cependant, alors que je rentrais chez moi sous un ciel étoilé, j'ai été étonné de sentir ma colère se refroidir rapidement ; le sentiment de défaite, de déception face à la nature humaine, laissant place à un nouveau sentiment de liberté, à une exaltation que je n'avais pas ressentie depuis des années. J'ai définitivement ressenti un sursaut d'exaltation à la suite des autres émotions mêlées. Cela m'a pris par surprise.

Le mariage n'est évidemment pas réservé aux méchants aussi honteux que moi. Si Gertrude s'attend à ce que je revienne sur les os de la moelle tordue et que je demande pardon, je suis certain qu'elle se trompe. Le mariage n'est pas pour moi. C'est au moins clair.

CHAPITRE X

La flamboyance dansante dans ses veines s'est avérée trop forte pour mon vénéré partenaire, Fred Salmon.

Avec une lueur de bravade de salle, un demi-amusement dans les yeux, il m'a annoncé ce matin qu'il avait « signé une partie de l' emprunt roumain ».

J'étais stupéfait.

"Combien?" J'ai haleté légèrement, l'observant attentivement, car je ne pouvais pas y croire.

"Seulement un maigre million", a-t-il répondu avec une arrogance désapprobatrice. "C'était tout ce que je pouvais faire pour qu'ils nous laissent entrer. Sans votre froideur aux pieds , j'aurais pris les trois millions." Et son rire m'a irrité au-delà des mots.

Il était sérieux. Il ne plaisantait pas.

"Et où diable," bafouillai-je, "obtiendrez-vous l'argent même pour le paiement initial ?"

« Lève-le, mon garçon, relève-le », se pencha-t-il pour se pencher sur moi. "Si nous voulons réussir quelque chose, nous devons prendre des risques. Une participation syndicale comme celle-là et peut-être une autre avec la publicité dans les journaux, et nous sommes devenus des hommes de la rue. Il faut le faire. Nous voulons tous être un piquier. ta vie ? Moi non ! »

"Tu es... fou..." balbutiai-je mollement. « Stark, complètement fou. Et comment proposez-vous de réunir l'argent ? »

"En vendant les obligations, mon gars!" » annonça-t-il avec une certaine supériorité.

"Avez-vous les obligations ?"

"Non. Ils ne sont même pas dans ce pays. Nous leur donnons des certificats *provisoires* jusqu'à l'arrivée des obligations."

"Avez-vous les certificats ?"

"Non", fut la réponse étonnante. "Nous les vendrons d'abord, obtiendrons l'argent pour les acheter , le remettrons à Sampson & Company, les gérants du syndicat, et tirerons nos certificats. C'est comme ça que ça marche. Bien sûr, si nous étions une maison plus grande, plus connue, ce serait plus facile. Mais nous le ferons, ne vous inquiétez pas, nous le ferons !

"Tu veux dire," tâtonnai-je, "nous devons vendre quelque chose que nous n'avons même pas en main et obtenir de l'argent pour cela ?"

"C'est à ça que ça revient", sourit-il, quoique moins désinvolte qu'auparavant.

Je me sentais tomber en poussière.

"Ne reste pas assis là comme ça !" s'écria-t-il en me regardant comme on regarde du bord d'un grand paquebot une épave à la dérive. "Occupez-vous ! Téléphonez et vendez des obligations roumaines !" Et il a ri de cette manière absurde et triomphante qui me mènera un jour au désespoir. "Commencez par votre ami Visconti", suggéra-t-il. "Il semble avoir été attiré par vous. Parlez-lui en Dago."

Je m'étais souvent demandé ce que je faisais dans cette galère en particulier. Entrer dans une nouvelle profession sans enthousiasme, pour un moine cloîtré comme moi, sortir sur la place du marché comme marchand et bonimenteur, parmi une race que je n'avais même pas pris soin de comprendre, et embrasser leurs idéaux et leur carrière, au sujet desquels Je n'avais même pas de curiosité, cela avait été déjà assez difficile. Sous le fouet de mon besoin, je m'étais fouetté comme un flagellant au train-train quotidien jusqu'à ce que l'habitude lui donne la familiarité ingrate que doit avoir le tapis roulant pour le mulet.

Mais pour me lancer dans cette obscure entreprise de Fred, chargée pour moi de la crainte de cent embûches cachées, dans lesquelles je tomberais infailliblement, chargée de la crainte d'un échec certain, tous mes instincts se révoltaient contre elle. Néanmoins, comme une âme perdue, je me suis laissé conduire parce qu'il le fallait.

C'est à la gloire de la nature humaine qu'elle contient plus de lait et de moelle de bonté humaine que ce que les pessimistes lui attribuent. L'excellent Visconti, après m'avoir écouté en silence pendant que je lui expliquais maladroitement et coupablement mon offre, répondit courtoisement en italien.

"Si vous les recommandez, Signor, je les prendrai. Je ne peux pas en prendre beaucoup, mais j'en prendrai cinq."

Je le remerciai du mieux que je pus, mais je reculai comme sous un coup. Cet homme n'achetait pas tant des obligations roumaines que ma Parole. D'ailleurs, même si les cautions étaient assez bonnes, je n'avais rien à lui donner et pourtant je voulais son argent. Je ne pouvais pas y faire face, alors j'en ai informé mon flagrant Fred.

"C'est vrai", dit Fred pensivement et pendant un instant il resta perdu dans ses pensées. Puis, comme à son habitude, il commença soudain à irradier la chaleur d'une nouvelle inspiration. "J'ai compris!" il pleure. "Écoutez bien. Vous n'avez investi que la moitié de votre capital dans cette affaire. Vous avez dans le coffre-fort, combien ça fait ? Vingt-cinq mille titres ?"

Je le regardai bouche bée, terrorisé.

« Eh bien, poursuivit-il, supposons que vous les ameniez chez nous, que vous les déposiez chez Sampson and Company contre autant de certificats *provisoires*, ou que vous empruntiez de l'argent sur eux. Vous ne voyez pas ? » " Il se frappa joyeusement le genou, " alors nous avons ces certificats sous la main. Nous pouvons les transmettre directement à des gars comme Visconti, qui passent directement par là, et ainsi continuer le jeu. Quand nous aurons terminé, tout ce que vous avez " Ce que vous avez fait, c'est de vous prêter, à vous-même, à la société, vingt-cinq mille titres, en nous faisant un gros coup de pouce et en remettant vos titres dans le coffre-fort. Ne voyez-vous pas cela ?"

"Non."

"N'est-ce pas clair ?" » demanda-t-il d'un ton blessé.

"Clair comme le pitch", répondis-je honnêtement.

"Peu importe," il me tapa vivement sur l'épaule. "Vous allez apporter vos titres. Je vais être clair. Bien sûr, vous toucherez des intérêts sur le prêt que vous accordez à l'entreprise."

Et comme le mulet que je suis, j'ai obtempéré. Et maintenant, nous travaillons à la vente d'un million d'obligations étrangères à des gens dont la plupart ne savent pas si la Roumanie est la capitale de Rome ou une république d'Amérique centrale. « *L'insuccès*, déclare Balzac, *nous accusons toujours la puissance de nos prétentieux*. Mais comme je n'avais aucune prétention dans ce métier, la perte et l'échec seraient doublement humiliants. Alors, je me demande encore une fois, que fais-je dans cette galère ? En attendant, ce qui reste de mes maigres possessions est hypothéqué par des prétentions que je n'avais jamais eues.

J'ai cherché un logement en banlieue. Il est vain pour moi d'essayer de trouver dans n'importe quelle région une maison ou un appartement qui conviendrait à la fois à mes moyens et à ceux des enfants de New York. Voilà donc deux samedis et deux dimanches que je parcoure péniblement la morosité des banlieues les moins chères à la recherche d'une maison.

"Quoi!" s'écria Fred en l'entendant, tu ne vas pas quitter le Soulier ?

"Oui," lui dis-je. "Le bât blesse, je dois en trouver un autre."

"Eh bien, tu es un drôle de vieux con", fut son commentaire riant. Je pourrais faire mieux que cela pour le décrire.

Quand je rentre à la maison déprimé et fatigué, je trouve une pluie de petites attentions qui m'attendent, très séduisantes et touchantes et agréables. Le petit Jimmie, avec de grands yeux sérieux, m'apporte ostensiblement mes pantoufles et ma robe de chambre et observe mon visage attentivement pour recevoir une récompense. Quand je murmure : « Merci, mon vieux, c'est très gentil de votre part », je peux pratiquement voir ses petits pouls battre d'exultation dans ses veines.

"Es-tu très fatigué, oncle Ranny ?" » s'enquiert-il, poursuivant le drame de la profonde inquiétude.

"Alors, alors, mon vieux", lui dis-je en embrassant son petit visage sérieux. "Pas d'inquiétudes à avoir." Un instant plus tard, je l'entends courir très proprement dans la salle à manger et complètement inconscient de ma fatigue.

Laura, dans le rôle d'Hébé, m'apporte gravement du thé sur un petit plateau et me demande s'il y a un livre que je désire ou autre chose qu'elle pourrait m'apporter.

Mais derrière toutes ces attentions je discerne la main directrice d'Alicia. Se pourrait-il que l'enfant ait instinctivement deviné que j'avais effectivement rompu avec Gertrude à cause d'elle, que l'âme de la petite femme en elle exultait secrètement d'un sentiment de victoire ? Puisqu'elle ne peut pas connaître toutes les conditions, elle ne peut ressentir, tout au plus, je suppose, qu'un vague sentiment primitif de triomphe en battant la volonté d'une autre femme. Peut-être que j'attribue trop à sa jeune intelligence, mais il me semble parfois percevoir dans son regard, dans son maintien, une touche d'instinct protecteur, presque maternel envers moi, que je n'avais jamais observé chez elle auparavant. Il s'agit peut-être simplement d'un sentiment de gratitude. En tout cas, ces attentions du petit monde sont très apaisantes et reconnaissantes, surtout maintenant, depuis que celles de Griselda ont forcément diminué, compte tenu de son travail considérablement accru en cuisine. Pourtant, je suis parfois stupéfait lorsque je réalise le nombre d'âmes dont je suis responsable du logement et des moyens de subsistance , de la machinerie complexe que je dois faire tourner. Une telle expérience devrait s'acquérir jeune. Comme M. Roosevelt, je préconiserais les mariages précoces.

J'ai trouvé une maison.

À Crestlands (les noms de banlieue sont passionnants !), à trente-cinq minutes de la gare Grand Central, dans le comté de Westchester. Je suis tombé sur un cottage semblable à un châlet , construit en grande partie sur un rocher et qui, je crois, répondra à notre objectif. Le loyer est modéré et il y aurait un parterre d'asperges quelque part dans le « parc ». Je sais qu'il y a deux arbres aux racines noueuses qui se frayent un chemin parmi les pierres, dans une lutte commerciale pour l'existence, et il y a quelques centimètres de pelouse pour les enfants. Avec un véritable terrain comme celui-là comme dot, cela ne surprendra personne que j'ai pris le chalet.

« La latitude est assez incertaine, et la longitude aussi est vague », aussi vague presque que celle de la Roumanie ; néanmoins je serai désormais un habitant de la banlieue.

Comme c'était dimanche, j'ai emmené les enfants là-bas dans l'après-midi pour examiner leur nouveau domaine. Avec l'air d'un châtelain exposant un vieux château, je leur ai fait visiter les pièces et, dans les phrases de l'agent immobilier, j'ai énuméré leurs avantages, le cœur lourd. Mais les enfants ne s'en souciaient pas. Randolph a eu des visions d'une tente ou d'un tipi indien sous l'un des vieux arbres noueux et Jimmie a illustré comment il « dévalerait » la pente ; tous nos "terrains" sont en pente *et praeterea nihil* . Mais Laura, apercevant un rosier négligé près d'une des fenêtres, applaudit de joie.

"C'est comme la maison de Peter Pan, oncle Ranny ", s'écria-t-elle ravie. "Il y aura des roses qui regarderont et des bébés qui sortiront."

Je la regardai avec une surprise poignante. C'était absolument la voix de sa mère quand elle était petite, l'esprit et l'expression. C'est justement ce trait dont ma pauvre sœur aurait d'abord tenu compte ; c'était peut-être Laura elle-même. Je me détournai pour ne pas obscurcir leur joie. La poésie de la vie est la seule chose pour laquelle il vaut la peine de vivre, mais quel tribut le monde impose-t-il à cette marchandise !

Griselda, malgré toutes les tentations, avait refusé de venir.

"Y a-t-il une bonne cuisine ?" » a-t-elle demandé. Je lui ai dit que je pensais que oui.

"Alors je ne perdrai pas mon temps à chercher les oiseaux dans les arbres ou la peinture sur le toit", rétorqua-t-elle vaillamment. Elle s'est même opposée à la venue d'Alicia. "Il y a beaucoup à faire", protesta-t-elle sombrement.

De l'inconfort et de la misère, que personne ne parle. J'ai entendu les deux et tant d'autres choses désagréables jusqu'aux profondeurs abyssales que je ne regarderai plus jamais avec les mêmes yeux les visages impassibles des hommes dans le train express en marche. Ils ont sans doute tous vécu et souffert comme moi, eux, mes frères !

J'ai déménagé la maison dans ma banlieue, et c'est une lamentation *de profundis* .

La légendaire mandragore est un bébé gargouillant comme mes livres pleuraient en les retirant. Ils n'ont pas seulement crié ; ils sanglotaient et frémissaient comme des âmes brisées à l'idée d'être délogées de la place qui les connaît et les aime si bien et depuis si longtemps. Chaque objet de l'appartement était une plantation entière de mandragores. Leurs lamentations et leurs hululemènts résonnent encore dans leur environnement nouveau et modifié. Des roses qui apparaissent, en effet ! Pour mes livres, c'est une maison de chagrin. Désespérés, confus et toujours non triés, ils se tiennent debout et gisent en tas, de sorte que leur état déchu me tord le cœur lacéré. Alicia, à qui je me plaignais tristement de cet état, répondit d'un ton consolant :

"Mais mon professeur d'anglais à l'école dirait que c'était une 'erreur pathétique', M. Ranny . Les livres et tout n'ont pas vraiment de sens, n'est-ce pas ?"

"N'est-ce pas !" M'écriai-je amèrement. "Laissons les pédants sans émotion parler comme ils le veulent bêtement, Alicia. Rien ne peut être plus poignant et pathétique qu'une erreur !"

"Oui, monsieur", murmura Alicia et, avec des doigts respectueux, elle m'aida silencieusement à placer certains de ces livres. Elle a une touche tendre pour les objets d'amour des autres, un attribut charmant chez une femme.

Et du chaos physique du châlet de Crestlands , je suis entraîné chaque matin comme un fou dans un train express bondé, puis dans un wagon de métro convulsivement bondé, jusqu'au chaos plus subtil du bureau de Salmon et Byrd pour vendre des obligations roumaines . Les obligations roumaines envahissent ces bureaux comme les rats de la ville de Hamelin. Ah, est-ce qu'un joueur de cornemuse, pied ou autre, ne viendra pas tous les flûter dans la mer ? La réponse, j'ai le regret de le dire, est non ! L'impossibilité de déplacer ses fardeaux est l'erreur fondamentale de la Création.

Rien ne m'irrite plus après une matinée téléphonique infructueuse ou une course inefficace que de voir Fred Salmon sourire avec élégance, me taper dans le dos et marmonner machinalement :

"Excellent travail, mon vieux ! Tu vas bien !"

A quoi servent ces fausses bêtises ? Samedi, il est venu me voir avec la nouvelle réjouissante qu'Imber et Smith, qui avaient pris deux millions d'obligations, avaient déjà vendu leur part.

"Au diable eux !" était la seule réponse que j'ai pu trouver.

"C'est ce que je dis", répondit-il dans son rôle parfait d'être tout pour tous les hommes, puis, réfléchi, "mais je pense que Smith est un menteur." Je parierai néanmoins qu'il a félicité Smith aussi chaleureusement qu'il m'a blessé le dos. Être tout pour tous les hommes est sûrement l'un des traits les plus dégoûtants chez un bipède humain. Par intermittence, je souhaite toujours et encore sortir de la pagaille et de la canaille de tout cela. Mais malheureusement et lourdement, il me vient à l'esprit qu'il vaut peut-être mieux supporter les maux que l'on a que de fuir vers d'autres qui ne sont qu'un sinistre vide. J'ai l'air d'un homme sur un radeau avec les vagues déchaînées par la tempête qui me submergent tandis que j'ai le souffle coupé et j'espère être sauvé.

Je me demande à quoi ressemblerait cette vie si, en rentrant à Crestlands , il n'y avait pas ces petits retrievers empressés à me chercher, à porter et à m'attendre, pour m'entourer de leur joyeuse fraîcheur de jeunesse. Mais en toute franchise, je dois admettre que sans eux, je mènerais mon ancienne vie retirée, tranquille parmi les livres, qui semble désormais lointaine comme une incarnation passée.

Les semaines passent et, peinant sous notre fardeau, nous essayons désespérément d'endiguer la course du temps. Dans certains moments difficiles, j'ai le sentiment maladif que le temps va gagner et nous écraser. Une nouvelle découverte révoltante que j'ai faite hier, à savoir que Fred s'est mis à boire pendant les heures de travail, m'a soudainement arraché la vie comme une pompe aspirante. Puis, réalisant le sens et l'énormité du fait, j'ai été effrayé par la peur et je lui ai parlé d'une manière aussi amicale et bienveillante que les circonstances le permettaient, dans un effort pour lui montrer notre position et où elle pourrait nous conduire.

Son premier grognement de défi céda la place à la contrition. Il a pleuré des larmes larmoyantes et a fait des promesses si solides qu'elles devraient lui survivre, mais... je me sens ébranlé comme jamais auparavant.

Pendant ce temps, Sampson et compagnie réclament les paiements dus sur notre allocation d'obligations, et Fred, le souriant et le diplomate, évite les entretiens avec eux.

« Ce dont nous avons besoin, Ranny , me dit-il aujourd'hui d'un ton rassuré, c'est du capital, encore du capital. Nous nous sommes lancés dans ce métier avec un cordon de chaussure – parfois cela tient jusqu'à ce qu'on trouve une corde et parfois… »

— "Même une bouée de sauvetage arrive trop tard", ai-je ajouté.

Il n'a pas répondu. Mais après une pause, il reprit :

« Ne pourriez-vous pas venir voir certains de vos riches amis, voir s'ils pourraient nous dépanner pendant un moment ?

« Amis riches ! Je me tordais comme un homme tourmenté. "Qui sont mes amis riches ? Je n'en ai pas, comme vous devriez le savoir. J'ai maintenant investi chaque centime de mon capital que je possède contre votre expérience en affaires, Fred. Et c'est là que nous en sommes arrivés. Si les enfants de ma sœur Je ne dépendais pas de moi, mais ensuite, ai-je terminé avec amertume, je ne devrais pas être ici, comme je pense que vous le savez.

Il baissa la tête.

« Est-ce que ta sœur… n'y avait-il rien… ? Mais il faut reconnaître qu'il n'a pas terminé. Si, comme je suppose, il avait l'intention de demander si Laura avait laissé de l'argent que je pourrais utiliser, il a évidemment réfléchi mieux et s'est éloigné dans un sombre silence. Et c'est là où nous en sommes.

C'est là où nous en sommes dans notre entreprise, et les besoins de ma famille augmentent. Griselda ne sait rien de mes affaires et pourtant je surprends ses yeux sombres, singulièrement brillants pour une de ses années, me regardant parfois hors de son visage basané et ridé, comme pour deviner le Jehannum que je vis. Plus que jamais , elle se prépare à accomplir d'incroyables prouesses d'économie, tandis que je fais hypocritement semblant de l'ignorer.

Les enfants, ayant prospéré et grandi pendant l'hiver, ont besoin de nouvelles garde-robes d'été, que j'ai commandées et achetées. Si cela doit être un désastre, alors la misère ne nous trahira pas. Comme l'homme qui portait des vêtements de soirée pour couler avec le *Titanic* , j'ai toujours eu une foi obstinée dans la politique des bons vêtements. Politique, politique – la trace de la politique m'envahit comme une odeur fétide – et comme je me suis toujours senti propre et sans tache dans ma stupide transparence ! Gertrude, si elle le savait, se réjouirait maintenant de m'avoir renversé.

J'envie nos commis et nos dactylographes qui bannissent tous les soucis à cinq heures de l'après-midi et ne les reprennent que le lendemain matin. Quelle vie gaie est leur vie, s'ils le savaient ! Ils plaisantent, se moquent, se lancent des argots pittoresques et touchent leur salaire le samedi, inconscients de la façon dont nous sommes proches de la perdition. Si nous allons au mur, ils trouveront bientôt d'autres endroits. Mais je… trouverai le mur. J'aurais aimé savoir quelles sont les émotions de Fred alors que, fronçant lourdement le front, il marche à grands pas sur nos tapis. Je sais seulement, cependant, que mes émotions sont catastrophiques.

Le destin noir est à nos portes.

Après des jours de marchandage, de mensonges, de remue-ménage et de palabres, notre entreprise a expiré.

Nos efforts vains et concentrés pour vendre quelque chose que nous n'avions pas les moyens et les relations nécessaires pour vendre nous ont amenés à négliger les choses que nous aurions pu faire.

Je n'oublierai pas de sitôt l'ignoble éclat de Sampson aux grosses joues lorsque, comme par un firman de sultan , il nous convoqua impérieusement à son bureau et nous dit dans sa langue ce qu'il pensait de nous.

« Les gens comme vous n'ont pas leur place dans la rue ; leur place est en prison. Attribuez ! » » gronda-t-il, « Mieux vaut assigner immédiatement et partir !

Et ce n'est pas la moindre des amertume de ce moment qui a été la prise de conscience âpre que je ne pouvais pas l'accuser d'avoir flatté et harcelé Fred dans la vanité de l'entreprise, parce qu'à ce moment Fred et moi n'étions qu'un - avec cette distinction : ce que Fred était. la souffrance roulerait sur son dos comme l'eau d'un rhinocéros, tandis que je resterais à jamais marqué de manière obscène par ses paroles.

Il était inutile de discuter, inutile de protester. Il n'y avait ni moment ni lieu pour des circonstances atténuantes. J'étais trop plein de honte et d'humiliation pour proposer des suggestions conciliantes, et j'avais encore assez de fierté mulley pour ne pas céder devant cet tyran aux yeux de poisson. Nous sommes sortis du bureau de cet homme en faillite.

Je m'émerveille toujours de la façon dont j'ai retrouvé le chemin de notre propre bureau à travers l'obscurité sinistre qui m'entourait. Le monde qui m'entourait – le monde palpitant et pressant, dont j'avais fait partie dans une certaine mesure – était soudain étrange, fantasmatique et étranger, la ville fantomatique d'un rêve. Les gens étaient des ombres et leurs pas précipités et leurs courses aussi mystérieuses et aussi étrangères à ma vie que celles d'une colonie de fourmis. La seule réalité que je n'avais pas envisagée dans ce moment sombre qui coextençait l'éternité, c'était que *j'étais* le fantôme anémique qui traquait à midi et que les autres étaient la réalité.

« Si seulement vous n'aviez pas pris le solde de mon capital — était la pensée palpitante sous mon accablante misère — si seulement vous m'aviez laissé cela ! Mais je ne pouvais pas me résoudre à pleurnicher auprès de Fred. Je gardai un silence de pierre. Un ressentiment brûlant a enflé mon cœur au point que je ne pouvais pas parler. La publicité dans les journaux dont Fred avait rêvé allait lui parvenir maintenant avec vengeance.

Maintenant, ils sont occupés à démembrer le cadavre et à transporter les restes, tandis que je suis assis sombrement chez moi à Crestlands comme quelqu'un désincarné, mort.

CHAPITRE XI

J'ai eu le temps de m'ennuyer face à la péripétie minable de ma carrière d'homme d'affaires. Les détails écoeurants et les formes juridiques de notre échec sont terminés, et je survis misérablement grâce au prêt contracté sur une police d'assurance, mais je n'ai toujours pas élaboré de projets pour l'avenir.

Je m'assois à l'ombre du châle et regarde Jimmie dévaler la pente et s'efforcer de remonter. Le soleil du début août est brûlant dans le ciel et l'air, même à Crestlands, est lourd. Et mes pouls ne cessent de répéter, de répéter avec insistance : « Qu'allons-nous devenir ? Mes pouls, mais pas mon esprit. Ce fonctionnaire inutile a tout simplement suspendu ses opérations.

Je me sentais sage en lisant Montaigne et Buckle, humoristique avec Rabelais et Cervantès, aigu et homme du monde avec Balzac ou Sainte-Beuve. Mais aucun de ces anciens consolateurs, semble-t-il, ne semble capable de me remonter le moral. Les jeunes critiques modernes parlent d'évasion en littérature, mais il semble qu'on ne puisse s'échapper que lorsqu'il n'y a rien de très sérieux à quoi échapper. Comme un débauché qui s'est tué le palais ou qui a avalé du jour au lendemain un plat malsain, le goût enjoué d'un essai d'Elia, le roulement gustatif sous la langue des phrases de Religio Medici , le plaisir vif d'une préface de Dryden, tout cela c'est désormais impossible. Leur saveur est morte pour moi. Mes rêves de Mæcenasship pour Tudor Texts se sont envolés.

Pour avoir de la joie dans les livres, il faut un cœur tranquille. Le monde a été trop avec moi et ni le coquelicot ni la mandragore ne peuvent en bannir les effets. Il n'y a pas de baume pour me rassurer.

Après tout, il y avait une évasion, sinon en lisant, du moins en écrivant. Je peux tout à fait comprendre maintenant la persistance des chroniqueurs dans le monde. A peine avais-je écrit les mots ci-dessus qu'un frisson de résolution m'a secoué et je suis allé dans la ville boulangère à la recherche de moyens de subsistance. Je n'ai trouvé que de l'épuisement, mais il est certain qu'à Crestlands j'en trouverai encore moins.

J'ai regardé les rues grouillantes avec les yeux écarquillés comme un bouche bée, à nouveau surpris que tant de personnes trouvent un point d'appui et de subsistance là où j'avais échoué. Ce mystère me laissera toujours perplexe. L'obscurité grandissante a cependant disparu lorsque j'ai pénétré dans la librairie d'Andrews. Son accueil fut chaleureux.

"Étranger", me salua-t-il cordialement, "viens chez toi."

"Je ne nie pas l'avoir senti appeler", admis-je.

"'Bien sûr que oui, il n'y a rien d'autre au monde."

"Ah, combien d'autres choses, Andrews !" Je lui ai dit tristement.

S'il a entendu parler de mon échec ou non, je ne peux pas le dire. Si c'est le cas, c'était du tact en soi.

"Voici de belles choses à voir", annonça-t-il, agité alors qu'il me conduisait à une table à l'arrière du magasin. J'ai regardé ses belles choses et j'ai pu lui donner quelques points utiles sur une ou deux d'entre elles. Il est en fait tombé sur un Caxton, le diable chanceux ! C'était en effet « le mien », comme Andrews était assez astucieux pour le deviner. *Ça me connait*. Et sa courtoisie et sa déférence étaient étrangement consolantes à la lumière de mes récentes expériences. La courtoisie et la déférence coûtent si peu aux autres, mais quelle manne rafraîchissante elles sont pour le respect de soi !

Je continue à arpenter les trottoirs de New York et j'aimerais qu'il y ait plus de sens dans mes déplacements .

Chaque matin, je sors avec une faible lueur d'espoir, et le faible fondement de mon espoir, quand j'y réfléchis, ressemble à ceci : dans les repaires des hommes , je peux rencontrer quelqu'un, une vieille connaissance qui peut savoir ou J'ai entendu parler de quelque chose grâce auquel un roseau cassé comme moi, un échec prononcé, peut avoir une chance de gagner sa vie. Une situation assez désespérée lorsqu'on la réduit à la lumière éclatante d'un discours clair – mais c'est le mieux que je puisse faire. Si seulement Dibdin était là ! J'ai désespérément besoin d'un ami. Mais ma vie passée m'a séparé et isolé, de sorte que lorsque je pense à des amis et que ma pensée s'élance convulsivement d'un côté à l'autre, elle ne rencontre rien d'autre que du vide, du vide. Fred Salmon évite le Club. C'est le seul qui m'est parvenu du passé, et le résultat que j'ai déjà enregistré. Je n'ai pas hâte de le rencontrer, même si j'ai épuisé toute hostilité que j'avais pu ressentir à son égard. *C'est un mauvais métier que celui de médire* . Je trouve mon homme intérieur d'autant meilleur qu'il pense à Fred de manière neutre, quand je pense à lui du tout.

La maladie était la seule chose qui manquait à mon ineffable progrès de pèlerin, c'est pourquoi la maladie est infailliblement apparue.

Jimmie a attrapé la rougeole samedi et hier Alicia a suivi son exemple. L'effondrement d'Alicia sous la maladie s'est avéré comme l'éclatement d'une colonne dans l'édifice de ma maison. Toute la structure incertaine est en train de vaciller. Et bien qu'elle soit brûlante de fièvre, la malheureuse murmure avec anxiété que les bas ne sont pas raccommodés et les boutons ne sont pas cousus.

"Ne t'inquiète pas pour ça, petite fille", je n'arrête pas de lui dire. "Griselda fera ces choses-là."

"Griselda a trop de choses à faire comme ça," déglutit-elle et les larmes jaillirent de ses yeux brûlants. Je l'ai isolée ainsi que Jimmie dans ma chambre, et Randolph et Laura sont priés de se tenir aussi loin que possible d'eux. Je me souviens de l'époque où j'aurais fui par peur d'une infection comme de la peste, mais maintenant mes angoisses sont d'une tout autre nature. Jimmie guérit maintenant, mais Alicia est bien plus malade qu'elle ne le pense.

Griselda a entrepris les bas et la nuit, quand je reste assis à regarder et à attendre les sons de l'un ou l'autre de mes invalides, j'opère sur les boutons. Il est curieux de voir à quel point l'art entre dans la couture d'un bouton. Même si j'ai toujours été un chien célibataire, je n'ai jamais été obligé d'apprendre ce métier auparavant. Mais j'ai appris de Griselda, qui souriait en coin lorsqu'elle expliquait la loi, que si l'on enroule plusieurs fois le fil après l'avoir cousu, l'ensemble acquiert, relativement, la résistance d'un câble. Vous vous occupez ensuite de vos doigts perforés.

Alicia, réveillée à minuit, s'est redressée dans son lit et m'a surpris à ma tâche ; elle gémit très douloureusement. Je mets précipitamment les petits « sous-vêtements » de Jimmie derrière moi, mais trop tard.

"Tu n'auras plus jamais envie de moi - ni besoin de moi - à quoi ça sert de guérir ?" gémit-elle faiblement.

"Oh, oui, je le ferai, Alicia, plus que jamais", m'empressai-je de lui assurer.

"Maintenant, tu fais tout ce que je dois faire", insista-t-elle avec une insistance fébrile. "Je ne serai plus utile."

"Mais ne vois-tu pas, Alicia," dis-je en touchant son front brûlant, "que je vais devoir gagner de l'argent pendant que tu fais les boutons ? Je devrais le gagner maintenant, alors guéris-toi aussi vite que toi. " C'est possible. Jimmie le voit ; il va déjà beaucoup mieux. " Cette logique semblait l'apaiser plus que ce à quoi je m'attendais. Elle attrapa ma main impulsivement et la pressa contre sa joue. Le rôle immense que joue l'affection dans la vie des enfants m'étonne sans cesse.

Alicia est de nouveau en convalescence, *laus Domini* , et Jimmie court maintenant dans la petite maison en la remplissant de bruit, ce qui est une musique à mes oreilles. Laura et Randolph ont heureusement jusqu'à présent échappé à l'infection. Jimmie souhaite recommencer à " monter et descendre" la pente, mais cela est toujours *interdit* .

Je peux désormais reprendre mes déplacements en ville et je constate avec un pincement au cœur que je suis en train de vieillir. Mes achats annuels de vêtements étaient aussi réguliers que mes repas, mais je n'ai commandé aucun vêtement pour le printemps ou l'été. Bizarre, quel effet délétère la médiocrité des vêtements a sur la conscience ! La teinte d'infériorité qu'elle apporte touche certains endroits très sensibles de l'esprit, presque comme une conscience minable. Mais le médecin du quartier, un contemplatif qui connaît visiblement son métier, même s'il parle de son laboratoire et de ses expériences comme un alchimiste, a mérité les vêtements dont je dois me passer. Et des deux, j'en avais davantage besoin.

Ma recherche est terminée. Il y a à nouveau de la jubilation dans mon cœur. Je suis devenu un gagne-pain ; comme le maçon qui partait, le seau à la main, j'ai trouvé du travail.

Et la manière dont cela s'est produit était un étrange petit coup du sort, une fantaisie qui aurait plu à l'âme ironique de Thomas Hardy.

Un de mes vieux amis d'université, Minot Blackden , que j'appelais Léonard de Vinci parce qu'il était plein d'idées et d'inventions, avait redécouvert, disait-il, l'art de la coloration du verre. Après cinq ans de résidence en Italie, avec un modeste patrimoine dont la majeure partie était passée au verre ou à la teinture, il était revenu dans son pays natal et avait ouvert une boutique *à la* William Morris quelque part dans le quartier de Bleecker Street, et a procédé au vitrail. Il avait récemment fait l'objet d'une certaine publicité dans les journaux et certains de ses travaux avaient été supprimés.

En passant devant une église au cours de mes pérégrinations chaudes et poussiéreuses, je me suis dit que c'était peut-être là une chance de le servir, ainsi que moi-même. En écrivant un livret intéressant sur son métier, en l'illustrant abondamment et en l'envoyant avec des lettres personnelles à toutes les sacristies du pays, je pourrais apporter un flot de clientèle dans sa boutique. C'est avec cette proposition désespérée que je m'apprêtais à découvrir Minot Blackden . Je n'ai pas réussi à trouver sa boutique, mais je me suis retrouvé nez à nez avec ma vieille connaissance de Salmon et Byrd, Signor Visconti.

Dans son costume de plage et son chapeau Panama, Visconti faisait une silhouette splendide et impressionnante dans les environs de Bleecker Street.

« Ah-h, signor Byrd », s'écria-t-il avec une cordialité latine en saisissant ma main dans les siennes, « vous êtes ce que vous appelez un spectacle pour les yeux malades. Je me suis souvent posé des questions à votre sujet… vous devez venir dans ma banca… nous je dois avoir un rafraîchissement Leetla ! »

Le rafraîchissement m'a séduit en ce moment et je l'ai accompagné avec plaisir dans son bureau privé dans la banque, situé entre un entrepôt de ferraille et un magasin d'épicerie fine. Avec un tact charmant, il évoqua la malchance de Salmon et Byrd et écarta définitivement le sujet.

En bref, pour lui, c'est-à-dire avec beaucoup de gestes et d'illustrations, il m'a informé qu'il cherchait un homme pour sa banque en expansion et m'a demandé de lui en recommander un.

"Je veux un homme fin ..." expliqua-t-il. "Un gentleman américain - qui parle un leetla da italien - qui a présenté ce que vous appelez une fina fronta, tu me comprends ?

« Une belle façade, réfléchis-je à voix haute, et qui parle italien. Non, signor Visconti, nous n'avions pas un homme aussi jeune dans notre bureau. Je ne vois personne que je pourrais recommander. »

Il était visiblement déconcerté.

"Je pense ," dit-il avec un geste de résolution finale, "si je pouvais trouver un gentleman comme vous, M. Byrd, il serait *précisément* ce que je recherche. Je sais," ajouta-t-il précipitamment avec un rire d'excuse. , "Mec, comme vous, Signor, soyez difficile à trouver!" Et de nouveau il rit de bon cœur, tout en me regardant entre ses paupières plissées. Sa dérive était désormais évidente. Je restai silencieux un moment.

"Eh bien, si l'on en arrive à cela, Signor Visconti," répondis-je lentement, "je ne fais rien de particulier en ce moment. Je ne suis peut-être absolument pas bon pour vous, mais... mais si..."

" Ah ! vous essaieriez le vieux Visconti, Signor ! " Et ses bras s'envolèrent comme des moulins à vent. "Vous n'avez pas honte de travailler dans ce que vous, les Américains, appelez la colonie de Guinée ! — non, non !" Il remarqua l'ombre dédaigneuse sur mon visage. " Ah, vous comprenez ... vous connaissez la grande histoire du peuple Italiana . Vous... mais, M. Byrd... " et avec une admirable transition histrionique, il devint soudain grave et triste : " M. Byrd, vous êtes exactement l'homme que je regarde . pour," et il a saisi mes deux mains. "Mais, Meester Byrd, je crains de ne pas pouvoir me permettre de payer ce à quoi vous vous attendez. Ah, *sacra* , si je pouvais ! Vous, l'homme même... *Dio* ..." et il plaqua dramatiquement une main sur son front - "l'homme même, mais !... » et son sourire plein de regret triste et mélancolique semblait authentique malgré toute sa valeur histrionique.

« Que proposez-vous de payer, signor Visconti ? J'ai demandé.

"Je ne peux payer que pour commencer", murmura-t-il d'une voix rauque, avec les yeux ronds d'un homme face à l'inévitable, "trente-cinq dollars , peut-être quarante dollars par semaine. Trop leetla , je sais," ajouta-t-il lentement, laissant ses mains tomber. ses genoux avec résignation.

"Très bien, signor Visconti", dis-je. "Si vous voulez m'essayer, je serai heureux de venir à quarante dollars."

Visconti s'est jeté sur ma main et le marché a été conclu.

Je dois commencer à gagner ma vie lundi.

Qui a dit que l'adversité était le meilleur professeur ? C'est possible, mais la joie est le cocktail le plus efficace. Il n'y a pas de stimulant comme un peu de succès.

Je suis un personnage auguste.

Je m'étoufferai d'orgueil, tant je suis devenu auguste à la Banca e Casa Commerciale Visconti.

J'appelle la National City Bank au sujet du prix des obligations, ou du taux de change, dans un anglais si vraisemblablement impeccable que le signor Visconti gonfle visiblement sa magnifique poitrine en écoutant. Il existe une divinité qui façonne nos " frontas ", les taille à notre guise.

"Visconti parle", dis-je avec fermeté et la tête de Visconti boucle sa fine moustache teinte et se détourne, rayonnante d'un plaisir mal dissimulé. C'est apparemment ce qu'attendait le patron de Visconti. Mentalement, j'offre une prière fervente pour qu'il ne soit jamais déçu quant à mes capacités.

Je travaille comme je n'ai jamais travaillé auparavant. J'arrive tôt et je pars tard et je me fais souvent envoyer mon déjeuner de l'épicerie fine voisine, poudré sans doute par la brocante attenante, et le « patron », comme l'appellent les autres, sourit avec une onction rare qui signifie approbation.

Avec difficulté, nous vivons réellement de mes revenus. Si je récupérais la moitié de mon capital que je n'avais aucune affaire à investir dans Salmon et Byrd – mais cela inaugurerait des pensées déprimantes. Ma bibliothèque seule se dresse entre moi et le désastre, alors, en homme d'affaires prudent, j'en ai commencé un catalogue et je forme Alicia pour qu'elle m'aide. Je ne dois pas me laisser de nouveau surprendre par une perspective aussi désespérée que celle à laquelle j'ai récemment été confronté.

À quel point ma petite maison a été affectée par mon découragement tardif, je me rends compte seulement maintenant que je l'ai surmonté. Les rires et la bonne humeur semblent avoir de nouveau été débouchés. Nous jouons et nous roulons et bavardons, plus qu'au début de notre *vie de famille* — il y a combien de temps ? — un peu moins d'un an, pas plus !

Nous sommes désormais fin septembre et les écoles ont rouvert. Nous sommes tous occupés sainement et assidûment, comme une famille américaine normale, et comme si son soi-disant chef était un être suffisamment compétent, et non l'amateur maladroit et déguisé qu'il est. « Qui n'a jamais mangé son pain en larmes » — eh bien, nous avons fait une connaissance intime de la pauvreté et nous la craignons moins qu'autrefois

— quoique nous la haïssions davantage. Il s'agit peut-être d'un imposteur, mais qui prétend que tous les imposteurs sont inoffensifs ? Je nierais certainement cette prémisse, donc nous cataloguons la bibliothèque.

"Voici 'The Anatomy of Melancholy' de Burton", annonce Alicia en décrochant un volume.

"Petit in-quarto, imprimé à Oxford, 1621", je termine pour elle.

"Oui", souffle-t-elle, les yeux écarquillés. "Comment peux-tu te souvenir de telles choses, Oncle Ranny ?" c'est pourquoi je lui ai demandé de m'appeler.

"Comment puis-je m'en souvenir ?" Je demande avec surprise. "Comment puis-je me rappeler que vous êtes Alicia Palmer, proche de l'âge de quinze ans, ou que Jimmie Pendleton a cinq ans ?"

"Mais nous sommes des gens", affirme Alicia, "et nous sommes les vôtres." J'avoue être légèrement frissonné par cette douce investiture, implicite dans ses paroles, mais j'y semble obtus.

"Mais un grand livre est aussi une personne", lui dis-je sentencieusement, "et" Oxford, 1621 ", signifie une première édition, Alicia - pas seulement une personne mais un personnage. Ce livre est un aristocrate aussi fier que s'il l'était. enduit de couronnes et palpitant simplement de sang normand. Il y a toute une héraldique à ce sujet - c'est un prince parmi les livres. Et tout cela, Alicia, parce qu'il a éveillé l'intérêt des hommes et les a ravis depuis l'époque où les pèlerins ont débarqué pour la première fois à Plymouth. " C'est un livre qui pourrait faire sortir le docteur Johnson du lit deux heures plus tôt qu'il ne l'aurait souhaité. De plus, si le pire devait arriver, il pourrait nous nourrir pendant un certain temps, et c'est très important, n'est-ce pas ? Alicia ? »

"Oui", souffle-t-elle avec admiration, ce qui, pour une raison quelconque, me ravit. "Quelle chose merveilleuse cela doit être d'écrire un grand livre." Et elle touche au volume suivant avec encore plus de respect.

"La 'Vie d'Edward Malone', de Sir James Prior", lit Alicia. "Est-ce que c'est aussi un prince parmi les livres ?"

"Non", je réponds. "Ce n'est qu'un ami. Malone, voyez-vous, a été traversé d'amour à l'époque du docteur Johnson et, pour se consoler, il est devenu un collectionneur de livres et un commentateur shakesperien . On dit que les Irlandais sont inconstants. Mais en voici un qui Je ne pourrais plus jamais aimer. Alors chaque fois que je lis sa vie, je crois que je vois à travers une sorte de brume la charmante dame qu'il a perdue et tout ce qui l'entoure m'est curieusement cher. Il ne nous nourrirait pas très longtemps, Alicia, mais il m'a donné de nombreuses heures de plaisir.

« Les collectionneurs de livres sont -ils des gens mêlés d'amour ? » demande-
t-elle avec une douce subtilité, et je m'étonne qu'un de ses jeunes soit arrêté
par ce point particulier.

"Si vous voulez dire moi", je réponds doucement, "alors je peux vous dire
que non. Personne ne m'a jamais assez aimé pour me contrarier. Je suis un
collectionneur par une sorte de… dégénérescence spontanée."

Alicia rejette sa belle jeune tête en arrière et éclate d'un rire délicieux. Ensuite,
je la surprends à sourire intérieurement pendant qu'elle copie les titres.

Je suis étonné de constater à quel point cette enfant est devenue belle depuis
qu'elle est ici. Son expression maigre et effrayée a cédé la place à une
expression de confiance heureuse. Bien trop tôt, elle enrichira de bonheur la
vie d'un jeune homme. Son intérêt pour mes vieux livres moisis lui a conféré
à mes yeux une valeur de compagnie que j'espère ne pas exagérer aux dépens
de ma nièce et de mes neveux – même si Alicia n'est pas du genre à profiter
d'une telle situation. Néanmoins, je dois être sur mes gardes.

Après tout, même si elle est la gardienne agréée des autres, et *quis garde Ipsos*
, qui veillera sur Alicia ? Évidemment, ma tâche est d'améliorer son esprit
afin d'en faire la meilleure gardienne pour eux.

Et l'esprit d'Alicia s'améliore rapidement.

"Oncle Ranny ", a-t-elle demandé l'autre jour, "puis-je vous demander
combien vous a coûté cette première édition de Johnson de Boswell ?"

"Cela ne me coûte rien d'autre qu'une heure d'insomnie de temps en temps",
lui dis-je. "Il n'est pas payé. Mais je dois quatre cents dollars à Andrews. Dieu
sait quand je le paierai. Mais pourquoi demandez-vous, Alicia ?"

"Je viens de lire dans *Book Prices Current* qu'un exemplaire a été vendu chez
Sotheby's à Londres pour cent livres."

"Déjà!" J'ai murmuré et j'étais perdu dans l'admiration non pas de
l'augmentation de la valeur - j'y suis habitué - mais de la facilité avec laquelle
la jeune fille a acquis l'intérêt et le jargon de mon passe-temps.

"Oh, M. Andrews doit avoir un endroit merveilleux !" s'exclama-t-elle. "Cela
doit être une superbe affaire. Où est-il ? Comme j'aimerais le voir !"

"Tu le feras un jour , Alicia," lui dis-je. "Il est dans la vingt-neuvième rue, et
c'est un excellent garçon."

Je lui ai ensuite expliqué comment Andrews avait insisté pour placer le livre
sur mes étagères.

Alicia m'a regardé en silence pendant un moment, puis soudain des larmes
ont brillé dans ses yeux.

« C'est à cause de nous, dit-elle avec une lèvre tremblante, parce que nous sommes venus pour que tu ne puisses pas l'acheter !

"Ne dis pas de bêtises, Alicia," lui dis-je. "Un collectionneur prend presque autant de plaisir à penser aux livres qu'il ne peut pas se procurer qu'à ceux qu'il achète. Ne pensez-vous pas que vous seul valez plus pour moi qu'un vieux Boswell ?"

"Non," murmura-t-elle sombrement, "mais je vais essayer de l'être."

LIVRE DEUX

CHAPITRE XII

De nombreux mois se sont écoulés depuis la dernière fois que j'ai écrit ce livre, qui doit être un récit de ma vie pour les années à venir, lorsque je serai devenu vieux et blanc et que ma mémoire ne me rappellera avec vivacité que les jours de mon enfance.

Il se peut que le fait d'avoir allumé la fournaise tout l'hiver, ou bien mon absorption par Visconti, ait banni de mon esprit la réflexion sur les événements. Ce n'est pourtant pas la réflexion qui a été bannie, mais seulement l'énergie pour l'enregistrer. Les gens qui travaillent sur le tapis roulant laissent peu de traces derrière eux. Et je suis du tapis roulant, occupant d'une chaise de bureau, un de la masse grise des habitants des banlieues de la vie.

Le bureau de Visconti, qui ressemblait d'abord à un vieux quai étrange dans une ville étrangère pour un navire venu de régions lointaines, est devenu familier et presque domestique, de sorte que je sens les balanes se rassembler autour de ma carcasse au lieu d'amarrage.

C'est toujours pareil. Je viens et je travaille et je pars. La chaise et le bureau m'attendent le matin et vers dix heures, c'est comme si je ne les avais jamais quittés. Je pars un après-midi en liberté et ressens une envie momentanée de flâner comme autrefois. Les façades fades de New York m'attirent toujours. Mais les oisillons pour lesquels je travaille sont à Crestlands et je me précipite automatiquement vers eux.

Mais tout cela est-il sur le point de se terminer ?

Aujourd'hui, pour la première fois depuis sa disparition, j'ai entendu parler du mari de la pauvre Laura, Pendleton.

Car aujourd'hui j'ai reçu une lettre étonnante de Dibdin , et c'est cela, je suppose, qui m'a poussé à écrire à nouveau.

"Soyez prêt", commence la lettre de Dibdin , avec son ton habituel et brusque, "préparez-vous à une sorte de choc".

"Il y a une semaine , je suis arrivé à Yokohama avec une demi-goélette chargée de stocks et de pierres, de sculptures, d'idoles, etc., pour rentrer chez moi.

"Si vous êtes déjà allé à Yokohama, vous vous souviendrez du Grand Hôtel sur le Bund." Oui, je m'en souviens. C'était pour moi le seul point positif au Japon lors de mon bref et décevant voyage il y a six ans. Dieu sait pourquoi j'y suis allé. Une fois que j'avais vu les temples de Nikko, les cerfs sacrés de l'île de Miyajima et le cône volcanique de Fujiyama, il n'y avait plus rien d'autre à faire. Je ne suis pas ethnologue et il n'y avait pas de librairies. En attendant mon bateau à vapeur, le seul refuge était ce même Grand Hôtel de Yokohama, où l'on peut encore s'asseoir sur une chaise face à une fenêtre, comme les voyageurs de commerce dans les hôtels de province d'Amérique, et regarder de l'autre côté de l'eau vers Tokio , et fumer, rester oisif et bavarder. L'après-midi, il y a du thé avec d'excellents petits gâteaux, servis par des filles japonaises en kimonos si magnifiques que même une geisha serait trop modeste pour les porter dans la rue. La couleur, cependant, est destinée aux yeux occidentaux. Les dames, américaines et anglaises de Tokyo et des environs, épouses de marchands à commission, agents, officiers de marine, diplomates, touristes, se rassemblent et font ce qu'elles peuvent pour anéantir les réputations, comme c'est le cas partout dans le monde.

Il y a aussi un bar, le plus long d'Asie. D'ailleurs, chaque barre de l'Est est la plus longue et les hommes de Hong Kong, Shanghai, Pékin, Kobe et Yokohama portent les mesures de leurs barres respectives dans leur tête à des fins de compétition. Nous avons tous besoin de quelque chose dont nous vanter, et il n'y a pas grand-chose d'autre dans ces régions. Lorsque les dames ont fini leur thé et sont parties dans leur chambre ou dans leur rickshaw, le bar du Grand est la prochaine étape pour les hommes. Je n'y ai pas pensé depuis des années, même si cela me paraît assez vivant maintenant. C'est l'un des cinq points du globe où, si vous flânez assez longtemps, vous êtes certain de rencontrer tous ceux que vous avez connus. Mais… Pendleton !

"Si vous vous souvenez de ce décor", dit la lettre de Dibdin , "vous réaliserez à quel point il était facile, même pour un ours comme moi, de capter rapidement les ragots de l'endroit et, accessoirement, la légende de Patterson. Patterson, j'ai appris, était un vagabond. , un fainéant, un joueur et un fervent partisan du Grand Bar. Il est adroit, suave, agréable, sournois - un Américain. Un commerçant l'a trouvé sur la plage des Marquises, l'a emmené pour lui tenir compagnie parmi les îles et finalement l'a fait atterrir ici. Il a fait le commerce des peaux, de la soie, des assurances ; on dit qu'il a pratiquement tué un homme dans une bagarre de cartes et qu'il a éliminé de nombreux touristes au poker. Aujourd'hui, il n'est plus autorisé à jouer aux cartes à le grand.

" J'ai eu une curiosité de voir cet oiseau en plumage et il y a deux jours, Mainwaring, l'excellent directeur de cet hôtel, me l'a fait remarquer.

« Jugez de mon étonnement, comme disent les romanciers, lorsque j'ai reconnu dans Patterson nul autre que l'auteur de tous vos ennuis, votre beau-frère disparu... *Pendleton !*

"Cela vous surprendra-t-il d'apprendre que ma première émotion a été le désir de me précipiter sur lui alors qu'il se penchait par-dessus le bar et lui enfonçait un couteau dans le dos ?

"Au lieu de cela, cependant, j'ai demandé à Mainwaring de me présenter et si Pendleton était surpris, il a réussi à le cacher. Actuellement, il buvait mon alcool et bavardait sur les îles d'où je suis récemment arrivé. Si je dissimulais la rage froide que j'éprouvais contre l'homme, vous devez me reconnaître pour plus de diplomatie que vous n'en faites habituellement.

"'Vous parlez comme un New-Yorkais', ai-je laissé tomber d'une manière désinvolte.

" ' Ah, voilà !' » lança-t-il d'une manière douce et mystérieuse. « La vérité est que je ne sais pas d'où je viens !

"En bref, il a essayé le genre de trucs avec la mémoire perdue. Un jour, il s'est réveillé et s'est retrouvé à Manille. Il ne savait pas son propre nom, ni qui il était, ni d'où. Les initiales sur son linge étaient JP, alors il a pris le nom de Patterson - aussi bon qu'un autre, et ainsi de suite. Très triste. Mais alors il faut prendre la vie telle qu'on la trouve. Certains d'entre nous sont élus au martyre dans ce monde. Telle, vous comprenez, était sa dérive.

"'Eh bien, lui dis-je calmement, si tu veux vraiment savoir qui tu es, je peux te le dire.'

"Il est devenu, pensais-je, un peu plus pâle, mais il a joué son rôle sans problème.

"'Tu ne le penses pas !' s'écria-t-il avec une extase tout à fait séraphique. "Tu me connais ! Mon Dieu, homme, tu es mon libérateur, enfin arrivé !"

« Vous êtes Jim Pendleton », lui ai-je dit doucement, puis je lui ai dit quelques autres choses. Mon raisonnement était le suivant : s'il est le chien minutieux que je pensais qu'il était, il aurait d'excellentes chances de s'enfuir - et de bonnes S'il restait un soupçon de décence chez cet homme, il était temps de le montrer.

"Eh bien, il m'a surpris. J'ai vu de vraies larmes dans ses yeux. Il m'a supplié de lui donner tous les détails que je pouvais lui donner. Sa voix s'est brisée lorsqu'il a essayé de poser des questions sur Laura et les enfants. Il ne s'est pas enfui. Il est assez pathétiquement attaché. pour moi. Je suis déçu si je peux dire si c'est réel ou non. Je ne crois pas un seul instant à l'esquive des souvenirs perdus, mais je suis sidéré. Il semble si pitoyablement enthousiaste pour chaque fragment que je peux lui dire. Peut-être que le "Le pauvre animal a vraiment honte de son passé et ne cherche qu'à sauver sa face dans ce brouhaha d'identité perdue ? Il s'accroche à moi et je l'ai, pour ainsi dire, sous observation. S'il paraît possible, ne serait-ce que de loin, de faire en sorte qu'un homme de lui, ne penses-tu pas que le risque de le ramener à la maison pourrait valoir la peine d'être pris ? Je ne sais pas, je ne sais pas. Je ferai preuve du meilleur jugement que j'ai à mon sujet, mais ne le fais pas pour un instant, je pense que je vais te décevoir. C'est à ton intérêt que je pense et à l'intérêt des enfants.

"Je ne peux pas encore partir d'ici dans plusieurs semaines. Cela devrait me laisser le temps de prendre sa mesure. Je sais ce qu'il a été. La question est : un léopard peut-il changer ses taches, ou un ramasseur de plage son caractère ? On verra bien." , Randolph, mon garçon, nous verrons ce que nous verrons. Pas de chance, pas de chance, mais cet homme... eh bien, je n'ai pas besoin de vous le dire. Il y a une telle chose, bien sûr, que de réessayer. J'aimerais avoir une seconde chance moi-même, si je me comportais comme un méchant. Mais je suis loin d'être sûr de cet homme. Je dirai cependant qu'il boit moins et essaie de rester décent non seulement à mes propres yeux, mais aussi envers les autres. surprise de toute la colonie blanche ici.

"Vous aurez à nouveau de mes nouvelles d'ici peu."

En lisant, je me suis senti peu à peu éclipsé par l'immense et sombre fait véhiculé dans cette lettre. C'était comme un banc de nuages noirs qui surgissait rapidement, masquant le soleil du paysage. Il ne s'agissait pas de cligner des yeux, de faire signe de côté ou de rejeter d'un simple haussement d'épaules. C'était instantané et tyrannique, exigeant une nouvelle réflexion et une nouvelle décision urgente. Heureusement , je ne suis plus la même créature qui a été physiquement précipitée hors de la tranquillité et des loisirs, comme un moine de sa cellule, dans les modes de vie froids et balayés par le vent. Je ressemble un peu moins à de la paille dans la brise. Ma colonne vertébrale semblait en fait se raidir et se stabiliser à mesure que je posais le problème.

Le problème, c'est le sort des enfants. Recevoir et recréer Pendleton signifie les abandonner.

Eh bien, et n'ai-je pas assumé leur responsabilité uniquement parce qu'il n'y avait personne d'autre ? Maintenant, il y aurait – il pourrait y avoir – quelqu'un d'autre. Pendleton a un droit légal sur ses propres enfants et, s'il pouvait l'établir de manière satisfaisante, sans aucun doute aussi un droit moral.

L'avènement de Pendleton pourrait s'avérer pour moi des avantages incalculables. Ici, d'un côté, se trouve le tapis roulant. De l'autre, il y a, ou il y avait, la facilité, les loisirs et les rêves. Ma petite compétence a disparu à la suite des progrès destructeurs de cet homme. Mais pour ma part, je pourrais trouver une manière de subsister plus facile et plus agréable que celle de Visconti. Ce sont là des faits froids, de toute évidence, mais d'une manière ou d'une autre , ils ne me laissent pas de repos. Mon monde a été violemment secoué, malgré tout mon calme douloureux, et je semble incapable de réinsérer les pièces dans exactement l'ancienne solidité du sillon et du joint. Il y a des interstices cachés que je ne peux combler. "Qui est Kim—Kim—

Kim ?" » se demandait habituellement le héros d'un conte inoubliable. Et il sentit son âme s'envoler et plonger dans l'infini. De même, je me demande maintenant : qui est Randolph Byrd ? Et la vérité surprenante revient : les enfants de ma maison et moi sommes inséparables, que moi et eux ne faisons qu'un !

Avec cela et le fait que Pendleton reviendra très probablement pour les réclamer, je suis, en attendant de nouvelles nouvelles de Dibdin , laissé aux prises. En tout cas, Dibdin revient également.

C'est maintenant le printemps et l'année recommence à sourire. J'ai prospéré chez Visconti et mes revenus sont désormais les mêmes qu'avant l'arrivée de mes enfants, avant que je devienne homme d'affaires. Mais il n'y a personne à qui je puisse confier mon nouveau dilemme.

Il y a Minot Blackden , le teinturier , que j'ai enfin découvert comme étant un proche voisin de Visconti. Pour être exact, son studio et ses locaux d'habitation se trouvent dans King Street, et nous déjeunons parfois ensemble. Mais Blackden est tellement sous l'emprise de son art médiéval qu'il pénètre dans sa nourriture, tache ses mains effilées et éclabousse même sa barbe bleu-noir finement pointue. Tout ce qu'il peut voir en moi, c'est le Philistin qui a tout laissé de côté pour les pots de chair grésillants. Quand je lui parlais du fait que j'avais quatre enfants dans ma maison, il me regardait comme un oiseau de paradis pourrait regarder un ours polaire ; J'étais pour lui le symbole visible mais incroyable de quelque chose d'étrange et de grossier. Il n'y a rien de placide ou de résigné chez Blackden . Il est intense, incandescent.

« Réalisez-vous, me dit-il, que je restitue au monde un art perdu ?

"Mais est-ce que ça te donne à manger ?" Je lui ai demandé.

"Qu'importe la nourriture ?" il a postulé. "Qu'importe le reste au monde ?"

Néanmoins, il était impatient de suivre ma suggestion concernant la rédaction d'un livret sur son nouveau métier et il l'a diffusé par voie radio. Mais son attitude à l'égard de toute cette affaire est si profondément dévotionnelle que je n'ai pas le visage pour suggérer le paiement du travail, et il n'y a pas non plus fait référence. Je connais peu son art, mais je sais que ses rendements augmentent. Il est évident que je ne peux pas charger une âme, brûlante de cette flamme précieuse de Blackden , d'une confiance telle que le retour imminent de Pendleton. Parfois, je pense que Minot Blackden et Gertrude Bayard devraient se marier. Ils sont tous les deux si déterminés et absolument sûrs d'eux-mêmes. Mais en attendant, je ne peux parler à personne.

Non, absolument personne.

Marcher jusqu'à la gare Grand Central ces après-midi brillants est une chose à laquelle je ne peux pas résister. C'est le seul exercice que je fais. En traversant Washington Square, je me dirige vers la Cinquième Avenue et, au moment où j'arrive sur la Quatorzième Rue, j'éprouve une délicieuse sensation de me perdre, de me fondre dans la foule, ce qui est très apaisant après une journée de bureau. Il n'y a rien de plus stimulant que la foule énergique de la Cinquième Avenue. À la librairie Brentano, je m'arrête habituellement et scrute la vitrine. Je suis très à l'aise avec les derniers romans et les derniers développements en matière de papeterie.

Aujourd'hui, alors que mes yeux se régalaient de la couverture du dernier numéro de M. Arnold Bennett, une dame qui descendait l'avenue s'est également arrêtée devant la fenêtre et tandis que nous nous regardions, j'ai découvert que je faisais face à Gertrude. Bien sûr, elle avait parfaitement le droit de me couper. Elle sourit, incertaine, et tendit la main.

"Bonjour, Ranny ," murmura-t-elle avec désinvolture. "Il n'y a aucune raison pour que nous ne puissions pas nous rencontrer en amis, n'est-ce pas ?"

"Pas le moindre au monde", répondis-je précipitamment. "Pourquoi devrait-il y en avoir?"

"Je ne savais pas, mais bien sûr, tu as toujours été une personne sensée."

J'ai souri de façon coupable.

"Comment ça va ?" » continua-t-elle avec éclat. « J'ai entendu parler de votre entreprise. Vous êtes en affaires maintenant ?

J'ai mentionné mes liens avec la Banca e Casa Commerciale de Visconti.

"Tu es une sorte de héros de romance", sourit-elle d'un air spéculatif au-dessus de ma tête. "Et les enfants," ajouta-t-elle, "ils vont bien ?"

"Ça va fort." Elle n'a fait aucune référence à Alicia mais j'ai pensé qu'il était tout à fait convenable de ne pas la laisser dans le doute. "Dans ma maison, tout est à peu près pareil", dis-je. Elle acquiesça.

Les années de notre amitié me sont venues à l'esprit, avec un sentiment de regret face à la disparition et à l'effondrement des relations humaines. Gertrude aurait tout naturellement été celle à qui j'aurais pu parler du retour probable de Pendleton. Puis, tout à coup, se produisit une de ces coïncidences qui me surprennent toujours. Car ce que Gertrude prononça avec insouciance, comme pour simplement combler la pause de la conversation, fut ceci :

« Pas de nouvelles de leur père, je suppose ?

Je n'ai encore jamais menti à Gertrude. Je déteste les mensonges en général. J'étais silencieux. Mon visage a dû me trahir. Gertrude m'a regardé dans les yeux et d'une voix surprise elle a demandé :

" *Avez* -vous?"

Bref, sans entrer dans les détails, je lui ai dit.

"Eh bien, Ranny ," s'exclama-t-elle d'une manière nouvelle, d'une voix nouvelle, "c'est la chose la plus merveilleuse que j'aie jamais entendue. Merveilleux ! C'est la plus grande chance pour toi. Vos ennuis seront terminés !"

"Ah, le voudront-ils ?" J'ai spéculé tristement en me frottant la joue. "C'est là le problème. Pourrai-je à nouveau lui confier les enfants ?"

« Ne sois pas stupide ! » rétorqua-t-elle presque à son ancienne manière. "La responsabilité fera de lui à nouveau un homme. D'ailleurs... il le faudra. Ils sont à lui. Je pense que vous sauteriez de joie au soulagement. Mon Dieu, quelle histoire !"

"Oh… euh… je ne dois pas vous prier… de ne pas en dire un mot à qui que ce soit ", balbutiai-je. "Vous comprenez, c'est une affaire délicate, pour le bien des enfants."

"Ne sois pas absurde", rétorqua-t-elle avec impatience. « Je ne bavarde pas. Promettez-vous de me laisser savoir comment… comment les choses se déroulent ? J'ai promis.

À ce moment, Minot Blackden , les yeux aveuglés par des visions de rosaces, sans aucun doute, s'est abattu et est presque entré en collision avec nous. Je les ai introduits machinalement pour atténuer ses excuses et les ai laissés tous deux dans la même direction vers le sud. Gertrude agita gaiement la main.

"Je m'attends à de bonnes nouvelles !" furent ses mots d'adieu.

donc parlé à quelqu'un, pensais-je en me dirigeant vers Grand Central, et Gertrude a exprimé ce que tout le monde dirait : « Je devrais sauter de joie à ce soulagement. Pendleton." Les roues du train dans lequel je montais sombrement répétaient avec insistance la même opinion évidente. En plus , j'avais le mal de mourir à cause de la folie d'avoir donné la chose à Gertrude, entre autres.

J'aurais aimé ne pas être obligé de parer aux invitations sociales pour le moment. L'excellent Visconti, qui m'avait invité à dîner deux ou trois fois pendant l'hiver, a soudain eu l'idée de m'inviter au moins une fois par semaine. J'espère que je ne suis pas devenu si grossier mais que j'apprécie sa courtoisie bien intentionnée. Mais la clope est trop géniale.

Il a une maison dans la Treizième Rue, à côté de l'Hôpital Saint-Vincent, et il a aussi une fille orpheline, Gina, pleine de vitalité, qui doit s'amuser. La proximité de l'hôpital, laisse-t-il entendre, l'odeur du carbolate et de l'iodoforme dépriment le sang jeune, et Gina, étant super-américaine, ne doit pas se rappeler qu'il y a quelque chose de désagréable dans la vie. J'espère que je ne suis pas le seul vaisseau choisi pour apporter un esprit plus vif à cette fille.

L'effort pour moi est immense. Je vais à Crestlands après les heures de bureau, je m'habille, je retourne en ville, puis je prends à nouveau un train tardif pour Crestlands . La nourriture est excellente et Gina chante joliment dans une soprano aussi riche que sa coloration. Mais le lendemain matin, Visconti ne profite pas du fruit de mes énergies intactes.

Plus récemment, Visconti m'a conseillé de ne pas m'habiller et en cela je vois la belle main de Gina à l'œuvre. En tant que fille née aux États-Unis, Gina est rapide et impatiente de lire les panneaux et les indications météorologiques. Et même si je deviens adroit dans les excuses, j'ai quand même dîné chez les Visconti hier soir. Gina a chanté le *Sole mio* et *Una voce poco fa* et a même prédit ma fortune aux cartes, prédisant que je devrais « me marier une seconde fois ».

"Mais jamais une première fois ?" J'ai demandé simplement.

"Oh, alors tu n'as jamais été marié du tout !" Gina a exulté et elle a relu énergiquement les cartes pour moi. Son sortilège n'est évidemment pas une science parfaite. Mais je me rends compte que grâce à cela, l'intelligente Gina en a appris plus sur ma vie personnelle que je ne lui avais jamais confié au cours de toutes nos relations.

De retour à la maison , j'ai trouvé Alicia dans mon bureau, assise tard sur le catalogue, dont elle est en train de terminer une copie. Elle sauta de sa chaise.

"Oh, je suis si heureuse que tu sois venu, oncle Ranny ," elle frappa joyeusement dans ses mains. "J'ai trouvé quelque chose que nous avions négligé."

« Qu'est-ce qu'il y a, Alicia ? Et mon regard était, je l'avoue, fasciné par ses joues rouges et ses yeux étoilés pétillants d'excitation. Elle semblait la muse incarnant ces livres, l'esprit même de beauté qu'ils consacrent. Et pourtant, elle n'a pas encore seize ans.

"C'est ' Alastor ' de Shelley !" elle a pleuré. "Et il est si fin qu'il s'est glissé entre les couvertures d'un autre livre. C'est une première édition : 1816, n'est-ce pas ?"

"Oui, Alicia. Et un très beau poème en plus."

"Oh, n'est-ce pas !" cria-t-elle avec exultation. " J'ai tout lu, oncle Ranny , et sais-tu ce que j'ai découvert ? " - et sa voix devint plus solennelle - " c'est ta vie que Shelley écrivait ! "

J'ai ri aux éclats.

"Oui il l'a fait!" » flasha Alicia. "Seulement ta vie est tellement meilleure. Il était tellement absorbé par lui-même, Alastor , qu'il est mort dans sa solitude. Et toi-tu es simplement entouré de gens qui t'aiment. Toi-!"

Et puis, je regrette de le noter, la gêne a pris le dessus sur Alicia. Elle prit conscience de sa propre véhémence et rougit furieusement, comme pour s'enfuir de la pièce.

Ma position avantageuse près de la porte m'a permis de l'arrêter.

"Attends, ma chérie," j'essayai de relever son menton baissé. "L'enthousiasme n'a rien de honteux. C'est l'une des plus belles choses de la vie. Et je vais vous en dire plus : nous appliquons toujours à nous-mêmes tout ce que nous lisons dans les livres."

"N'est-ce pas," murmura Alicia honteusement, "c'est pour ça que les gens aiment les livres ?" Fille insensée… pour réveiller le pédant endormi en moi !

"Pas tout à fait, Alicia. Quand nous vieillissons, nous devenons moins personnels. J'aime les livres parce qu'ils contiennent la vérité et la sagesse de l'esprit des hommes. Et à part la vie et l'amour, Alicia, la sagesse et la vérité sont les plus grandes réalités du monde. Il y a la mort, bien sûr, mais qui se soucie de s'attarder sur la mort ? »

"J'ai toujours pensé que la vie et... et l'amour étaient plus grands que les livres", balbutia Alicia avec sérieux. "Et maintenant que tu le dis toi-même, j'en suis sûr !"

Enfant étonnant ! Quand a-t-elle eu le temps de spéculer sur l'ampleur de la vie et de l'amour ? Toujours cette jeune chose se révèle à moi à nouveau. Je l'ai regardée en silence pendant un moment. Il y avait là un meilleur conseiller que quiconque, Dibdin excepté, avec qui je pourrais discuter du retour imminent de Pendleton.

"Alicia," commençai-je sur un autre ton, "il y a quelque chose dont je voudrais te parler. Il est criminellement tard, je sais, et tu devrais être au lit, mais comme tu vas te dissiper sur le catalogue, je vais je te tiens éveillé encore un peu." Je l'ai ramenée à une chaise et elle m'a regardé avec les yeux écarquillés.

"Est-ce que ça concerne... les... enfants ?" murmura-t-elle, quelque peu effrayée.

"Oui, d'une certaine manière, il s'agit des enfants. Mais il s'agit plus particulièrement de leur père. Avez-vous déjà entendu parler de lui ?"

"Leur père !... Je le croyais mort !" murmura-t-elle, stupéfaite.

"Il y a eu des moments où nous le pensions tous. Il a disparu il y a quelques années. Mais il est vivant, Alicia. Je viens d'avoir des nouvelles de Dibdin , qui l'a retrouvé au Japon." Ses yeux s'écarquillèrent.

"Comme c'est terrible!" elle respirait. "Est-ce qu'il sait tout ce qui s'est passé ?"

"Il le fait maintenant – bien sûr, il ne l'a pas fait jusqu'à ce que M. Dibdin le lui dise." Et puis cela m'est venu à l'esprit. Dois-je protéger Pendleton au point de lui dire positivement qu'il avait perdu la mémoire ou son identité ? Non. Un confident mérite une honnêteté scrupuleuse, même s'il est aussi jeune qu'Alicia. "Il a dit à Dibdin ", poursuivis-je, "qu'il avait perdu la mémoire du passé et qu'il s'était retrouvé un jour bloqué à Manille. Il a ensuite mené une vie plutôt sauvage et sans valeur - les gens qui perdent la mémoire semblent faire cela."

"Pensez-vous que c'est vrai ?" elle a demandé.

"Je ne sais pas, Alicia, mais quand il reviendra, je suppose que nous devrons accepter cette version. Dibdin aura quelques conseils à ce sujet, j'en suis sûr."

Alicia resta silencieuse un moment perdue dans ses réflexions. Le visage de son enfant, dans son trouble, était celui d'une femme adulte.

"Tu penses qu'il voudra reprendre les enfants, Oncle Ranny ?"

"C'est le nœud de toute l'affaire, Alicia. Je ne sais pas. Mais s'il le fait, il en aura le droit, bien sûr ; ils sont à lui."

"Oh, oh !" et ses mains remontèrent vers son visage dans un geste de désespoir poignant. "Remettez-les à un tel homme ! Est-ce ainsi que le monde est organisé ?"

J'ai souri sombrement. J'ai vu qu'il n'était pas nécessaire de commenter l'arrangement du monde. Cette jeune fille adolescente l'a compris aussi bien que n'importe qui .

"Alors je devrais y aller aussi," dit-elle d'une voix rauque avec un sanglot sec d'amertume dans la gorge.

"Pas nécessairement", intervins-je.

"Oh, oui, je devrais," insista-t-elle avec obstination, comme si elle enfonçait quelque chose de douloureux dans sa chair. "Mais cela n'a pas d'importance pour moi. Mais, oncle Ranny , vous ne–vous ne pouvez pas les abandonner

! Ils sont tous si heureux ici. Petit Jimmie, Laura et Randolph ! Quelle chance auraient-ils de grandir ? " bien, loin de vous, avec un homme comme celui-là ? Vous ne les laisserez pas partir, vous ne le ferez pas, vous ne le ferez pas ! Oh, ce serait horrible, horrible ! » conclut-elle avec passion.

"Écoute, ma chérie," j'ai essayé de la calmer. "Je n'avais aucune envie de tourmenter vos sentiments. Je vous l'ai dit parce que vous aimez les enfants et que nous devons affronter tout cela ensemble. J'aurai besoin de votre aide, de votre soutien." Elle lui lança un regard doux mêlé de fierté et de gratitude.

"Après tout ce que tu as vécu," murmura-t-elle de manière incohérente. "Mais pourquoi ne fais-tu pas ça, Oncle Ranny !" et avec la transition rapide possible vers la jeunesse, elle était de nouveau vivante, impatiente, excitée, cette petite conspiratrice à moi. "Pourquoi ne le laisses-tu pas venir ici et vivre dans cette maison pendant un moment ? Nous serons terriblement bondés," poursuivit-elle avec une énergie rougeoyante, "mais nous trouverons de la place pour lui. Et soyons terriblement gentils. à lui - et croyez tout ce qu'il dit. Ensuite, nous pourrons le surveiller, et je sais juste que nous découvrirons s'il va bien ou pas !

J'ai ri de son enthousiasme.

"Tu oublies, Alicia," lui dis-je, "que même s'il ne devait pas prouver qu'il va bien, il est toujours le père de ces enfants."

"Je m'en fiche," répondit-elle fermement. "S'il est mauvais et qu'il voit que nous voyons qu'il est mauvais, il n'aura pas le visage pour les emmener loin d'ici. Même un mauvais père veut que ses enfants se portent bien !"

"Et comment diable sais-tu ça, espèce d'enfant étonnant ?"

"Oh, je sais !" avec un rire triomphal : « À la maison – certains pères amenaient leurs enfants et pleuraient – l'un d'eux le faisait – parce qu'il allait si mal qu'il ne pensait pas qu'il était digne d'avoir un enfant près de lui. J'étais entrée sur la pointe des pieds dans le bureau de la matrone. , et je l'ai entendu!"

"Peut-être qu'il ne voulait pas soutenir ce gamin," me moquai-je pour dissimuler mon étonnement.

"Eh bien, et tu penses qu'il le fera ?" Alicia a saisi mes mots. "Un homme qui les a fui en flânant pendant des années ? Oh, ce sera facile, oncle Ranny !" elle a ri. "Il ne pouvait pas nous tromper !"

"Et pourquoi, ma petite Portia, n'est-ce pas ?"

"Parce que," dit pensivement Alicia, "il pensera toujours à lui et nous… pas."

"Vous voulez dire," insistai-je avec ravissement, "il sera gêné et se trahira, pendant que nous serons vêtus de notre rectitude ?"

"Oui!" s'écria-t-elle en riant. "Nous penserons à Jimmie, Laura et Randolph — et il est toujours plus facile de penser quoi faire quand on pense à quelqu'un d'autre — pas à soi-même."

"Et l'avez-vous découvert également dans le bureau de la surveillante du Foyer ?" Je me penchai vers elle avec étonnement.

"Non," elle baissa les yeux, "je l'ai appris ici."

J'ai embrassé Alicia sur la joue. Le fait que je lui ai montré trop peu d'affection dans le passé est lourd à porter, simplement parce qu'elle n'a aucun lien de parenté avec moi. Cela m'a surpris de réaliser que, aussi chers que soient les enfants de Laura, Alicia est la plus chère de tous.

Alors qu'elle s'éloignait avec une douce bonne nuit, un profond soupir de soulagement m'échappa. Cette enfant a réussi à effacer presque entièrement mon sentiment d'amère perplexité après avoir parlé avec Gertrude. Alicias en vieillissant se transforme-t-elle en Gertrudes , je me demande ? Non, je ne pense pas. Sûrement pas.

J'envisage maintenant le retour de Pendleton presque avec sérénité.

CHAPITRE XIII

Je suis agité comme une poule dont la couvée vient d'éclore.

Il m'est soudain apparu que la complaisance avec laquelle je me suis occupé de la garde et de l'éducation de mes enfants est absolument fausse et totalement injustifiée.

Ils ne sont pas convenablement habillés pour New York et même ici à Crestlands , ils semblent tout à coup pitoyablement défraîchis. La concurrence dans ce genre de choses en banlieue est vive. Les enfants de tout le monde semblent mieux habillés que les miens et pourtant, quoi que je fasse, je ne peux pas me permettre de dépenser plus. La dignité de Randolph au lycée est altérée par des vêtements qui ne cessent de devenir trop grands. Et la vitesse à laquelle Jimmie porte ses pantalons et salit ses costumes blancs est tout simplement incroyable. Seule Laura semble avoir le don de toujours garder ses affaires au frais et de les porter comme si elles étaient neuves.

Quant à Alicia, cette fille devrait être vêtue de violet, au moins au sens figuré, si seulement j'en avais les moyens. Il me semble que je ne peux pas vivre un autre jour à moins de procurer à Alicia une grande collection de robes, de chemisiers et de chaussures et tout ce qui mettrait en valeur cette créature faunique, compacte d'énergie et de grâce. Presque quotidiennement, cet enfant devient plus beau d'une manière qui me touche le cœur.

J'espère que je ne suis pas un parent idiot, ni un parent adoptif, pour m'extasier sur ses yeux, son teint, etc. Je suis aussi impartial que n'importe qui peut l'être. Mais il y a vraiment quelque chose d'étoile dans ses yeux et parfois, quand elle coud, lit ou travaille sur mon éternel catalogue, je la surprends pensive, absorbée dans de longues pensées qui lui sont propres, que je ne dérangerais pour rien au monde. Dans de tels moments, je suis absolument fasciné par ces douces flaques de lumière qui irradient son visage.

Est-ce que d'autres filles sont comme ça à son âge, je me demande ? Cela semble à peine concevable. En tout cas, je n'en ai jamais vu d'autres comme elle. Mais ensuite, j'en ai vu si peu.

La vérité demeure cependant que je dois absolument mieux l'habiller. Même mon imagination terne saute joyeusement à la vision d'Alicia magnifiquement habillée et diffusant douceur et parfum dans la maison. Bien sûr, je ne peux pas la distinguer. Il y a Laura aussi. Et cela peut paraître odieux, même si, en tant qu'aînée de tous, Alicia a droit à une considération particulière. Je ne peux d'ailleurs pas permettre à Pendleton de remarquer que j'ai gardé ses enfants en mauvais état. Rares sont les affirmations que Pendleton peut légitimement opposer à moi, mais la médiocrité des enfants proclamerait de manière trop flagrante mon échec. Dibdin ne connaît pas non plus les progrès de mon rake depuis que Fred Salmon a fait de moi un homme d'affaires.

Mais où puis-je trouver l'argent pour acheter des vêtements alors que la simple routine de subsistance absorbe tout ? Il y a toujours la marque de jaunissement de Dibdin intacte, mais je ne peux pas l'utiliser – non.

Ah, je l'ai ! Je vendrai " Alastor ! "

Puisque je l'avais oublié, je supposerai simplement que je ne l'ai jamais eu. Dans sa reliure Rivière, « Alastor » devrait rapporter au moins deux cents dollars et pourrait en rapporter davantage. Dieu sait que ça m'a coûté plus cher. Il contient quelques notes marginales de Leigh Hunt, ce qui ne devrait pas diminuer sa valeur. Puisqu'Alicia estime que ma vie est plus louable que celle d'Alastor parce qu'il y a ceux qui m'aiment, elle profitera de son jugement. " Alastor " sera sacrifiée pour ses robes douces et ravissantes.

Tôt ou tard , je devais y arriver. Qu'est-ce qu'un volume en plus ou en moins comparé au bonheur d'un foyer ? Je suis heureux d'avoir décidé cela. Alors adieu, " Alastor , Esprit de Solitude !"

J'ai l'impression d'être possédé par l'esprit fou et fiévreux du carnaval.

Ayant vendu mon « Alastor » au moyen d'une annonce dans le Sunday *Times* pour deux cent vingt-cinq dollars, j'éprouvais la sensation d'un sang plus riche dans mes veines par cet ajout de richesse. " Alastor " a habillé toute ma famille. Je suis désolé pour la vieille femme qui vivait dans une chaussure. Elle ne possédait pas de bibliothèque. La morale est évidente. Même si je me suis séparé d'un peu de moi-même en me séparant de ce livre, j'ai greffé quelque chose d'autre à sa place. Car les enfants, c'est aussi moi.

Je ne délègue plus Griselda pour faire les achats à leur place.

d'abord emmené Jimmie et Randolph dans une pourvoirie pour hommes où l'ambiance est auguste. Alicia a proposé de l'accompagner, mais bien que Jimmie soit très attaché à elle, il a exprimé ses objections.

"C'est une affaire d'hommes", s'écria-t-il, "et nous, les hommes, devons y aller seuls."

" *Nous* , les hommes", corrigea Laura en riant et en l'embrassant.

« *Nous*, les hommes, savons parler ! rétorqua-t-il en effaçant violemment le baiser de sa joue. Les baisers, sous-entendait-il, étaient tous très bien à leur place, mais pas lors des crises importantes de la vie masculine, pas lorsque la *toge virilis* pendait majestueusement sur leurs épaules.

"Allez, vieil homme", intervint Randolph avec un clin d'œil dans ma direction, et la colère de Jimmie fut apaisée. Le « vieil homme » l'apaisa et l'éleva au juste niveau de dignité virile.

Les soixante-quinze dollars alloués à ces deux garçons m'ont donné plus de satisfaction que toute autre chose récemment, jusqu'à ce que je dépense le reste pour les filles. Les boutiques pour hommes sont prosaïques et ternes comparées à ces temples grecs qui bordent la Cinquième Avenue avec des vêtements féminins. En tant que payeur des garçons , je passais inaperçu. En tant qu'« oncle » des deux filles ouvrant la porte au désir du cœur, j'étais l'objet d'une sollicitude presque affectueuse auprès de la vendeuse. Ils étaient prêts à aider et à conseiller . Quelle franc-maçonnerie, quel empire dans l'empire, que le domaine des vêtements féminins ! Dans le dernier argot et dans les mots de Shakespeare, les vendeuses blasées étaient impatientes d'interpréter mes souhaits.

"Je veux des robes et tout pour ces filles", ai-je annoncé hardiment dans l'un des grands magasins. "Pas trop cher mais des choses que les gentilles filles devraient porter."

"Je sais", affirma nasillardement une blonde efficace, cessant sa mastication et sécrétant mystérieusement ce qu'elle mâchait quelque part dans sa grande bouche. " Quelque chose de sympa et chic – et calme, mais – *tu* sais ! "

"Euh—précisément—"

« Propre mais pas criard ? » ajouta sa compagne plus pâle, plus « cultivée », avec un sourire fané pour compléter le cahier des charges.

"Ah, exactement", murmurai-je et Laura sembla éprouver du mal à se retenir de rire.

Alicia, cependant, avec la simplicité et la franchise qui est la sienne, a commencé tranquillement à mentionner les voiles et les organdies et bientôt la discussion est devenue technique et je suis impuissant. J'ai pensé qu'il était sage de murmurer à Alicia la somme d'argent dont elle disposait. Elle haleta d'étonnement en rougissant puis une belle lumière de gratitude et de plaisir lui sauta aux yeux et je crois que l'enfant allait pleurer. Je me détournai rapidement et elle poursuivit régulièrement ses affaires.

À la dame qui citait Polonius, la plus soignée mais pas criarde, j'ai confié le choix des choses que je ne devais pas voir ; elle était sincèrement contente de ma confiance et, je crois, consciencieuse.

Il restait juste assez de monnaie pour les rafraîchissements chez Huyler pour les filles et le père de famille. L'esprit dans lequel nous étions tous les trois rentrés chez nous était gai. Comme Gertrude me rendrait ridicule, si elle le savait !

J'ai senti l'excitation et le bonheur bondir dans mes veines, une nouvelle qualité de ces émotions, comme je n'en avais jamais ressenti auparavant. Et mon cœur manqua définitivement un battement lorsque la pensée déchirante me frappa : dois-je maintenant perdre ces jeunes créatures et retourner dans le vide de la vie ?

Nous, les Américains, sommes comme les Français dans la mesure où nous pensons que notre climat est le meilleur du monde. Ou, sinon le meilleur, du moins de loin supérieur à bien d'autres, que, comme les Français, nous en sommes pétris de vanité.

Le samedi, je rentre à la maison tôt après midi, et pourtant il a plu de manière persistante et infaillible tous les samedis après-midi pendant tout le printemps béni. Si par hasard j'ai envie de me promener et de respirer un peu d'air, je ne peux pas sortir de la maison.

Pourtant une inquiétude nerveuse m'habite : il me faut me divertir. L'idée m'est soudain venue de demander aux filles d'enfiler leurs diverses nouvelles robes arrivées hier soir. Pendant un moment, j'ai eu un peu honte à cette pensée. Mais au fond, je suppose, chaque mâle est un Assuérus persan, désireux d'afficher et de se réjouir de la beauté de ses femmes. Je n'ai aucun doute sur le fait que le roi admirait secrètement Vashti, même s'il était en colère contre sa désobéissance.

Laura, semble-t-il, se trouvait dans la rue voisine, chez un ami d'école, mais Alicia s'exécuta avec empressement, affichant tout sauf l'indignation des suffragettes de Vashti. En fait, elle avait hâte de montrer ses robes avec une excitation tout à fait féminine.

Dans son voile collant, en organdi aux teintes douces, en pantoufles blanches et bas de soie, Alicia apparaissait, vision surprenante, inquiétante, rayonnante de charme juvénile. Il y avait quelque chose avec une ceinture bleue qui la rendait tout simplement exquise, l'incarnation même de la grâce. Ses cheveux serrés sur la nuque puis s'étalant en une grande brosse, un nuage d'or fin et chatoyant sur ses épaules, semblaient être la seule marque de l'enfance qui m'empêchait d'être comme un autre saint Antoine, misérablement effrayé. son.

Je ne sais quel diable m'a pris pour lui demander d'aller se coiffer avant d'ôter cette robe. Comme le caractère de la reine de Perse devait être différent. Car Alicia sortit en courant de la pièce et presque en un clin d'œil, elle était de retour avec ses cheveux relevés.

Je restai assis un moment à la regarder sans voix, les lèvres sèches et la bouche ouverte. Car devant moi, rouge et pétillante, se tenait la jeune créature la plus adorable que j'aie jamais vue. Pourquoi devrait-il y avoir tant de mystère dans les cheveux féminins ?

« Toi… tu… *enfant* ! Lâchai-je enfin dans une sorte de tendresse colérique. "Comment oses-tu être si belle , si adulte dans ma maison !"

Un éclat de rire excité fut sa réponse et elle fit comme si elle se précipitait vers moi à bras ouverts, comme le ferait un enfant affectueux désireux de caresser un parent indulgent - puis, attristée, elle se retint, une rougeur imprégnant ses joues et son visage. très oreilles.

"Va appeler Griselda", ordonnai-je pour cacher sa confusion, "et montre-lui la jeune femme que nous hébergeons sous les traits d'un enfant."

Alicia sortit en courant de la pièce pour s'exécuter et pendant un moment je restai assis sur ma chaise comme sous le charme. Puis je me suis levé précipitamment pour dissiper ces émotions insensées et j'ai quitté ma chambre, pour me retrouver face à face avec Alicia et Griselda dans la salle à manger.

"Oh, oui, oui!" murmura ma Griselda vieillissante, son visage basané brûlant par la cuisinière, l'air plus sybilline que jamais, "C'est fini !" ajouta-t-elle mystérieusement.

« Que veux-tu dire par « partout ? J'ai demandé un peu bêtement, même si je suppose que je l'ai vaguement comprise.

"Les jeunes balais grandissent si vite, c'est un miracle qu'ils ne se marient pas dans leurs berceaux !"

"Épouser!" J'ai pleuré de dégoût à ce mot. "Vous, les femmes, ne pensez toujours qu'à une seule chose, même à vous, Griselda. Allez," je me tournai vers Alicia, "détachez encore vos cheveux cette minute, pour ne pas mettre des idées aussi folles dans l'esprit frivole de Griselda."

Alicia rit délicieusement et même Griselda avec une sorte de sourire sombre et tordu répéta :

"Oh, oui, les jeunes balais !" Sur quoi ma jeune femme jeta impulsivement ses bras autour de Griselda et embrassa la joue brune avec enthousiasme. Griselda revint en pinçant violemment la joue d'Alicia.

Mon neveu Randolph et un compagnon, un grand garçon dégingandé entrant dans la maison à ce moment-là, se tenaient dans leurs imperméables devant la porte de la salle à manger et restaient bouche bée, bloquant le passage d'Alicia.

"Je dis ! Regardez qui est là !" s'est exclamé mon jeune espoir avec un faible sifflement, en remuant la tête d'un côté à l'autre. L'autre garçon se contentait de le regarder avec une admiration muette, tordant sa casquette mouillée entre ses doigts. Ce bouche bée et Alicia ont le même âge, mais la différence !

"Laissez-la passer et démasquer", je les ai écartés et Alicia, la tête baissée, a couru hors de la pièce en riant.

Je retournai à ma chaise et m'assis, hébété. Ma politique sera désormais de désapprouver de tels stratagèmes – même si j'en ai moi-même été l'instigateur. Quelle occupation pour un homme de livres et de tranquillité , qui désirait écrire sur Brunetto ! Latini — pour ajouter au corps de l'érudition sur Dante !

Et soudain, j'ai posé la tête sur mes bras et j'ai ri longuement, et j'en suis sûr, sans aucun sens.

Car si j'étais une femme, j'aurais tout aussi bien pu sangloter à vous arracher le cœur. Décidément, le suspense de l'attente des nouvelles de Dibdin concernant Pendleton doit me miner les nerfs.

Je suis vraiment malade à vivre avec.

Je me ressemble aux vieux messieurs irascibles des comédies aux prières et aux belles épigrammes monstrueuses, prenant toujours du tabac à priser, sauf qu'il n'y a pas de comédie sur moi.

Je retire des livres et je ne peux pas les lire. Quel plaisir j'éprouvais à laisser quelques feuillets bruts dans les belles éditions pour les couper dans les lectures ultérieures ! J'ai essayé d'extraire cette joie en en coupant récemment, mais il n'y a aucune joie là-dedans.

Pourquoi suis-je si certain que Pendleton m'enlèvera tout ce que j'aime et me laissera désolé ? Tout son passé semble contredire la probabilité. Pourtant, je vois constamment devant moi l'image de leur union avec cet homme tandis que je reste sans voix, essayant de sourire avec bienveillance. Comme nous nous dramatisons, même les moins imaginatifs d'entre nous ! Et tout le temps j'ai l'impression que de grosses gouttes de sang coulent, s'écoulent de mon cœur dans une angoisse sans nom.

Alicia, cette enfant divine, m'observe discrètement mais de près, chaque fois qu'elle le peut. Elle m'entoure de réconfort et d'attentions. Mais comme une chouette malade, je préfère ruminer seule.

La position quelque peu isolée de mon châlet sur le rocher et l'absence d'épouse dans la maison m'ont évité de faire des connaissances intimes parmi mes voisins de Crestlands . Mais il y a un jeune homme, Judkins, un architecte de la maison en stuc d'en face, qui se dirige vers mon porche et insiste pour parler de ses performances au golf.

"Je devrais rejoindre le Club", ne cesse-t-il de répéter. "Rien de mieux que dix-huit trous pour se dégourdir le cerveau après le brouhaha de la ville."

"Euh... est-ce que j'ai l'air d'avoir beaucoup de problèmes ?" Je demande, ce qui le fait rire de sa voix dure.

"Tous les ont eu !" il pleure. "Je ne peux pas leur échapper. Des livres!" ajoute-t-il de manière explosive, "les livres ne valent rien ! Ils vous donnent la chair de poule !"

Et cet homme prétend avoir étudié aux Beaux Arts ! Edmond de Goncourt, ce philosophe neurasthénique, priait pour qu'il puisse gagner cent mille francs avec sa pièce " Germinie Lacerteux ", afin qu'il achète la maison d'en face et y appose cette mention : " A louer à des personnes qui n'ont pas d'enfants, qui ne jouent d'aucun instrument de musique et qui ne pourront garder comme animaux de compagnie que des poissons rouges. Quant à moi, je devrais renoncer aux enfants, aux animaux de compagnie et aux instruments de musique ; je dirais simplement : « Aucun golfeur prosélyte n'a besoin de postuler ».

Alicia, pour atténuer mon humeur, je suppose, a imaginé un pique-nique dans les bois. Personne ne devait venir, sauf les enfants, moi et ce compagnon maladroit de Randolph, le garçon John Purington, de peur que Randolph ne s'ennuie. Randolph, semble-t-il, s'ennuie facilement. La conscience de mon récent comportement hypocondriaque m'a amené à accepter la suggestion avec empressement.

Le déjeuner préparé par Griselda a été emballé dans des boîtes en papier par Alicia et ensemble, *en masse* , notre petit cortège est parti et s'est dirigé vers un bosquet à moins de trois kilomètres de distance, bordant le grand aqueduc de Crotone.

Randolph et le garçon dégingandé se mirent aussitôt à lancer une balle de baseball, Jimmie se roulait avec délice dans l'herbe luxuriante, toujours aux prises avec son problème insoluble de rouler sur une pente et toujours perplexe quant à la raison pour laquelle il devrait être plus facile de descendre. Laura a couru à son aide et Alicia s'est assise à côté de moi et a ri.

"C'est tout le problème de la vie auquel Jimmie est confronté", observai-je sombrement.

"Non, ce n'est pas le cas, oncle Ranny ," elle posa sa main sur mon bras en contredisant. "Ce n'est que la loi de la gravitation. Il y a bien plus dans la vie que cela !"

"Oui, Alicia," dis-je en baissant la voix, "mais quand cet homme viendra, comme ça fera mal de penser au petit Jimmie, à tous ces enfants de ma sœur confiés à la garde de cet homme qui est vraiment elle, son meurtrier !"

« S'il vous plaît, s'il vous plaît, ne pensez pas à ça ! supplia-t-elle avec des yeux implorants. "Cela n'est pas encore arrivé. Et nous allons... nous y arriverons

d'une manière ou d'une autre. Peut-être que c'est un homme bon, après tout...
et, oh ! nous le surveillerons... nous le surveillerons ! En plus, il se peut qu'il
ne le fasse pas." "Je ne viendrai pas. S'il est ce que vous pensez, alors je suis
sûr qu'il ne viendra pas!"
Cela s'est avéré une pensée très encourageante.
Avant de m'en rendre compte, j'étais moi-même en train de lancer une balle
avec Alicia et de m'ébattre avec les autres.
Ce n'est qu'après que le déjeuner ait été mangé sous les arbres, que les
coquilles d'œufs et les papiers aient été rassemblés et rangés, et que le garçon
maladroit ait commencé à monopoliser Alicia, qui n'a pas le cœur de snober
qui que ce soit, que ma dépression est revenue.
Sur quoi Alicia proposa gaiement qu'il était temps de penser à rentrer chez
lui, car Jimmie était somnolent et ne devait pas renoncer à sa sieste.
Était-ce de l'adresse ou de la spontanéité ? Je ne peux pas le dire, mais c'est
merveilleux de voir comment cette fille anticipe et comprend.
C'était une compagnie heureuse, fatiguée et gorgée d'air qui rentrait chez elle.
Un télégramme vient d'arriver. Dibdin et Pendleton ont atterri à San
Francisco !...

CHAPITRE XIV

Pendleton est là. Il est ici depuis une semaine. Comme quelqu'un dans l'excitation hébétée d'un rêve, le genre de farrago qui vous laisse mou et faiblement souriant quand vous vous réveillez et voyez le soleil, j'ai marché avec les membres engourdis, étrangement galvanisés, pas tant dans l'activité que dans l'attente. d'activité.

Qu'est-ce que j'attendais ? Je sais à peine. Mais peut-être m'attendais-je à un mélodrame. Et je suis submergé par le truisme évident selon lequel le véritable mélodrame est tout sauf mélodramatique. C'est pourquoi le mélodrame sur scène, avec ses divagations, ses pavanes et ses fioritures, dégoûte par son bathos.

La présence de Pendleton dans ma maison, occupant ma chambre pendant que je me retire dans mon petit bureau, est l'essence du mélodrame.

Pourtant, tout le monde et tout sont dans une conspiration tacite pour que cela paraisse naturel. Il y a une tension dans l'atmosphère, sans aucun doute, mais nous l'ignorons tous follement, énergiquement, la cachons.

La conduite de cet homme a été stupéfiante, irréprochable et irréprochable.

Il surpasse Enochs Enoch Arden. Pourtant – pourquoi devrais-je me cacher le fait – je le déteste. Cela aussi, je suppose, est du mélodrame. Mais quoi que je veuille, il me reste détestable. Je ne peux pas lui faire confiance. J'essaie cependant de ne pas le montrer. Dibdin a développé un profond sillon entre les yeux, dû sans doute au sens des responsabilités qu'il a eu d'avoir ressuscité Pendleton. Il a l'air d'un magicien ou d'un sorcier qui a évoqué un démon et qui est submergé de terreur par le problème de savoir que faire de lui.

Mais je dois décemment reconnaître que le comportement de Pendleton a été sans défaut.

Dibdin m'avait envoyé une longue lettre de San Francisco disant qu'il resterait là-bas quelques jours, "pour donner à cet homme une chance de s'enfuir s'il le souhaite". Il y avait eu d'autres télégrammes. Je ne devais pas les accueillir au train mais leur donner des instructions explicites. C'était aussi le cas. Je n'aurais pas pu rencontrer Pendleton dans le train même s'il revenait d'entre les morts. Il y a une semaine, lorsque Dibdin m'a téléphoné de la ville, je suis allé jusqu'à commander un taxi pour les accueillir.

Là encore, la situation dramatique était désespérément désavantagée. Car ce dont je me souviens le plus clairement de ce samedi soir, c'est la maladie de mon âme alors que j'attendais leur arrivée. À maintes reprises, je m'étais déterminé à annoncer aux enfants l'arrivée de leur père. J'ai formulé des mots et des phrases dans mon esprit jusqu'à ce que la transpiration froide mouille mon front, mais je ne pouvais pas faire face à l'épreuve. Je pensais que je me connaissais, que j'étais armé pour affronter les épreuves de la vie. Mais j'ai vu que j'étais encore un roseau. Cela est arrivé quelques heures avant leur arrivée et je ne le leur avais toujours pas dit. Je me suis retrouvé sur ma terrasse de deux pouces et un flot de grossièretés sortait de mes lèvres. Soudain, j'ai vu Jimmie debout à côté de moi. La honte et le chagrin m'ont envahi et je me suis penché vers lui et je l'ai supplié de me pardonner.

"Ne vous occupez pas de moi, oncle Ranny ," il mit sa main dans la mienne. "Je suis un homme et je sais qu'un homme doit parfois jurer."

"Non, Jimmie, pas si l'homme a suffisamment d'intelligence pour penser."

Ce contact avec l'enfant, cependant, a semblé libérer quelque chose dans mon crâne serré et douloureux.

"Courez, Jimmie," dis-je, "et envoyez-moi Alicia. Je souhaite lui parler."

Jimmie, pour qui les commandes sont un délice, s'est envolé comme une flèche.

Quelques instants se sont écoulés avant qu'Alicia puisse venir vers moi et pendant ce temps j'ai eu une folle impulsion de m'enfuir, de saisir mon chapeau et de m'enfuir, de prendre un train pour la ville et de ne pas revenir, jusqu'à ce que tout soit fini. . Mais j'ai quand même attendu et Alicia, qui avait aidé Griselda, est sortie en courant, rouge, avec de l'inquiétude dans les yeux.

« Alicia, commençai-je misérablement, j'ai essayé de trouver mon courage à deux mains pour annoncer aux enfants l'arrivée de… de leur père. Mais je ne peux tout simplement pas le faire, Alicia ; cela—cela me dépasse. Je—je je veux que tu leur dises," ai-je hésité comme un écolier coupable. La jeune fille grimaça sensiblement mais…

"Très bien", répondit-elle; "tu veux dire maintenant ?"

"Vers six heures et demie... le train arrive à six heures trente-cinq. Vous les emmenez dans le jardin... et vous les gardez là jusqu'à ce que les hommes arrivent, et... je vous appelle."

"Oui, oncle Ranny ," murmura-t-elle, "mais, oh, s'il te plaît, ne t'inquiète pas trop pour ça !"

"Non, ma chérie", murmurai-je et à ce moment-là je me sentais plus proche d'elle que de tout autre être vivant. Sortir les enfants de la maison à l'arrivée de leur père, cela ressemblait à un enterrement. Et c'était à ce moment-là : mes funérailles. Et le reste de l'après-midi était flou et le monde qui l'entourait n'était qu'une ombre. C'était cassé; non, c'était trop insignifiant pour être cassé. Il ne cessait de s'éclaircir et de s'éloigner de moi et je restais une entité sourdement palpitante dans le chaos primordial d'avant la Création.

J'ai finalement été surpris en entendant le gémissement sifflant d'un vieux taxi à l'extérieur et, tel le cadavre galvanisé que j'étais, j'ai senti mes membres s'agiter fortement et me propulser vers la porte.

Sur le chemin, dans la lumière curieusement maladive d'un crépuscule prématuré sous un ciel nuageux et sans vie, j'ai vu Dibdin et Pendleton, légèrement penchés en avant vers la pente, marchant vers moi. Ce moment de joie poignante en voyant Dibdin , de douleur exquise en voyant Pendleton, je ne l'oublierai jamais !

« Dibdin ! » m'écriai-je en me précipitant vers sa main et en m'y accrochant pour différer le plus longtemps possible de toucher celle de l'autre. Puis, après des siècles, semble-t-il, mes yeux se tournèrent lentement vers la grande silhouette de Pendleton et se posèrent sur le visage charnu, quelque peu lâche et pendant, rasé et violacé, avec des yeux qui tombèrent devant les miens. Finalement , j'ai dégagé ma main et je la lui ai tendue. Je ne pourrais pas faire autrement.

"Jim", murmurai-je et ma voix avait travaillé sur un univers d'obstacles pour y parvenir. Mais je ne pouvais pas en dire davantage.

Il m'a regardé avec ses yeux globuleux comme s'il luttait lui aussi, luttant contre la mémoire et les souvenirs, contre un passé foisonnant, avec tout ce qu'il avait été et engagé, et pendant un instant j'ai eu pitié de lui.

"Entrez", j'ai respiré profondément et nous nous sommes dirigés vers la maison et dans mon bureau.

"Randolph", a finalement prononcé Pendleton avec un profond soupir, et je me suis alors rappelé qu'il jouait un rôle. Pour moi, la réalité épouvantable de tout cet épisode avait été si atroce que j'ai momentanément oublié qu'il jouait selon toute vraisemblance un rôle. Mais l'était-il ? Comment pourrait-il? Face à ces enfants, face à tout ce dont il est coupable, comment pourrait-il jouer un rôle, alors que la vérité l'élèverait presque à une sorte de virilité ? Je ne peux pas lui accorder le bénéfice du doute et pourtant je ne peux pas douter totalement de lui. Une simplicité idiote ou une imbécillité en moi m'empêche d'envisager une créature sous forme humaine comme un méchant aussi consommé. Peut-être… peut-être qu'il y a quelque chose…

"Randolph," murmura-t-il d'une voix gutturale profonde - "Je te connais - je me souviens de toi - oui, tu es - tu es -" et il fit une pause. Nous restâmes un moment suspendus comme des objets qui pendaient à des fils, comme des marionnettes immobiles. Puis, avec une sensation de sueur qui picotait sur tout mon corps, j'ai rompu le charme en fouillant dans une boîte de cigarettes et, d'une main tremblante spasmodiquement comme l'aiguille d'un sismographe, je les ai tendues.

"Bon voyage ?" M'entendis-je dire, alors que nous fumions tous et nous regardions secrètement. Je ne lui volais pas à la gorge. Dibdin souffla lourdement avec le pli se creusant entre ses yeux et le regard de Pendleton parcourait la pièce d'un air inquisiteur et instable. Mélodrame! Il n'y en a jamais eu que sur scène ! Dans la vie, il n'y a que du drame et de la douleur.

"Comment vont les enfants?" » demanda brusquement Dibdin .

"Bien!" M'exclamai-je automatiquement, d'une voix peu naturelle, comme un coup de pistolet. "Ils sont là-bas dans le jardin", et Dibdin hocha la tête. J'étais certain que son esprit voyait également l'analogie avec des funérailles. Et maintenant, mon cerveau semblait sortir de sa morne léthargie. De quelque part dans Maeterlinck, le souvenir obsédant d'une phrase a traversé ma conscience, comme une faible lumière dans un brouillard, selon lequel si Socrate et le Christ avaient été dans le palais d'Agamemnon, les tragédies de la maison d'Atrée n'auraient pas pu avoir lieu. arrivé. J'avais envie d'un peu de sagesse pour faire face à la situation.

"Voudriez-vous," je me tournai vers Pendleton, "voir les enfants ?"

« Les enfants », répéta-t-il, hébété. — Oui… oui… j'aimerais les voir. Mais… un instant. Les enfants, répéta-t-il pitoyablement, mais non Laura !

Le coup de couteau dans mon cœur fut aigu, aigu lorsqu'il prononça son nom. Mais soit il est un maître suprême en tromperie, soit je suis le plus ennuyeux des niais. Car la lutte à travers les nuages de mémoire qu'exprimaient ses traits me paraissait réelle.

"Je t'ai dit qu'elle était morte !" » claqua Dibdin d'un ton bourru, sans se tourner vers lui.

" Tu me l'as dit ? Ah, oui. " Et il soupira lourdement. " Bien sûr que tu me l'as dit." Et son menton s'enfonça lourdement jusqu'à sa poitrine. Nous restâmes ainsi silencieux pendant un moment. Alors-

"Viens," dis-je en me levant. "Je t'emmènerai chez les enfants."

Il se leva lourdement, sa grande silhouette molle et plombée, et me suivit sombrement. Il semblait assez sincère dans son chagrin, je dois l'admettre. Dibdin ne bougea pas.

Je l'ai conduit dans le jardin vers l'endroit où les enfants étaient blottis autour d'Alicia. Elle leur parlait à voix basse et ils écoutaient dans un silence de mort. Je n'éprouverai plus jamais, je l'espère, ce sentiment d'aller vers ma propre exécution que j'ai éprouvé à cet instant. Exécution, non ! J'aurais pu marcher jusqu'à un gibet ou à une guillotine en souriant, j'en suis bien sûr. Qu'est-ce que ma vie pour moi ? Je marchais plutôt vers l'exécution de ces quatre jeunes âmes sous le vieux pommier noueux.

Alicia aussi ! Par le Ciel ! Comme un coup de foudre, ce fait s'est écrasé dans mon âme. Il emmènerait Alicia aussi. Non non! Il n'avait aucun droit sur elle, Dieu merci !

"Pas Alicia !" ma voix jaillissait du tumulte de mes pensées comme la voix d'un rêve brisant les barrières du sommeil.

"Hein ?" » dit Pendleton faiblement.

"As-tu appelé, oncle Ranny ?" Alicia se tourna et demanda d'une voix claire et ferme.

"Oui, Alicia," j'ai lutté pour reprendre le contrôle. "Voici M. Pendleton, venez voir les enfants." Je voulais dire « ses enfants », mais je ne pouvais pas.

Toute la soirée aux couleurs maladives semblait frémir à mes paroles. Les enfants ressemblaient à des spectres sous l'arbre qui frissonnaient pour s'éloigner du monde matériel intrusif.

En un instant – quel moment tragique – Pendleton se pencha vers eux, scrutant, scrutant leurs visages blancs et effrayés. Puis son regard se posa sur Alicia et resta là pendant un moment.

"Ce doit être Randolph," il se tourna finalement vers le garçon aîné, "adulte – adulte, n'est-ce pas?" et ses bras s'avancèrent.

"Oui, monsieur," répondit le garçon d'une voix rauque et tendit la main.

"Et ça... est-ce que ça peut être bébé Laura ?" Laura baissa la tête puis la releva courageusement et, avec une timide résolution, lui tendit la main. Pendleton le prit et l'embrassa maladroitement sur la joue.

Jimmie, en retrait, s'accrochait à la jupe d'Alicia et regardait les débats avec une furtivité troublée derrière elle.

"Et voici Jimmie", dis-je en prenant l'enfant par l'épaule, "le plus jeune d'entre eux".

Alors que Pendleton se penchait vers lui, Jimmie poussa un cri sauvage de terreur déchirante, s'arracha de mon emprise et s'enfuit comme un petit animal blessé vers la maison. Pendleton eut un petit rire sans joie.

Ma gorge était desséchée, mon cœur battait comme celui d'un lapin , mais comme j'aimais Jimmie à ce moment-là !

"Ce n'est qu'un bébé," dit doucement Alicia.

Pendleton la regarda de nouveau – obliquement.

"Et c'est..." murmura-t-il.

"Alicia Palmer", ai-je fourni à la hâte, "qui s'occupe d'eux."

« Ah, Alicia, une petite mère adjointe… » et il lui tendit la main avec une suavité honteuse.

La scène était terminée, l'épisode incroyable, assez banal au moment où je l'écris. Mais j'ai vécu une douzaine de mélodrames au cours de cette éternité qu'une horloge sonnait en trois ou quatre minutes.

CHAPITRE XV

En me promenant comme je le fais sous une condamnation, je ressemble à un homme de ma connaissance, un philistin lourd et terrible, qui a entretenu pendant des années l'imagination de pouvoir écrire des opéras de Gilbert et de Sullivan. De toute sa vie, il n'avait probablement jamais rien rimé de plus subtil que amour, dessus et colombe. Comme n'importe quel imbécile, à son avis, pouvait fournir la musique, il n'aspirait qu'aux livrets gilbertiens. Sans cesse et désespérément faux, il fredonnait les airs de Sullivan sur les paroles qu'il prétendait avoir en tête.

De même, je me promène avec un sentiment de flottabilité mensongère, — comme un passager naufragé se balançant impuissant dans une mer agitée, mais toujours en vie ; une lueur d'espoir, comme un homme désespéré face à un tigre, mais toujours non dévoré.

Effrontément, je m'attends toujours à ce que le bonheur émerge, d'une manière ou d'une autre, du désespoir.

Il est facile, bien sûr, de sombrer dans le découragement, de souhaiter ma mort, puisque je ne peux pas vivre dans le bonheur.

Et secoue le joug des étoiles de mauvais augure

De cette chair fatiguée du monde.

Mais de tels moments passent. Il y a une sorte de tonique dans la vie rude quand la douceur est absente, et les esprits, mes pauvres esprits ennuyeux, se préparent au choc de l'action. J'ai la certitude maintenant que dans toutes mes années de tranquillité c'est le sel de la souffrance qui manquait. Mais qui chercherait à souffrir pour le plaisir ? Je sais cependant que je me sens aujourd'hui plus jeune et plus énergique qu'il y a cinq ans.

Même Pendleton a son utilité. Il est l'épine dans le pied, le renard qui me ronge les entrailles sous le manteau, mais le voici chez moi en tant qu'invité.

Il m'accompagne un matin en ville à la recherche d'un travail, d'une « connexion » comme il l'appelle, et souvent je le retrouve chez moi avant moi quand j'arrive, dans ma chambre, en train de fumer ou dehors dans le jardin avec les enfants. Je grimace intérieurement, mais j'espère ne pas le montrer.

J'ai parlé de le détester, mais c'est faux. Vous ne pouvez pas haïr de manière persistante un homme, notamment un invité de votre maison. On ne peut que le soupçonner. Pourtant, quand je vois les enfants encore timides devant lui, pourquoi cela me donne-t-il un sentiment palpitant de triomphe ? Je ne sais pas, mais c'est ainsi. Randolph seul semble se rapprocher de lui au fil des jours. Ils se promènent ensemble et Randolph confie à Alicia qu'il est fasciné par les récits des expériences de son père sous les tropiques, des navires et des îles, de la pêche aux perles et des coutumes indigènes. Je pense que Pendleton doit être sélectivement en alerte dans ses récits avec son jeune fils comme auditeur. Son passé doit contenir beaucoup de choses qu'aucun d'entre nous dans ce havre de paix n'entendra jamais raconter.

Mais je suis indifférent à son passé. Je pourrais l'écouter et même le tolérer comme mon invité, si seulement les enfants ne lui étaient pas confiés. Il parle de me « soulager » du fardeau.

"Ne te dépêche pas, mon vieux," je réponds avec désinvolture, "ils ne me pèsent pas."

Il me regarde et baisse les yeux.

"Je te le dis, Randolph, tu es une révélation pour moi. Je n'ai jamais connu d'homme comme toi auparavant. Ils ne les font pas comme ça de nos jours."

"L'éloge de Sir Hubert", me vient à l'esprit, mais je ne le dis pas. Je suis en réalité à sa merci, je suppose, mais j'ai souvent l'impression qu'il était à ma merci. Passer sous silence sa conduite atroce, le prendre au mot au sujet de ses pertes de mémoire, dont nous injurions ou ne parlons pas du tout, semblent me donner un énorme avantage sur lui, l'avantage banal de la simple honnêteté plutôt que le mensonge. Pas un seul instant je ne crois à son histoire d'oubli de mémoire. Je ne peux cependant pas nier que son air est celui du repentir et, comme Dibdin l'a dit, qui dans ce monde est si dur mais ne donnerait pas une seconde chance à un prochain ?

Jim Pendleton, maintenant qu'il est allé chez un tailleur new-yorkais, apparaît toujours aussi impressionnant et débonnaire. Il doit avoir une quarantaine d'années et il n'est pas méchant. Ce sont surtout ses yeux qui me semblent changés. Je fais ce que je veux, je ne peux pas les regarder. Il y a une certaine obliquité inquiétante dans son regard qui me fait détourner le mien dans une sorte de honte indirecte.

Mais encore une fois, *c'est un mauvais métier que celui de médire* . Et conscient de cette vérité, j'ai l'intention de ne plus dire ni de penser du mal de Jim Pendleton. Après tout, son grand contact avec le monde lui a donné quelque chose qui me manque.

Hier soir, au dîner, il nous régalait d'une de ses expériences de pêche au harpon aux Marquises.

« J'étais à l'arrière du bateau, disait-il, avec une torche à la main, et mon insulaire, qui en était expert, tenait sa lance prête à accueillir le premier poisson qui sautait. Plusieurs d'entre eux sautaient et Je tombai de nouveau dans l'eau autour de nous en la barattant, de sorte que nous étions mouillés d'embruns. Soudain, j'ai vu une masse énorme scintillant à la lueur des torches, tombant, semblait-il, juste au-dessus de nous.

"L'indigène enfonça sa lance vers le haut dans l'objet tandis qu'il tombait. Je vous dis que cet homme était rapide ! Mais il était trop tard. L'énorme poisson s'est effondré dans le bateau avec sa grosse tête sur mes genoux et tout le poids de son corps sur mes genoux. " L'homme, l'envoyant par-dessus bord et brisant le côté du bateau. En à peine une seconde, nous étions dans l'obscurité totale, pataugeant dans l'eau, avec un bateau renversé. J'étais gravement contusionné et l'indigène avait les deux jambes cassées.

"Malgré ses jambes cassées, cependant, il a proposé de nager jusqu'au rivage, jusqu'au rocher en saillie le plus proche. Mais j'étais sûr qu'il ne pourrait pas y arriver et très certain que je ne pourrais pas. C'était un travail, je peux vous le dire, redresser ce bateau, aider cet homme à y monter et grimper en moi-même, puis avec un morceau d'aviron brisé nous y ramer. L'homme aux jambes cassées a travaillé aussi dur que moi et n'a jamais poussé le moindre gémissement. m'a fait du mal pendant un certain temps. Mais ce type a recommencé à harponner du poisson au bout d'une dizaine de jours.

Jimmie, qui est parfois autorisé à prendre son dîner avec nous, regardait son père, fasciné par le récit jusqu'au dernier mot. Puis, apparemment jaloux que quiconque , même cet étrange père, puisse me dépasser en prouesses, son petit visage s'assombrit et il demanda :

"Oncle Ranny , tu n'as jamais harponné un gros poisson ?"

"Non, Jimmie," ris-je, "mais peut-être que toi et moi irons là-bas un jour et en lancerons ensemble."

"Eh bien, de toute façon," rétorqua-t-il fermement, "tu nous as emmenés pique-niquer."

Nous avons tous ri, même si mon propre rire était triste. L'idée m'est venue à l'esprit que Pendleton était certain de les gagner à lui dès qu'il déciderait de le faire. Le seul souvenir de moi leur deviendrait ridicule.

"Oncle Ranny ", dit Laura, "a été trop occupé à nous nourrir et à nous acheter des vêtements pour partir en voyage."

Alicia sourit radieusement à Laura de l'autre côté de la table, et Griselda, qui venait d'entrer avec le dessert, hocha la tête avec une sombre emphase alors qu'elle plaçait le bol devant moi.

J'aurais pu les serrer tous les trois dans mes bras en signe de gratitude, mais j'ai néanmoins pressé Pendleton de raconter davantage ses expériences.

"Non," il secoua la tête, prenant visiblement à cœur le commentaire des enfants. "C'est assez de fil pour une soirée."

Cela m'a semblé très décent de la part de Pendleton.

Je n'ai pas pu m'empêcher de rire de Dibdin aujourd'hui. Je l'ai appelé au téléphone et lui ai demandé ce qu'il voulait dire par venir de je ne sais où après plus de deux ans d'absence et me couper virtuellement.

"Viens déjeuner au Salmagundi Club," grogna-t-il.

« Est-ce que ça te fait autant de peine de me demander ?

"Ne sois pas idiot", rétorqua-t-il.

"Ne soyez pas si méchant," répondis-je.

"A midi et demi", marmonna-t-il et il raccrocha. D'où j'ai compris qu'il n'était pas en forme.

Dans le hall du Club où il attendait, je l'ai salué avec :

"'Est-ce une faiblesse intellectuelle, birdie', m'écriai-je,

"Ou un ver plutôt coriace dans ton petit intérieur ?"

Il m'a regardé.

"Comment pouvez-vous être si léger et idiot face aux circonstances", commença-t-il, "dépasse mon entendement."

"Les circonstances, mon cher, sont tout ce qu'il y a dans la vie."

"Tu veux te laver les pattes ?"

"Non, je suis aussi propre que je le serai jamais."

J'ai passé mon bras sous le sien et lui ai permis de me conduire vers une table tranquille au fond de la salle de billard, doucement éclairée par une lampe à abat-jour à midi.

"Quel endroit délicieux !" M'écriai-je. "Résidence de QT tranquillité ."

" La tranquillité soit détruite ", grogna-t-il en s'asseyant face à moi. "Qu'est-ce que tu vas faire de ton Vieil Homme de la Mer ?"

"Tu veux dire Pendleton ?"

"De qui d'autre puis-je parler ?"

"Eh bien, rien bien sûr, mais donnez-lui un coup de pouce si nous le pouvons. Que faire d'autre ? Je viens de recevoir ce matin une lettre d'une compagnie d'assurance demandant des informations confidentielles sur lui. Il m'a donné comme référence et ils je pense évidemment à lui."

"Le Danbury et le Phoenix ?" Il a demandé.

"Oui comment l'as-tu su?"

"J'en ai un aussi."

"Je suppose que nous sommes actuellement ses deux seuls sponsors possibles."

"Je recommanderais plutôt un détenu de Sing Sing ", marmonna-t-il.

"Oh non!" J'ai protesté. "Pas si mal que ça. En plus, il faut parfois recommander même un condamné."

"Je préférerais de loin recommander un condamné. Je déteste mentir à propos de cet homme. On m'a demandé si je lui ferais confiance et je dois dire oui. Mais vous savez bien que je ne le ferais pas. Donnez-moi une cigarette, " conclut-il sauvagement.

"Je pense qu'il va y aller directement maintenant", murmurai-je d'une voix sourde, passant mon étui à Dibdin et détournant le regard. "Les enfants auront sans aucun doute une influence sur lui."

"Vous jugez tout le monde par vous-même."

« Comment voulez-vous dire… moi-même ?

"En bref," déclara-t-il en posant les deux coudes sur la table, "je n'avais aucune idée de ce que les enfants te feraient."

"Qu'est-ce qu'ils m'ont fait ?" Ai-je demandé, mystifié.

"Je t'ai refait, c'est tout."

"Expliquez", dis-je en le regardant bêtement.

"Qu'y a-t-il à expliquer ?" grogna Dibdin , alors que le serveur était hors de portée de voix. "Tu as toujours été une sorte d'idiot décent - rat de bibliothèque, embrouillé, dilettante, quoi que ce soit - effrayé par la vraie vie, apte uniquement à collectionner de jolis petits livres ou de vieux volumes moisis dans lesquels personne ne se soucie vraiment de lire - un vagabond, avec à peu près aussi beaucoup de connaissances sur les problèmes de l'existence sous la forme d'un hibou en peluche dans un verre.

" Que s'est-il passé ? Les orphelins de ta sœur viennent à toi. Tu te lances dans la vie, tu te lances dans des affaires que tu détestes, tu perds ton argent, tu vas travailler comme commis, par George ! Toi entre tous ! — Gardez-leur un toit, amenez-les. " et pendez-moi si je ne pense pas que vous étiez bêtement heureux de tout cela jusqu'à ce que j'amène ce Vieil Homme de la Mer ! - De quel droit avais-je le droit de le prendre, de l'amener et de tout gâcher ? Et pourquoi diable l'ai-je fait ? " Ne me préviens-tu pas de ne pas le chercher ? Je pensais que je t'aidais. J'aurais plutôt jeté cette brute par-dessus bord, je le ferais, par le Ciel ! "

Pendant un instant, je ne pus rien répondre à Dibdin . Son appréciation et son récit de mes actes étaient assez naturels pour celui qui, malgré son air costaud, exagère les qualités de chacun. Il semblait d'autant plus remarquable que celui qui croyait si fermement à la seconde chance ne trouvait désormais aucun mot à dire en faveur de Pendleton. Mais je voyais assez clairement que ce qui le troublait était la douleur qu'il réalisait instinctivement que le départ de mes enfants pour Pendleton allait certainement m'apporter.

"Pourquoi ne m'avez-vous pas télégraphié : 'Perdez la brute ?'", a-t-il repris son argument.

" Parce que, mon cher, " je posai ma main sur son bras par-dessus la table, " il était trop tard ; une fois que vous l'aviez retrouvé et que vous lui aviez raconté ce qui s'était passé en son absence, il était trop tard. Voudriez-vous vivre avec l'incertitude menaçante de sa présence en surplomb dans l'espace ? Mieux vaut l'avoir ici et lui faire face. De plus, les enfants sont à lui " - je savais que je devais exprimer clairement mon point de vue sur cette tête - " S'il est apte à les prendre, alors ayez il le doit, peu importe.

"Indépendamment de toi, tu veux dire ?" Il l'a dit sombrement.

"Oui, peu importe moi, certainement. Je ne compte pas."

"Par le Seigneur !" et sa belle tête se releva dans un geste en soi revigorant. "Sais-tu que tu es vingt fois l'homme que tu étais ?" il pleure. « Je n'aurais pas pu y croire. Tu… tu es formidable !

J'ai ri et lui ai fait signe de partir avec un " *Rétro, Satanas* ".

"Tu deviens aveugle comme ça", a-t-il continué, sans m'écouter, - "Salmon et Byrd", en riant - "perdant tout ton argent et ensuite - celui de Visconti - esclave pour les enfants - pour tout payer - par Dieu , tu vis la vie ! — héroïque, je l'appelle — je te tire mon chapeau !

"Remettez-le", murmurai-je, ému par sa véhémence. C'était certainement agréable d'entendre de telles paroles de la part de Dibdin , qui ne mentait jamais. La louange est un plat savoureux, ce n'est pas une chose dont ma vie mal dépensée a été saturée, et elle était délicieusement apaisante pour la vanité. Mais il était clair que Dibdin avait tort. Sa vision habituellement lucide était obscurcie par l'enchevêtrement des circonstances qui pesaient sur lui. Naturellement, je ne pouvais pas le laisser dans son erreur.

« Si tu savais, réussis-je à balbutier, la peur maligne qui me ronge le foie à blanc, tu... »

"Peur de quoi?" il est entré par effraction.

"De lui remettre ces enfants;" J'ai baissé la voix – « juste ça et... rien d'autre ».

"Juste ça", répéta-t-il sombrement en hochant la tête. "Qui l'aurait cru ? Par le Seigneur ! Si jamais il y avait un taureau dans un magasin de porcelaine, je suis ce taureau. Pourquoi diable ai-je ramassé cette brute ? Regardez ici !" » lança-t-il avec une inspiration soudaine, « pourquoi ne pas l'expulser comme nous l'avons importé, hein ? Je pourrais y arriver, je pourrais !

"Non... non, Dibdin ... ni toi ni moi ne ferions une chose pareille."

"Pourquoi pas?" grogna-t-il.

"Cela nous rendrait pire qu'il ne l'est, ou qu'il ne l'était", expliquai-je tristement. Car je dois admettre que pendant un instant mon cœur fit un bond à sa suggestion. "D'ailleurs," continuai-je prosaïquement, "ce n'est pas si facile de faire venir un fantôme une fois qu'on l'a ressuscité. Il faut le croire, Dibdin , mon garçon, ne serait-ce que pour le bien des jeunes. Il le fera. probablement son emploi, et la chose à faire maintenant n'est pas d'éveiller ses soupçons sur ce que nous ressentons à son égard. Croyez tout ce qu'il dit – croyez en lui. Des milliers de personnes chaque année, selon les journaux, disparaissent volontairement ! Il était fatigué. de la vie monotone et éteint; c'est tout ce qu'il y avait à faire. Maintenant, il veut réessayer. Vous pensiez vous-même qu'il devrait avoir une autre chance.

Il y avait un véritable pathos dans la voix du vieux Dibdin lorsqu'il parla d'un air sombre et humide :

"Par George, ce type est notre ennemi à tous ! Par son seul acte délibéré d' irresponsabilité destructrice , il a affecté toutes nos vies de manière destructrice. C'est exaspérant qu'une brute sans valeur puisse faire tout cela. Il a tué Laura, bon sang ; il J'ai rendu ces enfants orphelins, il a bouleversé votre vie, il fait de vous et moi de misérables conspirateurs, grrr ! J'aimerais le réduire en gelée !

J'ai ri sans joie.

« Qu'est-ce que cela annulerait ? »

"Rien, j'ose dire", a lancé Dibdin . "En plus, tu n'as vraiment rien à redire, mon garçon. Tu domines, Randolph, mon garçon ; oui, par George ! tu domines de la tête et des épaules tous ceux que je connais ! Sa méchanceté même t'a rendu vaincu - t'a insufflé le souffle de la vie. ".

Je crois avoir répondu à quelque chose de désinvolte.

"Regarde ici!" s'écria-t-il en renversant d'un mouvement brusque un verre d'eau et en l'ignorant. "Si ces enfants s'approchent de lui, nous pourrons le surveiller, tout de même, comme si nous étions avec eux !"

"Comment veux-tu dire ?" Ai-je demandé, perplexe.

"Cette fille... comment s'appelle-t-elle... Alicia ! Elle gardera un oeil sur lui... et sur eux. Elle est perspicace, je vous le dis, avec ses yeux bleus innocents. Donnez-vous un rapport quotidien comme... comme..."

"Non!" Je l'ai interrompu avec insistance. "Ça, jamais ! Elle ne sortira pas de chez moi, certainement pas chez lui !"

J'ai été d'autant plus décontenancé par ma propre véhémence que j'ai vu Dibdin me regarder en haussant les sourcils.

"Pourquoi... vous n'êtes pas..." commença-t-il d'un ton vide, mais je l'interrompis vivement.

"Je ne suis rien !— Elle est pour moi tout comme Jimmie, Laura et Randolph, mais ils sont malheureusement les siens. Ne connais-tu pas le sens de la responsabilité pour les jeunes vies, Dibdin ? Je veux lui donner sa chance, l'éduquer. Je ne peux pas la mettre à la porte, et j'aimerais, ajoutai-je boiteusement, avoir autant le droit de les garder tous.

"Ouf!" » siffla-t-il avec un nouvel étonnement.

"Je peux seulement dire que je ne vous connais plus . Je vous connaissais, mais je suis fier de faire la connaissance du nouveau M. Randolph Byrd."

"Ne sois pas idiot, Dibdin ", marmonnai-je avec exaspération. "Vous savez que vous parlez de pourriture. Pourquoi diable êtes -vous si intéressé par les enfants ? Il y a ce chèque que vous avez envoyé—!"

"Vous ne l'avez pas encaissé", intervint-il en bougeant les épaules comme pour secouer quelque chose. "Pourquoi diable, pas toi ?"

"Je le ferai un jour ," lui souris-je faiblement, "quand j'en aurai davantage besoin. Mais tu n'as pas répondu à ma question."

J'avais l'impression de l'agacer brutalement mais pour une fois j'avais l'impression d'avoir le cher vieux clochard sur la hanche. Malgré toute sa rudesse, il était aussi plein d'émotions que n'importe qui. Il me semblait absurde qu'un homme cache son instinct implanté, l'un des plus nobles de tous les petits celliers cachés de nos instincts, sous une fausse honte ou une fausse indifférence. Les femmes sont plus sages : elles ne cachent pas les leurs ; et j'étais devenu sans vergogne à propos du mien.

"Pourquoi," répétai-je, "es-tu tellement intéressé par ces enfants ?"

"Ne sois pas un connard !" grogna-t-il en baissant les yeux sur la nappe mouillée, et un spasme de douleur traversa son visage.

"Ah, tu vois !" J'ai ri, essayant de détendre son humeur.

"Randolph", prononça-t-il d'un ton étrangement solennel qui me fit un léger frisson. "Je t'ai dit une fois qu'il y avait une femme à laquelle je tenais – et une seule."

"Oui, mais tu ne l'as jamais épousée."

"Non," continua-t-il du ton étiolé d'un chagrin mort. "Elle était déjà mariée quand je l'ai connue."

Et puis ma sympathie est allée au vieux Dibdin grisonnant .

"Je suis désolé," murmurai-je en touchant sa main par-dessus la table. "Est-ce que je la connaissais ?"

"Oui," dit-il doucement, "tu la connaissais. C'était Laura."

Dans un éclair de regret poignant, amer et vain, j'ai vu la perspective des années mortes – de ce qui aurait pu être ! ...

CHAPITRE XVI

Miracles : les miracles sont aussi courants que les mûres !

Pendleton est une fois de plus un fidèle travailleur dans le vignoble de la compagnie d'assurance.

Un miracle assez banal, mais tous les miracles, je suppose, sont des lieux communs qui nous surprennent ou que nous ne comprenons pas.

L'office abstrait, j'en suis sûr, a plus de joie pour un seul pécheur qui se repent que pour quatre-vingt-dix-neuf – mais je ne veux pas être blasphématoire. Comme la mort, elle finit par nous réclamer tous. Un voluptueux, un oisif comme moi, ou un renégat qui s'en est détaché de manière indéfendable comme Jim Pendleton – tous, tôt ou tard – se retournent ou retournent sous son joug comme des esclaves affamés en fuite – le bureau implacable ! Quel changement cela doit être pour Jim après les plages et les bars du magnifique Est ! Mais pour une circonstance très pertinente, je pouvais trouver dans mon cœur le sentiment d'être désolé pour lui.

Quelle institution étrange et merveilleuse que la famille ! Encore un de ces miracles banals et chargés de mystère, comme la naissance et la mort. Si j'étais un écrivain classique ou un nouveau venu de Sir Barnes, je pourrais m'étendre longuement sur le sujet. Les choses que nous avalons, tolérons et dissimulons pour le bien de nos liens !

Il suffit cependant que Jim Pendleton travaille tranquillement à son salut, à un salaire et à des projets pour recréer sa maison démembrée.

Les enfants commencent à s'habituer à lui. Randolph semble être le plus proche de lui et Jimmie reste obstinément le plus éloigné. Il est cependant douloureux de penser que la jeunesse de Jimmie finira par le détacher plus certainement et plus complètement de moi.

Quand est-ce que tout cela va arriver ? Pour ma part, je n'ose pas fixer le jour fatidique qui, à mesure que les heures passent, se rapproche. Personne ne fixe la journée. Il est laissé suspendu dans les airs par un fil invisible d'une longueur et d'une force incertaines :

Il y a des moments où je pourrais crier dans mon angoisse, mon agonie de douleur, de peur et d'appréhension sans nom. Mais quel spectacle je me ferais si je laissais libre cours à mon émotion ! Nous, les humains, ne sommes pas tant des sépulcres blanchis que des volcans masqués et silencieux.

Et Jim Pendleton, que pense-t-il, que ressent-il ? Il est suave, calme, contrôlé. Il est très doux avec eux tous, et particulièrement doux avec Alicia. Il a pris l'habitude de la consulter et de confabuler avec elle sur les caractéristiques et les besoins des enfants. Parfois, il me semble que je ne peux pas le supporter et une fois au moins je l'ai appelée et je lui ai parlé durement, et je l'ai accusée d'avoir égaré un volume des *Prix actuels des livres* .

Comme c'est enfantin de ma part ! Mais mes nerfs ne sont plus ce qu'ils étaient. Ils sont grincheux et hargneux. Il a été décrété que je devrais prendre des vacances et partir quinze jours, dans le Maine ou le New Hampshire. Si j'éclatais de rire à cette pensée, je pourrais finir comme une femme hystérique, dans des larmes incontrôlables. Je ne pouvais pas plus y aller maintenant que je ne pouvais écarter les bras et voler. Je suis aussi éloigné de l'esprit des fêtes que de l'étoile polaire.

Pauvre Dibdin , comme il se trompe sur moi ! Il se moque de ma « tête et de mes épaules imposantes » – brrr ! ça me fait frissonner de honte. Quel faible je suis devant la vie !

Non, je suis un ouvrier de Bleecker Street, de ses trottoirs puants, de ses alentours infestés de mouches, où les enfants italiens mangent, crient et se font bronzer dans les caniveaux, dans l'air de mille odeurs palpitant sous le soleil de midi. Le retour dans la banlieue de troisième ordre était autrefois rafraîchissant et apaisant comme un parfum délicat. Voir les enfants rire et roses dans un centimètre carré de jardin, voir Alicia pétillante de sa jeune énergie et de son enthousiasme, c'était comme entrer dans un temple frais rempli de formes de beauté, après avoir erré dans un bazar fétide. Maintenant, c'est de la poussière et des cendres. Je ne pourrai jamais dire à Dibdin ou à qui que ce soit d'autre à quel point je me sens seul au monde, quel froid et quel souffle de désolation glaciale envahissent ma vie chaque fois que je pense à son présent ou à son avenir.

Minot Blackden est venu aujourd'hui à midi chez Visconti pour m'entraîner dehors pour déjeuner.

"Arrêtons-nous une minute dans mon studio", proposa-t-il en me guidant vers un coin. "Quelque chose à voir."

Il m'a montré une petite rosace conçue pour une église de Cincinnati et s'est retourné dans l'expectative pour capter mes exclamations. J'ai haleté quelques inanités.

"L'art, mon garçon !" il jubilait. "C'est de l'art pour toi !"

"Il est en effet!" J'ai accepté, impuissant. "La seule chose surprenante est qu'un véritable artiste puisse acquérir une telle renommée. Il me semble que je vois quelque chose sur vous dans tous les journaux du dimanche que je lis."

"Ah, c'est l'instinct des affaires", rigola-t-il. "Je ne suis pas un amateur, je peux vous le dire. Je vis cette chose. Vous pensez peut-être que c'est fou, mais parfois je pense que je suis Benvenuto Cellini réincarné." Il ne riait pas ; il était mortellement sérieux. "Entrez", ajouta-t-il solennellement, me dirigeant vers une porte à l'arrière de son magasin. "Je veux vous présenter mon attaché de presse."

J'ai été dûment présenté à une Mme Smith, simple et animée, âgée d'environ trente-cinq ans, qui se levait d'une machine à écrire et parlait avec une ferveur dévotionnelle et révérencieuse de «notre travail», tout en jetant des regards d'adoration à l'artiste. Comment les Minot Blackden inspirent-ils une telle adoration ? Je sais que je n'ai redécouvert aucun art perdu et il est clair que je ne suis pas une incarnation de Benvenuto Cellini. Personne ne m'adorera jamais.

"Avez-vous vu Miss Bayard récemment ?" » s'est enquis Blackden alors que nous nous asseyions pour un déjeuner italien, commençant par des sardines et du poivron rouge.

"Non, je ne l'ai pas fait", répondis-je, surpris. "Est-ce que tu la connais?"

"Est-ce que je la connais ! Tu ne te souviens pas de nous avoir présentés devant chez Brentano ?"

Je l'avais oublié, et cela semblait le blesser de ne pas considérer ses mouvements et ses événements avec l'attention dévotionnelle de son attaché de presse.

"Bien sûr," murmurai-je faiblement. "Vous l'avez revue ?" Il sourit d'un sourire détaché et supérieur, comme celui que les immortels pouvaient sourire aux humains errants et non régénérés, et passa ses doigts dans ses cheveux sombres et artistiques.

"Je la vois assez souvent", a-t-il expliqué. "Femme très merveilleuse, Miss Bayard. Elle est une grande source d'inspiration pour moi dans mon art. Mon art a fait de grands progrès depuis que je l'ai rencontrée. Surpris que vous ne saisissiez pas l'occasion de la voir plus souvent - une nature véritablement artistique !"

"Cul!" Je pensais. Mais j'expliquai à haute voix que les préoccupations domestiques me laissaient peu de temps pour des visites sociales ou autres. La désinvolture de ma réponse parut égayer sensiblement Blackden .

Je me rappelai d'ailleurs que j'avais promis à Gertrude, Dieu sait pourquoi, de lui faire part du résultat du retour de Pendleton.

— Dites -lui, quand vous la verrez, que je viens très bientôt. J'ai eu beaucoup de choses à faire. Elle comprendra.

"Elle comprend tout", murmura distraitement Blackden . "Ah, il y a une femme ! Oui, je vais lui dire." Et ses yeux brillaient d'anticipation.

Il m'a été positivement affectueux, cet artiste austère, lorsqu'il m'a laissé devant la porte de Visconti.

Rentrer à la maison, comme je l'ai dit, était autrefois un plaisir. La présence d'une seule personne l'a transformé en tourment.

Ce soir, en approchant de mon châlet sur le rocher, j'ai trouvé Pendleton de bonne humeur en train de jouer à un jeu avec les enfants sur la pelouse.

Un rabat de toile, formant une sorte de tente pour chiots, avait été attaché à l'arbre pour Jimmie, afin de lui donner cette touche de vie sauvage dont même les petits garçons de Crestlands semblent désirer. La vie sauvage à Crestlands ! Pourtant, autrefois, les Mohicans erraient ici et le Mohican qui est en chacun de nous aspire à un exutoire à Jimmie. J'ai eu grand besoin d'un exutoire lorsque j'ai vu la grande carcasse de Pendleton accroupie comme un tailleur à l'entrée de la tente, jouant le rôle de chef cannibale. Je suis resté inaperçu pendant un moment, regardant la scène avec de l'amertume dans le cœur et de la honte en plus de l'amertume.

"Amenez le prisonnier devant moi", grogna Pendleton dans le rôle du chef.

Riant de joie contenue, Randolph et Laura ont accompagné Jimmie jusqu'à Pendleton, qui a mesuré l'enfant avec un froncement de sourcils craintif et a demandé où étaient les autres prisonniers.

"Ils se sont échappés, Votre Majesté", explosa Randolph avec un rire étouffé. "Cet homme blanc seul a osé rester et braver votre pouvoir !"

"Il devrait être bouilli et mangé de plein droit", grogna truculentement Pendleton. "Il ose affronter le Grand Chef des Îles Cannibales ! Cependant, grâce à son grand courage", ajouta-t-il après coup, "nous lui épargnerons la vie. De telles choses sont faites de grands guerriers."

"Attention, Votre Majesté," rigola Laura, "il pourrait vous faire du mal par trahison. Il est très courageux, ce chef blanc !"

"Nous voyons que c'est une lame désespérée", répondit judiciairement Pendleton. "Mais nous admirons le courage. Il sera notre porteur de lance au combat."

"Non, je veux être mangé !" » cria Jimmie dans son excitation, tandis que les autres criaient et tremblaient de rire.

Alicia seule semblait modérée dans sa gaieté. Je serrai contre mon cœur le fait qu'elle semblait avoir un air un peu triste sur la scène. Mais je me trompe probablement. Je suis rentré à l'intérieur et j'ai posé mon menton sur mes mains avec un tumulte d'émotions que je souhaite oublier.

Pendleton les gagne, cela ne fait aucun doute. Il n'y a pas une âme au monde qui s'accrocherait à moi, sauf peut-être Griselda. Shakespeare n'a jamais rien dit de plus vrai que le fait que la vie était « une histoire racontée par un idiot, pleine de bruit et de fureur, ne signifiant rien ».

J'aurais aimé ne jamais être né.

Ce matin, j'avais envie de m'ébattre avec les enfants, de me débarrasser de tout souci, de rire et de me rouler par terre avec eux, d'être heureuse comme j'ai été heureuse, mais je ne le pouvais pas. Tenu en proie à un chagrin qui imprégnait chaque fibre de mon corps, je me suis faufilé d'un air maussade dans mon bureau après le dîner pour être seul. Mais même cela, je ne pouvais pas l'avoir.

Pendleton m'a suivi, a allumé un cigare et m'a demandé s'il pouvait avoir une conversation avec moi. Naturellement, je ne pouvais pas l'empêcher. Je ne peux rien empêcher, car je ne suis plus maître chez moi.

"Vieil homme", commença-t-il de sa voix suave et épaisse, qu'il veut dire amicale, qui me semble orgueilleuse de triomphe. "Il me semble que tu es sur le point de te reposer."

"Qu'est-ce que tu veux dire ?" J'ai hésité, grimaçant, même si intérieurement je savais assez bien ce qu'il voulait dire.

"Juste ce que je dis," sourit-il. "Vous avez travaillé assez dur pour subvenir aux besoins de ma famille. Il est temps que je vous enlève ce fardeau - c'est ce que je veux dire."

J'ai agité la main dans un geste de dépréciation, mais je ne pouvais pas parler.

"Oh, je sais," insista-t-il avec obstination, même si, même maintenant, il ne peut pas me regarder dans les yeux, "tu ne l'as pas fait spécialement pour moi. Tu l'as fait parce que tu es un homme - toi - bah ! ils ne le font pas. faites- les comme vous, comme je vous l'ai dit. Mais vous ne voulez pas d'éloges de ma part, je le sais. Vous n'en avez pas besoin. Le plus important, c'est qu'il est temps que je prenne un appartement ou une petite maison. " Il était temps, " il hocha la tête et déplaça son cigare, " il était temps ! "

Chaque mot était un coup, mais je me suis préparé à l'épreuve. N'était-ce pas ce à quoi je m'attendais depuis tout ce temps ?

"Quand... veux-tu faire le changement ?" Je me suis efforcé de parler d'une manière nette, comme lorsque je m'adresse au téléphone à la National City ou au Guaranty Trust chez Visconti.

"Eh bien, je pensais que je commencerais à chercher demain. Il y aura l'endroit à trouver, des meubles à se procurer - le plan de versement aidera - tout le travail devrait être réglé dans deux ou trois semaines, je devine", a-t-il ajouté en riant. "Oncle Ranny devra venir souper assez souvent pour garder les enfants aussi heureux que nous aimerions les voir, hein ?"

"Mais une maison en marche…" dis-je rapidement dans une sorte de dernier spasme de reproche pitoyable, "c'est toute une… une entreprise à démarrer ?"

"Oui, je sais," acquiesça-t-il sobrement. "Ne pense pas que je ne sais pas, je vais devoir pousser le volant fort - avec les deux épaules. Mais tu sais," il haussa un sourcil confidentiel, "cette jeune femme - Alicia - sera d'une grande aide pour moi — une assez petite femme de ménage, elle est… une vraie gamine — j'espère que Laura prendra d'elle.

Mon cœur était de plomb. S'il observait mon visage, il aurait dû percevoir une pâleur mortelle qui en balayait chaque goutte de sang. Il y avait un martèlement dans mes oreilles comme de l'eau tumultueuse.

"Alicia", m'entendis-je dire alors que je parlais après avoir été sauvé de la noyade, "Alicia, tu sais, n'est pas mon enfant - ni le tien. Je ne peux pas te l'envoyer. Elle - il y a des formalités - mais, de toute façon. "Je ferai n'importe quoi, mon vieux", ma tête semblait enfler soudainement et jaillir vers le haut comme un bouchon d'un abîme, et mon visage était humide de sueur - "n'importe quoi, mais je peux Je ne t'enverrai pas cette enfant à moins que, à moins qu'elle ne soit enthousiaste, tu ne le vois, n'est-ce pas ?

"Oh, oui, je vois, certainement." Il détournait le regard pendant qu'il parlait. J'espère toujours qu'il n'a pas regardé mon visage. "Tout cela est vrai, bien sûr. Mais mettez-vous à ma place, Randolph. Voici trois enfants sans mère. Elle, cette fille, a été une sorte de mère pour eux. Elle semble avoir une faculté née pour cela. Que ferais-je ? sans elle, en commençant comme ça, tu comprends !

"Sûrement, sûrement !" Je m'empressai de le rassurer, car je me sentais un peu plus maître de moi. "Mais vous comprenez ce que je veux dire : elle ne m'appartient pas. Et même si elle l'appartenait - je ne peux pas la laisser passer - c'est une responsabilité - son souhait - ce que je veux dire, c'est que je ne peux pas la contraindre à quoi que ce soit. chemin."

Et soudain, j'ai vu les enfants loin de moi, avec cet homme douteux et mystérieux, seuls, et mon cœur s'est serré d'agonie. Avec Alicia, au moins — mais non ! Je ne pouvais pas accepter aussi complètement.

"Contraindre — certainement pas", fut son commentaire tout à fait raisonnable. "Je pense qu'un mot de ta part irait très loin, cependant. Mais je comprends ton point de vue, Randolph, je comprends ton point de vue. Je te dis quoi!" commença-t-il sur un ton nouveau. " Supposons que nous le disons de cette façon. Je lui parlerai moi-même, je lui en parlerai, je vous laisserai complètement en dehors de cela, vous voyez ?, laissez-lui le soin de décider, pour que vous n'ayez pas à le faire. tu seras neutre, tu vois ? — Qu'est-ce qu'il y a à faire ainsi ?

Un millier de démons en moi m'ont poussé avec une force presque irrésistible à lui sauter à la gorge, à étouffer ses paroles, à étouffer sa vie bestiale, à mettre fin au tourment sur-le-champ. Mais je ne pouvais pas, je ne pouvais pas. Je savais qu'il exprimait par ses paroles son sentiment de certitude qu'il pouvait gagner Alicia, comme il avait gagné les enfants – que j'étais impuissant entre ses mains – que j'étais un faible qu'il faisait semblant de respecter – que il pouvait dépouiller ma maison de tout ce qui me tenait à cœur avec une facilité si risible qu'il ne prenait même pas la peine de me ridiculiser. Et pourtant, je ne pouvais pas me lever et l'étrangler.

Comme dans un étau, je restai assis un moment enchaîné par des passions sauvages et contradictoires, et puis... une chose étrange se produisit. Un sentiment de nudité, le sentiment d'être dépouillé de tout comme un autre Job, d'être complètement seul au monde m'envahissait comme une atmosphère. Je me sentais privé de tout, mais pas dépourvu. C'était un sentiment étrange, une sorte de renoncement involontaire à tout ce qui constituait ma vie, auquel j'acceptais pourtant calmement. J'ai fait face à Pendleton et je me suis adressé à lui presque avec tranquillité . Certes, j'ai fait l'expérience d'une étrange dignité nouvelle, très apaisante, très reconnaissante, comme l'eau pour ceux qui ont soif après la bataille.

"Très bien, Jim," m'entendis-je dire doucement. "Allez de l'avant selon votre propre chemin. C'est peut-être mieux."

Tout ce dont je me souviens, c'est une lueur de triomphe dans ses yeux. Je ne me souviens pas d'un mot de toutes ses agitations et de ses moqueries par la suite. Il a continué à parler en fumant pendant peut-être quatre ou cinq minutes, puis il m'a quitté.

Seul, je me sentais à la fois étrangement lourd comme une montagne et insignifiant comme son ombre.

CHAPITRE XVII

On m'a dit encore et encore que je suis un imbécile. Mais même mes amis les plus chers ne m'ont pas traité de fou.

Les dieux sont-ils donc vraiment si désireux de me détruire ? Qu'ai-je fait pour le mériter ?

Ce matin, après l'entretien d'hier soir avec Pendleton, j'ai vu Alicia – je l'ai soudainement vue, comme cela semblait être la première fois. Et pourtant, une prise de conscience bouleversante m'a submergé comme un raz-de-marée : à travers d'innombrables siècles, elle et elle seule m'avaient été inexprimablement chères. Elle, l'idéal divin que je poursuivais, apercevant par intermittence dans les clairières et les forêts, au sommet des montagnes, dans les palais, dans des environnements fantastiques, au milieu des scènes incroyables d'une vie de rêve sombre et ancienne, plus réelle que toute réalité - *elle* était Alicia, cette enfant Alicia.

Et j'ai plus du double de son âge !

Il ne peut en résulter pour moi que misère et misère. Par aucun mot ni par aucun signe je n'ose lui faire part d'une telle chose ni à personne d'autre, à personne sauf à ces pâles pages qui reçoivent mes pauvres confidences bigarrées avec la seule discrétion en laquelle je puisse avoir confiance.

Elle m'est plus chère que tous les mondes. Pourtant, non seulement je dois rester muet, mais je dois garder chacun de mes mots, gestes, pensées même, comme jamais auparavant.

Au milieu de tout le reste, c'est une catastrophe. Pourtant, cela éclipse et déséquilibre tout.

Laissez-moi révéler la vérité ne serait-ce qu'un signe, et chacun de mes actes et motifs deviendra brusquement suspect, et je serai révélé pour la créature immorale et honteuse que je suppose être.

Je pourrais y faire face, je crois, s'il y avait une possibilité, mais ce n'est pas le cas.

Je dois cacher, couvrir et vaincre le sentiment par l'inanition. Mais comment le pourrais-je, alors qu'elle m'est si indiciblement chère et précieuse ?

Non non! Mille fois non ! Je ne peux pas laisser Pendleton essayer de la convaincre de me quitter. Non!

Et tout ce que j'ai à faire, c'est de trahir cette résolution criarde et mon secret sera dévoilé, et tout ce que je suis et ce que j'ai fait apparaîtra comme une simple prétention et j'apparaîtrai déshabillé et menotté comme un vulgaire criminel trop bon pour le bourreau.

Et j'ai osé juger Pendleton !

Le remède séculaire dans la fiction, lorsqu'un homme se trouve amoureux d'une personne qu'il n'a pas à aimer, est, je crois, de s'en aller, de voyager. Comme cela me semble ridicule. Le seul endroit où je peux aller, c'est chez Visconti. Chez Visconti ! Et maintenant, je reviens de chez Visconti et je ne peux pas rester dans la maison.

Je ne peux pas rester dans la maison parce qu'Alicia y est – et Pendleton !

Oh, il obtiendra ce qu'il veut, j'en suis sûr ! Le Vieil Homme de la Mer l'a infailliblement fait. Pourquoi les sans scrupules devraient-ils toujours avoir l'avantage ? Je déteste penser à lui.

C'est Alicia qui remplit mon esprit, mon cœur, ma vie. J'ai essayé de penser à elle, même jusqu'à hier, quand j'étais enfant, et je sais que j'ai été trompeur. C'est une femme, elle est la féminité. Je la vois maintenant dans son éclat et chacun de ses mouvements et gestes, chaque acte, chaque regard parle de la fraîcheur et de la jeunesse de la vie, d'une beauté suprême, divine. Je l'ai traitée d'enfant et j'ai envie de m'agenouiller et de crier mon angoisse et mon adoration. Je suis l'enfant, impuissant devant elle. Quoi que je cache, je ne peux pas cacher ce que son départ me ferait. Cela briserait ce qui reste de ma vie. Et j'ai laissé hier Pendleton proposer calmement qu'elle aille vers lui – trafic d' Alicia ! – et avec Pendleton ! C'est étouffant d'y penser. Je dois sortir. Mais je ne peux laisser aucun d'entre eux me voir. Je me sens comme un voleur dans ma propre maison. La fenêtre, ah, je peux m'éclipser au moins une heure solitaire sous les étoiles !

Je n'ai finalement pas réussi à sortir sous les étoiles. Juste au moment où je commençais à tâtonner avec l'écran, Alicia a demandé la permission d'entrer. Aucune présence n'aurait pu être plus bienvenue pour moi, mais les sombres pensées sous lesquelles je couvais m'ont fait grimacer de douleur lorsqu'elle est entrée. Néanmoins , je parvins à la saluer avec une gaieté presque normale.

"Oncle Ranny ", commença-t-elle précipitamment à voix basse en se rapprochant de moi, "est-ce que ça vient vraiment, alors ?"

"Qu'est ce que tu veux dire ma chère?" lui ai-je demandé, même si de tels subterfuges sont tout à fait inutiles avec Alicia.

"Oh, il vient de me dire qu'il envisageait un appartement près de l'université de Columbia à New York – qu'il espérait que tout serait prêt avant l'ouverture des écoles – ne vous l'a-t-il pas dit ?"

« Qu'a-t-il dit d'autre ? Ai-je demandé à bout de souffle.

"Rien de grand-chose, seulement il m'a demandé si je ne pensais pas qu'il était sage de s'y installer le plus tôt possible. Il est très gentil avec moi."

"Est-ce tout?" J'ai respiré.

"Oui, c'est à peu près tout, mais n'est-ce pas suffisant ?"

Je souris faiblement et me laissai tomber sur ma chaise avec un immense soulagement.

J'avais envie de l'attirer vers moi, de l'envelopper, de poser sa tête contre mon cœur, de la serrer contre moi et d'exclure ainsi tout souci et toute inquiétude noire, toutes les ombres suspendues, tous les nuages menaçants et imminents de l'existence - pour rendre mon un monde merveilleusement complet. Mais je ne suis pour elle qu'« Oncle Ranny » – et j'ai senti un frisson parcourir ma colonne vertébrale.

"Et toi, Alicia," réussis-je à dire. "Qu'as-tu répondu ?"

"Bien sûr, j'ai dit que c'était vrai, que pourrais-je dire ? Mais oh, oncle Ranny ," elle se pencha vers moi alors qu'elle se tenait à mon bureau, "j'ai peur, oncle Ranny ! Ils sont à nous, n'est-ce pas... Je sais qu'il est leur père, mais je ne peux m'empêcher d'avoir l'impression que nous les remettions à un étranger... Oh, je suppose que je ne devrais pas le dire... quelqu'un que nous ne connaissons pas du tout !

Et elle fondit en larmes.

Le sang et la chair ne pouvaient plus le supporter. J'ai tremblé et me suis tordu sur ma chaise pendant un instant, puis j'ai bondi, j'ai jeté mes bras autour d'elle et je l'ai tendue vers moi.

"Ma chérie," murmurai-je d'une voix brisée, "et comment penses-tu que je me sens ?"

"Je sais", sanglotait-elle et doucement, tout comme Jimmie ou Laura auraient pu le faire, elle m'entoura de ses bras et se blottit comme si j'étais quelqu'un de vieux et fragile pour qui elle avait une profonde affection - mais c'était tout. La première étreinte d'Alicia !

Et puis je savais aussi. Elle ne se doutait pas un instant, j'en espère, de l'amertume de la coupe que j'étais en train de vider à ce moment-là. Mais pourquoi devrais-je m'attendre à autre chose ? La culpabilité dans mon propre cœur m'en dit assez, et trop, sur ma position exacte. Alicia est encore une enfant. De toute évidence, elle ne se doutait pas encore que Pendleton avait l'intention de l'emmener également. Supposons que j'empêche cela, qu'en sera-t-il des trois autres que, d'une autre manière, je n'aime pas moins ? Ma tête me faisait tourner la tête, mon pouls battait comme un tambour. C'était pour moi le moment suprême d'angoisse et de sacrifice, la nuit noire de l'âme, cette *noche oscura* que saint Jean de la Croix sait si bien décrire, qui ébranle l'être et change à jamais la vie. Mon destin semblait être de me sacrifier et de me briser dans un renoncement définitif et complet, de vider jusqu'à la lie ma coupe d'amertume.

Pendant un instant, le monde fut comme une ombre, oscillant, aérien et insubstantiel. Le moine encapuchonné qui est enterré quelque part en moi était soudain au premier plan et la vie du monde semblait sordide et lépreuse ; une chose mortelle pourrie par les convoitises et les passions, une chose à fuir – qui m'attirait vers son centre sensuel. Mais seulement pour un moment.

Puis soudain, le sang monta à mes tempes, alors qu'Alicia gisait dans mes bras, et l'ancienne ruse de mille ancêtres mâles, de chasseurs sauvages et de guerriers rusés morts pour que je puisse vivre, balaya mes reins , mes nerfs et mon cerveau et je crépitai. avec impatience de me battre pour les miens.

Non ! Je ne voulais pas, je ne pouvais pas abandonner tout ce qui me tenait à cœur. Je me battrais ! J'ai agrippé les épaules d'Alicia dans un spasme de joie féroce et d'une voix rauque et gutturale qui ne l'a pas plus surprise que moi, j'ai expiré :

" N'ayez crainte, Alicia, ce n'est pas possible ! Ce ne sera pas le cas. Il ne l'a pas encore fait. Je ferai quelque chose... je ne sais pas encore quoi. Mais donnez-moi du temps... un peu de temps... Je vais y arriver. Nous nous battrons s'il le faut, mais nous n'abandonnerons pas docilement !"

La joue chaleureuse d'Alicia contre la mienne, bien qu'avec une confiance que l'on ne peut qualifier que d'enfantine, était une récompense suffisante pour la victoire, sans parler de ce défi encore vide de sens. Mais un sentiment de confiance irrésistible et palpitant me dit que quelque chose va se passer, que je vais gagner !

Est-ce simplement la confiance d'un imbécile et l'élan du mélodrame qui n'est jamais très loin de chacun d'entre nous ? Peut-être. Mais mon sang palpite toujours et mes muscles crépitent toujours avec l'étrange avidité et soif de combat. Il se peut que le parfum et le regard étoilé d'Alicia qui m'habitent encore, la douce joie et la fierté d'Alicia lorsqu'elle m'a rendu mon baiser de bonne nuit avant de me quitter, l'affection avec laquelle elle s'est accrochée, la réticence avec laquelle elle allés, tous ont quelque chose à voir avec cette nouvelle accession de courage. Mais je ne me console pas avec des choses vaines. Alicia se trouve être une fille dont l'affection n'a jamais été choyée par des parents aimants. Si elle me regarde *in loco parentis* , cela devrait me suffire. Ce n'est pas assez. Et cette douleur laisse une piqûre dans ma poitrine. Mais cette blessure, je la porterai volontiers – je porterai mon cilice comme la petite épouse de Jacopone da Todi – si seulement je peux jouer l'homme.

Le soir et le matin étaient un jour, le premier jour d'une nouvelle vie, et quel jour !

Je suis descendu dans le train avec Pendleton et j'ai vivement suggéré qu'il ne devait pas se précipiter dans ses arrangements.

"Je pensais", dit-il en me jetant un regard furtif et oblique, "que mon premier devoir était de vous soulager. Je vous dois déjà trop", ajouta-t-il en regardant vers la morosité du mont Vernon, à droite de chemin.

« Il n'y a que les étrangers et les ennemis qui se doivent des choses » ; J'ai contré facilement. "Les amis se doivent tout et rien. Il n'y a pas d'audit pour de tels comptes."

Il rit de manière disproportionnée par rapport aux mérites de ce morceau de sagesse et s'exclama :

"Tu es génial, Randolph, génial !"

C'était à mon tour de rire et je sentais que j'avais l'avantage sur lui. Avec le sixième sens, ou la glande pinéale, ou quoi que ce soit, j'avais conscience qu'il avait un peu peur de moi – et cela ne m'a pas gêné.

"Votre expérience dans la vie a été si particulière", lui dis-je, "que n'importe qui serait heureux de vous rendre service. Et vous devez vous rappeler que Laura était ma seule sœur. Dites-moi," ajoutai-je sur le ton de la conversation, "donc Ne trouvez-vous pas parfois le harnais irritant, après tout, vous l'avez enduré ? »

"Galling ! Dis, Randolph, ces petits hommes-machines dans leurs ruches – cages – gratte-ciel – ne savent pas ce qu'est la vie ! – Liberté ! " ...

Pour la première fois, j'avais remarqué la lumière de la spontanéité qui brillait dans ses yeux, et mon cœur bondit : j'allais entendre une confession. Mais soudain, il se retint et détourna le regard. "Bien sûr", ajouta-t-il d'un ton forcé, "il faut faire face à ses responsabilités. Non, tout compte fait, je suis heureux de faire ma part du travail et de porter mon fardeau."

Je savais qu'il mentait. Je savais que sa première explosion était le vrai Pendleton ; que l'addendum était destiné, comme le disent les politiciens, à la consommation domestique.

"Bien sûr, bien sûr", murmurai-je précipitamment, "mais nous ne sommes que des humains." Et alternativement, j'ai forcé mes pauvres esprits à rester à mes côtés et je les ai priés comme des divinités pour éclairer mon chemin.

Cet esprit sans loi, Pendleton, j'eus une vague lueur d'intuition, se repentait de son retour au joug du devoir, aux contraintes de la civilisation. Alors, qu'est-ce qui le retenait ? Il ne s'agissait pas d'une conscience soudaine. J'en étais certain. Il y avait un problème que je devais résoudre et résoudre immédiatement.

Nous nous séparâmes cordialement à la gare Grand Central et, vingt minutes plus tard, j'étais une de ces petites machines qui fonctionnaient chez Visconti.

« Je veux une traite à trente jours, disais-je, de dix mille lires sur Naples. Votre meilleur taux à cette date. Et, le combiné à mon oreille , j'entendis en moi une voix, indépendante du téléphone, qui murmurait :

« Se pourrait-il qu'il soit lui aussi ensorcelé par Alicia ? – avec toute son errance et son expérience – ou est-ce son sens du devoir envers ses enfants ?

« Quatre quatre-vingt-dix-huit », a déclaré l'agent de change, Hoskyns , à la National City, et « quatre quatre-vingt-dix-huit », répétai-je automatiquement après lui. "Tu ne peux pas faire mieux... à trente jours ?" Et la voix indépendante dans mon cerveau a ajouté : « Peut-être que je suis branché au sujet d'Alicia ? Et ainsi la matinée s'avança.

Gertrude, à ma grande surprise et confusion, m'a appelé à onze heures.

"Bonjour, Ranny ," ouvrit-elle doucement. "Tu n'as pas tenu ta promesse, n'est-ce pas ?"

"Promesse?" répétai-je sourdement. "Quelle promesse?"

« Vous aviez dit que vous me tiendrai au courant du retour de Pendleton. Vous ne l'avez pas fait, n'est-ce pas ?

"Mais tu es parti cet été, n'est-ce pas ?" Je me suis aventuré désespérément.

"Oui, et je suis de retour," murmura-t-elle doucement, "et pourtant... tu ferais mieux de venir déjeuner avec moi aujourd'hui, tu ne crois pas ?"

S'il y a une chose que ma carrière d'homme d'affaires m'a apporté, c'est d'implanter dans mon cœur une haine de la procrastination et de l'insoumission. Je n'avais pas d'engagement pour un déjeuner, et pourtant, je lui ai dit en désespoir de cause que oui.

« Un dîner, répondit-elle, me conviendrait encore mieux.

"Je devrais rentrer chez moi", protestai-je faiblement, avec le sentiment instinctif que je ne devrais vraiment pas reprendre de telles relations avec Gertrude.

"Nous prendrons un petit repas tôt, à six heures trente," elle m'ignora doucement, "En attendant, au revoir."

J'ai raccroché avec colère pendant un moment, mais Gertrude avait raccroché. Son attitude autoritaire m'irritait, mais c'était sa caractéristique. Nous étions à plus de lieues l'une de l'autre, Gertrude et moi, qu'elle ou moi ne pourrions jamais voyager en arrière. Et même si les résultats de notre rencontre n'ont pas semblé satisfaisants à Gertrude, je dois, en justice envers elle, admettre qu'elle est toujours une hôtesse admirable.

J'avais téléphoné à ma maison pour m'informer que je ne devais pas dîner, et quand Griselda avait répondu sèchement : « Vous ne savez pas ce que vous allez manquer », j'ai pensé avec un pincement au cœur que j'en savais plus qu'elle à ce sujet. . Cependant, l'atmosphère calme et confortable de Gertrude, ses fauteuils et canapés profonds et son air d'exclusion d'un monde désordonné n'étaient pas désagréables pour quelqu'un fraîchement sorti des trottoirs sales au sud de la Quatrième Rue. Ces brocantes, usines de cartonnage, « garages » de charcuterie et ateliers d'usinage pourraient-ils être dans le même monde que l'appartement de Gertrude, à Gramercy Park ? Pourtant, ils n'étaient qu'à un peu plus d'un kilomètre et demi, et c'était mon monde réel, mon environnement quotidien. L'appartement de Gertrude était désormais un terrain étranger.

"Oui, espèce d' oie ! tu ne vois pas ? Quoi de mieux ? L'homme revient impatient de reprendre ses responsabilités. Tu as vécu un Hadès d'époque, mais tu as fait le carré, tu t'es acquitté comme un homme et un héros. Et maintenant, la petite romance se termine heureusement et tout est satisfaisant et vous êtes à nouveau libre – quoi de plus délicieux ?

La lourdeur de mon cœur laissait présager tout sauf du plaisir, mais je restais silencieux.

"Ne pense pas que je sois trivial, Ranny ," reprit-elle avec une véhémence plus sobre. "C'était une chose merveilleuse à faire. Je sens que j'avais tort dans ce que je conseillais dans le passé. Votre attachement aux enfants a fait beaucoup pour vous - pour votre développement, je veux dire - plus pour vous que pour eux, peut-être." » inséra-t-elle comme parenthèse en riant. "Mais ne soyez pas chimérique maintenant. Tout se passe bien dans le meilleur des mondes possibles. Alors n'allez pas jeter une clé dans la machinerie simplement parce que vous avez la clé en main depuis si longtemps que vous ne pouvez pas penser à quoi. autre chose à voir avec ça!"

"Je ne suis pas doué pour les changements", murmurai-je sombrement. "J'ai été catapulté d'un type de vie à un autre par la force des circonstances. Maintenant, je ne sens pas que je peux supporter d'être renvoyé vers autre chose. L'usure, la tension sont trop grandes."

Je ne nierai pas que ce que je vis surtout à ce moment fut un bouleversement qui me priverait non seulement de l'affection des enfants dont je ne pouvais pas parler, mais d'Alicia, dont je pouvais encore moins parler.

Gertrude m'alluma gracieusement une cigarette et s'assit à côté de moi. Mais elle-même ne fumait pas.

"Il y a un changement, Ranny ," commença-t-elle d'une voix nouvelle et étrange, presque tendre, "qui te ferait plus de bien que toute autre chose au monde, peux-tu deviner ce que je veux dire ?"

"Un voyage à l'étranger ?" J'ai fouillé, incertain.

"Non" sourit doucement Gertrude en posant sa main sur la mienne, "je veux dire… le mariage."

"Oh mon Dieu!" M'écriai-je dans une agonie d'appréhension, et une sueur froide inonda mon front. C'était une chose dont je ne m'attendais pas à ce que Gertrude discute à nouveau avec moi, même de manière abstraite.

Je ne me souviens pas de ce que j'ai mangé, sauf que le dîner était délicat, frais et exquis. Il y avait une tasse rosée de quelque chose de léger et rafraîchissant et la robe de Gertrude était charmante, ses yeux étaient brillants et il y avait une touche de couleur sur ses joues. Au début, elle ne parlait pas beaucoup, mais m'a pressé de lui dire tout ce que je pouvais sur Pendleton.

Je lui ai dit. Je lui ai parlé de sa venue, de son air de pénitence, de son retour aux bureaux de la compagnie d'assurance et de ses efforts actuels pour rétablir un foyer pour ses enfants. Les seules suppressions dont j'étais conscient étaient les références à Alicia ou à mes propres émotions sombres à l'égard des enfants. Sinon, j'ai été assez franc, Dieu le sait, car il m'est difficile de ne pas l'être. Jusqu'au bout, Gertrude ne m'a pas interrompu. Ce n'est que lorsque j'eus fini qu'elle fit un commentaire vif et incisif avec un léger sourire qui n'était qu'un relèvement de la lèvre supérieure.

"La seule chose que je n'arrive pas à comprendre, Ranny ", observa-t-elle, "c'est votre scepticisme déraisonnable."

« Pensez-vous que vous pourriez implicitement faire confiance à un tel homme ? ai-je demandé.

"Oui", fut la réponse ferme. "S'il y a une chose qui est claire, c'est que Jim Pendleton est véritablement pénitent. Supposons que cette histoire de mémoire perdue ne soit que du clair de lune, comme vous et Dibdin semblez le penser. En revenant de cette façon, l'homme ne montre-t-il pas vraiment plus de caractère. que si c'était vrai ? Il montre vraiment que s'il s'est trompé, il a l'endurance nécessaire pour se rétablir - et c'est une bonne affaire dans ce monde méchant, Ranny .

"Je ne l'avais pas vu sous cet angle", marmonnai-je, perturbé.

"Je sais que non," eut-elle un rire triomphal. "Vous ne pouviez pas être calme sur le sujet. Vous êtes vraiment un romantique émotif et nerveux, Ranny , et je ne vous blâme pas complètement d'avoir des préjugés. Mais toute personne impartiale connaissant les faits vous dira que j'ai raison. "

"Il me serait difficile de me sentir impartial sur le sujet", répondis-je avec obstination.

" Certainement ," fut sa réponse immédiate. "C'est pourquoi je suis heureux de t'avoir capturé. Un ami a dû te montrer ton propre intérêt."

"Mon intérêt?"

« Ranny », cria-t-elle d'une voix chargée de détermination, sinon d' émotion, - avec une résolution intense et vibrante qui empiétait comme un poids lourd sur mes sens. " Ranny - ne soyons pas des enfants - nous sommes trop vieux pour ça. Laissons le passé derrière nous. Je m'humilierai devant toi. Je - je t'aime, Ranny - " et ses lèvres tremblèrent vraiment - " J'ai toujours aimé tu... veux-tu m'épouser, Ranny ?

Son visage semblait étrange, transformé par la force d'une irrésistible, d'une dernière contrainte. Je me tordais sous son regard comme sur un support. Elle resta suspendue un moment, ses yeux brillant dans les miens, franchement tremblants ; Je n'avais jamais vu Gertrude aussi sérieuse. Je ne pouvais pas le supporter. C'était atroce. Je sais que Gertrude n'était pas elle-même. J'ai bondi du canapé, sa main toujours accrochée à la mienne.

"Je ne peux pas... je ne peux pas, Gertrude," murmurai-je d'une voix rauque. « Oh… je… j'aimerais… mais je suis horriblement désolé… je ne peux pas !

Les nerfs de Gertrude sont forts et son contrôle sur eux est plus fort. Elle m'a regardé un instant, intensément, intensément, a lâché ma main et s'est détournée.

« Il y a quelqu'un d'autre », se murmura-t-elle d'un ton neutre ; "il y a quelqu'un d'autre maintenant."

"Oui," soufflai-je, "même si ce ne sera pas – ce ne sera pas possible –" et je m'arrêtai.

"Tu n'as pas besoin de me le dire, " se tourna-t-elle en souriant durement. "Je sais, c'est cette fille, la gouttière- sni , mais ça n'a pas d'importance. Tout homme est un imbécile, et tu es le moins susceptible de prouver une exception. Oh, je l'ai toujours su, je l'ai ressenti, mais peu importe. " Je ne peux plus m'humilier, n'est-ce pas ? — Ranny ", sa voix prit soudain une note plus calme. "Une chose que je dois demander pour le bien de notre vieille amitié : vous oublierez cet épisode, n'est-ce pas ? Et j'essaierai de le faire."

"Ma chère Gertrude..." J'ai levé les mains dans un geste d'impuissance. S'il y a eu une humiliation, c'est moi qui l'ai subie. Elle m'a regardé calmement, fixement. La couleur de ses joues était exactement la même qu'auparavant. Gertrude s'était-elle abaissée au rouge ?

"Ta chère Gertrude... oui, alors ça va. Boire un verre avant de partir ? Non ?
Très bien. Tu te souviendras un jour que je t'ai fait de mon mieux, que j'ai
fait de mon mieux pour toi."

Cela semble inhérent à la nature de la femme, tant son regard est cosmique,
ou bien si proche de la terre, que lorsque ses désirs sont frustrés , elle a le
sentiment que les lois de l'univers sont frustrées. Je n'ai cependant pas fait ce
commentaire à Gertrude ; Je ne pouvais que murmurer une supplication pour
son pardon — ce qu'elle ignora. Sa seule réponse fut un bref geste dur de la
tête, une sorte de sursaut qui exprimait à la fois la futilité, le mépris et le rejet.

Etant étourdi et paralysé, j'ai dû descendre d'une manière ou d'une autre, dans
un tramway ou un autre moyen de transport sur la Quatrième Avenue et dans
le babel de la gare Grand Central. Mais je n'en ai aucun souvenir. C'est un
blanc. J'ai dû marcher comme un somnambule. Je n'ai jamais repris mes
esprits avant de descendre du train à Crestlands , vers neuf heures et quart,
et la première chose dont j'ai eu conscience a été la douleur que j'avais dû
infliger.

CHAPITRE XVIII

Je peux écrire ceci presque calmement maintenant parce que tant de choses se sont passées depuis cette terrible soirée et que des détails commencent à émerger du brouillard de cette confusion.

Je me souviens d'avoir quitté la gare pour rentrer chez moi en empruntant notre rue principale de banlieue tristement progressiste, en suivant le chariot cahotant, grinçant et flânant sur le petit pont au-dessus d'un ruisseau qui dégage une odeur humide et de poisson, bien que tous les êtres vivants que j'ai jamais vus dans son voisinage était constitué de moustiques et de serpents d'eau.

parapet de fer rouillé , je restai penché pendant quelques minutes et la première pensée agita faiblement mon cerveau hébété : la vie n'était pas tant un rêve - comme le voulait l'Espagnol Calderon - qu'un ruisseau. On ne sait pas ce qu'il ne peut pas apporter dans son sein.

"C'est ça", murmurai-je à voix haute. "La vie est un ruisseau dans un rêve."

"C'est à peu près la taille de celui-ci", a remarqué d'un ton bourru un ouvrier qui passait derrière moi, son seau à dîner cliquetant contre son côté, et il a éclaté d'un rire rauque.

J'ai ri aussi et j'ai conclu que j'étais toujours maudlin à la fin de ma journée parfaite.

J'ai quitté le pont et la route, j'ai tourné à droite et j'ai commencé à gravir la rue tortueuse mal éclairée, autrefois un chemin de bétail hollandais, sans doute, qui mène à mon châlet isolé sur le rocher.

Avec toute la géographie, l'histoire, l'univers visible et invisible sur lequel s'appuyer, les pères de Crestlands avaient baptisé cette rue obscure Milwaukee Avenue. Milwaukee Avenue a mis la dernière touche à mon état cauchemardesque. Un rire maladif m'échappa tandis que je me penchais vers l'ascension.

Un jeune policier à cheval, qui chevauchait comme un autre Lancelot près de ce Shalott éloigné, interrompit sa mélodie assez longtemps pour me saluer joyeusement et continua de fredonner pour lui-même.

La soirée de septembre était douce et j'avais vaguement l'intention de passer devant chez moi et de flâner un peu avant d'entrer. Il était tôt pour revenir d'un dîner en ville et je n'avais pas trop envie de rencontrer quelqu'un. Un sentiment soudain de quelque chose d'étrange et d'impressionnant m'est venu alors que je regardais ce cottage profondément ombragé. Il semblait inhabituellement éloigné, détaché, et je le regardais avec un étrange pressentiment qui me fit un léger frisson dans le dos. Les stores du châlet étaient dessinés et ne laissaient transparaître que leurs lignes rectangulaires de lumière , lumière, pensais-je amèrement, par laquelle Pendleton incitait sans aucun doute Alicia à abandonner ma maison et à le suivre.

Cette pensée s'est logée comme une pointe dans mon cœur et mes pieds se sont soudainement transformés en plomb. Je ne pouvais pas aller plus loin et, irrésistiblement, je me sentais attiré vers chez moi.

La sombre habitude de mes récentes réflexions me poussait avec une plausibilité étrange et inexplicable à entrer dans mon bureau par la fenêtre au lieu de la porte relativement publique. La fenêtre restait presque toujours ouverte. En cas de tempête, Griselda ou Alicia se précipitaient dans la maison et fermaient les fenêtres, en commençant toujours par mon bureau. Mais cette journée avait été claire.

J'ai parcouru le jardin sur la pointe des pieds, du côté où donne la fenêtre de mon bureau. De là, le terrain descend sous une couverture d'arbres jusqu'à atteindre le ruisseau.

Il y avait de la lumière dans le bureau, même si le store était tiré, battant doucement contre le grillage rouillé. Il se trouve que cette teinte ne convient pas tout à fait. Il est court d'un demi-pouce de chaque côté, de sorte que l'observateur puisse voir autant qu'il le souhaite de ce qui se passe dans cette pièce lorsqu'elle est éclairée.

Automatiquement, sans aucune préméditation dont je me souvienne maintenant, j'ai regardé dans ma propre chambre comme un voleur qui rôdait. L'image que j'ai vue m'a rivé sur place avec une force magnétique irrésistible.

Alicia était allongée sur mon canapé en cuir, apparemment endormie. Instinctivement, je savais qu'elle avait décidé de m'attendre et, avec un livre dans les mains, elle avait hoché la tête pendant sa veillée. Il était encore tôt, mais la journée d'Alicia commençait tôt et était toujours chargée d'activité. Quelle image exquise elle faisait alors qu'elle était allongée là dans sa fine robe, avec un air de confiance enfantine et d'inconscience — une beauté rayonnante.

Pendleton, qui franchissait à ce moment-là la porte du bureau, peut-être pour trouver Alicia, resta quelques instants fasciné par l'image, alors même que je me tenais dehors. Mon entrée par effraction était désormais frustrée. Je dois utiliser la porte. Mais je ne pouvais pas bouger de là. D'une manière ou d'une autre , je ne pouvais pas quitter Pendleton des yeux.

Comment avait-il osé la regarder de cette façon !

Mes nerfs étaient soudain tendus et mes muscles tremblaient. D'étranges pensées inconnues d'actes sauvages, de violence soudaine, de coups et de coups, de soif de sang bouillonnaient en moi comme une ébullition sordide. Cependant, les inhibitions et les contraintes de toute une vie me tenaient à me tordre comme dans un étau.

Je me suis détourné l'espace d'un clin d'œil, comme pour rassembler la résolution de la nuit murmurante.

Soudain, alors que je regardais à nouveau avec impatience, j'ai vu le grand vaisseau de Pendleton penché sur elle, avec un regard particulier et intense, avec une étrange spéculation dans ses yeux qui m'a gelé. Ses énormes mains planaient spasmodiquement, irrésistiblement, comme pour embrasser ses délicates épaules inconscientes. Avant que je m'en rende compte, il l'embrassait sur la joue et c'était moi – moi – qui sentais son souffle chaud et ignoble comme si le visage d'Alicia et le mien ne faisaient qu'un !

J'ai crié dans un tourment de fureur et de douleur, mais seul un son lointain et rauque, comme celui d'un oiseau de nuit, sortait de ma gorge serrée et desséchée.

J'ai secoué violemment le châssis, saisi le moustiquaire et l'ai arraché, m'arrachant les mains avec le cadre tordu bon marché du moustiquaire, même si je ne m'en rendais pas compte à ce moment-là. La fine teinte opaque claqua avec défi devant mon visage. Et tout à coup j'entendis un cri perçant : la voix terrifiée d'Alicia !

La rage m'a rendu fou. Et à cause de mon état, j'ai eu du mal, cette fois encore, à franchir la fenêtre par laquelle je sortais normalement avec aisance. J'ai trébuché, glissé, tombé, me suis relevé et j'ai bondi dans la pièce comme un fou.

Mais Griselda, attirée sans doute par le cri d'Alicia, remplissait déjà l'embrasure de la porte, face à Pendleton, et avec un regard de haine concentrée qui reste gravé dans ma mémoire, elle disait :

"Espèce de garde noir ! Espèce de vil garde noir au cœur noir !"

D'un bond fou jusqu'à ma table , je m'emparai d'un coupe-papier pointu en bronze. J'aurais dû le plonger dans son cœur, sans l'intervention rapide de la vieille Griselda.

"Non!" » s'écria-t-elle d'une voix rauque en saisissant la lame, « il ne faut pas ajouter de meurtre à cela !

J'ai laissé tomber le coupe-papier par terre et je me suis jeté sur la gorge violette de la bête Pendleton. L'espace d'un instant, l'air coupable de chien battu quitta ses yeux et, avec un juron, il étendit ses mains ouvertes contre mon visage pour me rejeter. J'étais aveuglé par ses énormes paumes brûlantes contre mes yeux mais je m'accrochais convulsivement à sa gorge. Ses mains se refermèrent spasmodiquement autour de mon cou ; une noirceur momentanée m'envahit mais je m'accrochais, mes doigts rongeant plus sauvagement la chair haineuse de sa gorge. La force refoulée d'années d'hostilité était à cet instant entre mes mains destructrices. Il gargouilla, haleta et recula.

Pendant ce temps , Alicia, sortant de sa perplexité et réalisant que la scène se déroulait avec une rapidité fulgurante, poussa un cri sourd et se redressa en gémissant de terreur. Cette vision d'Alicia m'a rappelé à moi-même. Je rejetai sa tête loin de moi et je reculai moi-même sous la force de mon effort. Je respirais comme un lutteur alors que j'étais appuyé d'une main sur la table. Je ne pouvais pas parler.

Mon désir était de serrer Alicia dans mes bras, de la serrer contre moi, exultant de sa sécurité. Mais je n'osais pas bouger, de peur de basculer et de tomber, sous le seul effet de la rage qui me déchirait.

« Allez, Alicia ! » J'ai finalement haleté. "A l'étage. Laissez-nous !" Phrases mortes et banales, quand j'haletais pour épancher des tendresses !

Avec un regard d'anxiété sauvage de Pendleton à mon égard, comme une biche terrifiée, Alicia se leva, resta un instant indécise, puis levant soudain les mains vers son visage, elle sortit en courant de la pièce avec un cri pitoyable et étouffé.

Nous sommes restés silencieux pendant un espace, tous les trois, Griselda, Pendleton et moi, après la fermeture de la porte.

"Maintenant, Pendleton," dis-je finalement, quand je fus un peu plus sûr de ma voix, "rien de ce que tu pourras dire n'aura la moindre importance. Nous avons vu. La question est : que veux-tu faire ?"

Il jeta un regard hostile à Griselda. Elle, interprétant son regard, lança un regard de défi, les bras sur les hanches.

"Ecoute, méchant, fais-toi plaisir. Je ne laisserai pas le maître seul avec un meurtrier comme toi ! Non, je le ferai non !" Combien de fois j'ai souhaité depuis lors qu'elle ne se montre pas si zélée.

"Parlez de meurtre !" Pendleton, avec l'ombre d'un sourire, montra le coupe-papier toujours serré dans la main de Griselda.

"Tu n'as pas besoin d'avoir peur à cause de moi," dis-je doucement à Griselda. "Je ne le crains pas."

"Je ne m'en irai pas ", rétorqua obstinément Griselda, s'avançant, poussant Pendleton de côté comme un homme et la plaçant dos à la porte.

"Très bien, Griselda," dis-je. "Je n'ai aucun secret à te cacher. Et cet homme a trahi ce qu'il ne pourra jamais espérer cacher. Pendleton, que veux-tu faire ?"

"Fais--" marmonna Pendleton, avec une sombre abstraction dans son regard, "J'aimerais te dire ce que j'aimerais faire à des gens comme toi, mais ça n'en vaut pas la peine . Ce namby-pamby, mollycoddle, La vie de poupée pourrie vous favorise. Faites-le ! Si j'avais de l'argent, j'irais si loin que je ne pourrais même pas penser à des insectes comme vous.

"Alors tu réalises que tu n'es pas plus apte à emmener les enfants de Laura que tu n'es apte à vivre parmi des gens honnêtes ?" Il resta silencieux pendant un moment, l'abstraction se mêlant à la ruse dans ses yeux, et cela à son tour, comme si la ruse ne servait à rien, se fondant dans la lourdeur.

"Ils deviendront comme toi," répondit-il finalement avec une sombre trace de ricanement. "C'est le garçon le plus âgé, j'aimerais en faire un homme." Un grognement de dérision de Griselda l'interrompit.

"Vous voulez dire un criminel", dis-je malgré moi. "Eh bien, vous ne pouvez pas, Pendleton. Levez un petit doigt et aussi sûrement que vous êtes assis là, je vous poursuivrai en justice – enfants ou pas d'enfants. N'oubliez pas que j'ai des témoins."

Il me regardait bouche bée avec un air mi-défiant, mi-alarmé sur son visage charnu et humide.

"C'est ton petit plan, n'est-ce pas ?" marmonna-t-il sardoniquement.

"Seulement si tu m'y conduis !"

« Du chantage, hein ?

Je me suis moqué de lui. "A quoi ça sert d'être mélodramatique, Pendleton ? Ce n'est pas toi qui parles comme ça."

"Où est l'argent que Laura a laissé ?" » lança-t-il avec une acuité truculente, et j'éprouvais un pincement au cœur en entendant son nom sur ses lèvres. Néanmoins, je lui ai répondu d'un ton neutre :

"Cela existe intact – environ mille neuf cents dollars. C'est la propriété des enfants , à moins que j'en ai besoin pour leur éducation. Je suis l'exécuteur testamentaire."

"Donnez-moi mille fois ça!" » s'écria-t-il passionnément, mais avec une hésitation hésitante dans la voix, « et j'irai là où je ne reverrai plus jamais ton visage !

"C'est une consommation, Pendleton, mais pas un centime!"

"Exécuteur!" répéta-t-il avec une amertume vicieuse - "avec vos petites lois et vos petites sauvegardes. Dieu! Comme je vous déteste tous! Dieu! Être à nouveau là où sont les vrais hommes - qui bougent - et rient - et vivent! Colportant des mollycoddles - des souris blanches en cage! Merde vous ! J'aimerais à Dieu de n'avoir jamais rencontré aucun d'entre vous !"

"Vous ne savez pas combien de fois j'ai souhaité cela", murmurai-je, mais il n'y prêta aucune attention.

"Seigneur ! Je veux être à nouveau là où le soleil brille, là où un homme peut tenter sa chance ! J'aurais aimé n'avoir jamais rencontré ce vieux Dibdin pourri et moisi ! J'allais me lancer dans le commerce des commissions avec un Anglais à Osaka - ou je J'aurais pu aller dans l'une des mines de Kuhara en Corée - du cuivre - faire fortune ! les lumières de Broadway. Broadway ! Qu'en ai-je vu ? Tu veux me mettre en cage... dans un appartement ! Bon sang, mec ! Donne-moi mille dollars... et laisse-moi... je te les rembourserai !

Je n'ai pas ri de ses derniers mots. Sa mention de Dibdin m'a soudainement rappelé ce qui ressemblait à un éclair de lumière. Me débarrasser de lui était mon désir primordial. Dibdin — le chèque de Dibdin — *à utiliser pour les enfants* ! Il jaunissait dans mon portefeuille. Maintenant, si jamais c'était le moment. Jamais, j'en étais certain après les aveux de Pendleton, je ne pourrais apporter davantage aux enfants avec mille dollars !

"Oui!" J'ai pleuré de manière explosive. "Je te comprends, Pendleton. Je te donnerai mille dollars. Tu n'as pas ta place ici – c'était une erreur de t'amener... à aller d'où tu viens... là où tu seras chez toi." Ce n'est qu'après que je me suis rappelé qu'il avait parlé de chantage.

"Tu vas me le donner?" s'exclama-t-il avidement en tendant la main.

"Oui je le ferai!"

"Maintenant?"

"Demain matin." Son visage est tombé.

"Une astuce ? Vous y reviendrez." Je l'ai ignoré.

"Mais tu ne peux pas dormir ici", continuai-je. "Je te retrouverai en ville partout où tu le voudras. Non, je te dirai ce que je ferai. Je viendrai avec toi en ville maintenant, ce soir. Demain matin, nous réglerons le problème."

Se débarrasser de lui – le sortir de sous ce toit – lui parut soudain un grand et un bienfait inestimable.

"Mon Dieu ! Je pourrais t'embrasser !" » cria-t-il avec une exultation moqueuse.

"Va faire tes valises", dis-je à travers le tumulte de mon cerveau. "Je vais appeler un taxi, ou mieux encore, vous téléphonerez à Hickson, Griselda. Je vais l'aider."

Pendleton hocha la tête avec une insolence sinistre et sortit de la porte.

« Vous n'avez jamais fait une meilleure nuit de travail de votre vie », lança Griselda avec un regard d'approbation qui me plaisait autant que n'importe quel éloge que j'ai jamais reçu ; et elle se dirigea vers le téléphone.

Pendant un moment de silence , je restai seul au milieu de mon bureau, palpitant d'un fouillis de pensées à moitié formées et d'éclairs d'idées sur lesquels mon esprit n'était capable de se fixer. Mais ce seul fait est finalement ressorti de la foule : c'était moi, de ma propre initiative, qui envoyais maintenant en exil le père des enfants de Laura. Mais à la suite de cela est venue la conviction certaine qu'aucun juge depuis l'invention de la justice n'a jamais pu prendre une décision plus précise. Et il me sembla alors que quelque chose de nouveau, de massif, de têtu et de dur était né dans mon sein, qui me solidifiait et me durcissait : que, face au chagrin ou à la joie, je serais capable de présenter à leur rencontre un visage plus sûr, une plus grande certitude. en les rencontrant. Je me sentais enfin une partie active, façonnée et tempérée de la machinerie de la vie, et tout mon passé me semblait comme de la paille soufflée par les vents des circonstances.

Alicia ! Mon cœur l'a crié ! Mais je ne pouvais pas aller la voir maintenant. Je dois nettoyer ma maison pour elle et la prochaine fois que je la verrai, ce sera dans une atmosphère claire et saine qui ne puera plus Pendleton. Je me dirigeai vers sa chambre et ouvris la porte.

"Avez-vous suffisamment d'espace pour ranger vos bagages ?" Lui ai-je demandé froidement.

"Je pourrais utiliser une autre valise", marmonna-t-il.

"Je vais te donner le mien", lui dis-je en sortant mon sac d'un placard dans le couloir. Je ne pouvais pas dire si Alicia avait entendu tout ou partie de nos paroles. Les enfants dormaient visiblement. J'ai marché sur la pointe des pieds.

"Où comptez-vous aller?" grogna Pendleton sans me regarder.

"Dans un hôtel", lui dis-je sèchement, "n'importe quel hôtel que tu veux".

"Va à l'hôtel de Gink, je m'en fiche", murmura-t-il avant de poursuivre ses bagages.

"Voulez-vous voir les enfants avant de partir ?"

Je ne pouvais pas m'empêcher de lui demander ça. Il s'arrêta un instant et se redressa, respirant lourdement. Puis il secoua la tête. "Non, je suppose que non."

Le taxi en fer blanc claquait à la porte, et Griselda vint en vain l'annoncer.

« Vous aurez de mes nouvelles demain matin », lui ai-je murmuré rapidement, tandis que Pendleton, penché sous ses sacs, avançait lourdement devant moi. « Prends soin d'Alicia… et des autres.

"Oui," murmura-t-elle, "n'ayez pas peur."

Il y avait un train et, dans la demi-heure la plus longue d'un trajet, nous étions à l'hôtel Manhattan. Des chambres communicantes nous ont été attribuées avec une salle de bain entre les deux. Il y avait dans toute cette affaire une sorte d'ivresse qui m'avait entraîné avec une force aveugle et sans nom, comme on est porté dans un rêve. Une fois seul entre les quatre murs de la chambre impersonnelle, une soudaine lassitude m'envahit, suivie d'une immense vague de tristesse. Comme la vie était sombre et sinistre, pleine de tragédies ternes et cachées. Trafic avec Pendleton, esclavage chez Visconti, les rêves qui avaient été les miens ! Et c'était la vie que je vivais. Et si le matin il refusait ? Soudain, ma porte s'est ouverte et la tête sans chapeau de Pendleton est apparue.

« Tu es sûr que tu ne reculeras pas demain matin ?

Et une fois de plus, mes nerfs reprirent leur tension d'acier.

"Même pas le matin du jugement dernier."

"Veux-tu prendre un verre dessus ?"

"Non", lui ai-je dit, "mais il n'y a aucune raison pour que tu n'en aies pas."

"Je pense que je le ferai", dit-il, et avec une lueur de triomphe maléfique, il s'approcha du téléphone dans ma chambre.

"Le bar!" » a-t-il demandé, et lorsque la connexion a été établie , il a ajouté : « Deux highs de seigle pour 436. » Puis il tourna son visage vers moi et sourit.

"Maintenant, Randolph," commença-t-il assez amicalement, "pourquoi me garder ici plus longtemps que vous ne pouvez m'aider ?"

"Qu'est-ce que tu veux dire ?"

« Ceci : il n'est que dix heures et demie environ, onze heures moins le quart. Il y a… il doit y avoir un train pour l'Ouest vers minuit. Pourquoi prolonger la douce agonie de la séparation ? pourquoi ne pas me laisser partir ?

"Maintenant ? Tu dois être fou !" J'ai explosé nerveusement. « Comment puis-je obtenir de l'argent pour vous ? En outre, il y a autre chose : je veux que vous signiez quelque chose – quelque chose qu'un avocat doit rédiger – une sorte de papier – pour que vous ne puissiez pas répéter cette affaire.

"Alors c'est ça, n'est-ce pas ?" il hocha la tête de haut en bas, comme s'il réfléchissait à voix haute. "Eh bien, oubliez ça. Je ne signerai rien. Prenez-moi pour un imbécile ? Voici votre chance. Donnez-moi l'argent maintenant et laissez-moi partir, sinon l'affaire est annulée. Vous voyez ? J'ai tout aussi hâte de partir. comme tu dois me faire partir. Mais je ne suis pas né d'hier. Je ne signerai aucun papier dans un foutu bureau d'avocat. C'est à prendre ou à laisser. C'est tout !

Il y avait pour moi quelque chose d'indiciblement horrible à rester là et à plaisanter avec cet homme dont chaque mot respirait la contamination. L'espace d'un instant, l'idée de Dibdin m'est venue. Je ferais appel à Dibdin en cas d'urgence. Dibdin était à peine près de moi ces derniers temps. À l'exception d'un déjeuner occasionnel ou d'une conversation téléphonique sporadique, je l'avais à peine vu. C'était comme s'il redoutait de rencontrer le monstre Pendleton, qu'il avait lui-même créé et qui attendait seulement que je sois libéré de lui. Mais d'une manière ou d'une autre , je ne pouvais pas appeler Dibdin . C'était *ma* crise et mon esprit était révolté à l'idée d' y entraîner quelqu'un d'autre. Curieusement, ce n'étaient pas les enfants qui semblaient constituer la barrière, mais Alicia. L'image de Pendleton planant de manière obscène au-dessus d'elle est devenue brûlante, avant que ma vision et moi-même rejetions immédiatement l'idée de faire appel à Dibdin . Le club, c'était ma seule chance de gagner de l'argent à cette heure-là.

"Qu'est-ce qu'il y a avec ton club ?" Pendleton m'a attrapé si soudainement que j'ai été surpris. Cette brute charnue pourrait-elle lire dans mes pensées ?

"C'est exactement ce à quoi je pensais", murmurai-je avec enthousiasme et pris le téléphone. "Donnez-moi 9100 Bryant."

"Merde, tu es un sport ! J'aime les gibiers à plumes morts comme toi."

Lorsque le club a répondu, j'ai demandé si M. Fred Salmon se trouvait par hasard et j'ai été informé que le portier pensait que c'était le cas et qu'il l'appellerait. J'attendais, le combiné collé à mon oreille.

"Dites-vous ce que je ferai", dit Pendleton, sous l'impulsion de l'attente. "Si vous faites ça pour moi afin que je puisse commencer ce soir, pendant que l' ambiance est à moi, je signerai tout ce que vous voudrez."

"Bonjour!" J'ai soudain entendu dans la voix grave de Fred Salmon : "Saumon parlant".

"Fred", lui ai-je dit, "voici Randolph Byrd."

"Bonjour Ranny !" » interrompit-il avec exubérance. "Eh bien, de tous les fantômes..." mais je l'ai arrêté.

"... Je veux encaisser un chèque de mille dollars tout de suite, Fred. Je suis à l'hôtel Manhattan. Les banques sont fermées. Veux-tu faire ça pour moi : demande au bureau, retourne tes poches et prends ce que tu peux. de la part de l'un des joueurs de cartes là-bas et de toute autre personne que vous connaissez. Me suivez-vous ?

"Je comprends bien, très bien", dit la voix de Fred, se durcissant sur un ton sérieux maintenant qu'il était question d'argent. "Tiens le fil une minute, Ran. Je vais voir ce que je peux faire."

La voix rauque de Fred était aussi clairement audible pour Pendleton que pour moi.

« Prends-le, » marmonna-t-il. "Comprenez-le. Je détesterais attendre jusqu'à demain."

J'ai hoché la tête. Se débarrasser de lui ce soir serait un immense soulagement. Et j'avais très envie de rentrer chez moi.

"Je suppose que nous pouvons tout arranger", dit la voix de Fred au téléphone. "Mais tu ferais mieux de venir avec le chèque. Il y a environ six cents dollars dans la caisse du club. J'en ai quelques centaines avec moi. Et nous pouvons réunir le reste."

Pendleton l'entendit.

"Allez-y", dit-il. "Je vais trouver une couchette avec le chef des porteurs en attendant."

"Quelle est la grande idée ?" » fut le salut de Fred lorsque j'entrai dans le club.

"Privé", lui dis-je laconiquement. "Envoyer un homme aux antipodes parce qu'il est inapte à vivre dans ce climat."

"Oh… homme malade ?" Fred était sympathique.

"Très malade", lui dis-je. "Incurable,"

Quinze minutes plus tard, j'étais à l'hôtel et je remettais l'argent à Pendleton.

"Maintenant, que veux-tu que je signe ?" » demanda-t-il négligemment.

"Pas rien", répondis-je. Car soudain, la futilité de maintenir Pendleton dans un lien quelconque m'a submergé. Tout répit, même à quelques semaines de sa présence, lui paraissait un paradis. Le paradis semblait bon marché, à mille dollars. Et qui peut sauvegarder le paradis ? De plus, si je connaissais mon homme, il lui faudrait un certain temps avant de retourner dans un environnement qu'il détestait tant. Je n'étais pas plus en sécurité avec sa signature que sans sa signature – et rien de moins.

« Alors, c'est à peu près tout », dit-il, et il eut la décence de ne pas tendre la main. "Bonne chance", ajouta-t-il à voix basse.

Je ne répondis pas et détournai mon visage avec un merveilleux sentiment de soulagement.

À peine le portier était-il sorti avec ses affaires et la porte fermée que j'ai regardé vers mon propre petit sac avec l'idée dominante de rentrer chez moi. Mais je ne pouvais pas bouger. Je me suis retrouvé à trembler comme une feuille et je me suis laissé tomber sur la chaise la plus proche, frémissant comme si la vibration de mes nerfs allait mettre mon corps en pièces. Non, je ne pouvais pas rentrer chez moi dans cet état. Et, ôtant mon habit avec les mains tremblantes comme paralysées, je me jetai sur le lit. Mais avant de sombrer dans le sommeil d'épuisement stupéfait, un seul pressentiment insistant ne cessait de palpiter sourdement dans mon cerveau.

"Il reviendra, Pendleton reviendra !"

CHAPITRE XIX

L'exultation m'a rempli lorsque je me suis réveillé tard le matin.

Même si j'avais dormi habillé et que je me sentais particulièrement échevelée, je me déshabillai avec la joie d'un athlète après une victoire et me plongeai dans le bain frais et revigorant.

Pendleton était parti ! Je ne me souviens pas des émotions de Sinbad lorsqu'il se fut débarrassé du Vieil Homme de la Mer. Mais ses émotions devaient ressembler aux miennes. Mon cœur a chanté, j'ai chanté moi-même. J'ai été affranchi. J'étais libre. À mon journal intime, ne puis-je pas dire que je me sentais homme ?

J'avais combattu la bête à Éphèse, mes pouls m'en informaient de manière blasphématoire et jubilatoire, et par le Seigneur, j'avais gagné !

Les enfants étaient à moi ! Alicia était à moi ! Puissais-je pouvoir les lier à moi avec du triple laiton. Mais je les ai liés. En me débarrassant de Pendleton, je les avais fait miens en toute sécurité. Et si il devait revenir un jour ? Ils seraient cultivés, élevés par moi. Il ne serait que le squelette de la famille. Qu'est-ce qu'une famille sans squelette ? Il l'était maintenant. Cela n'aurait pas d'importance. C'est le destin humain de tourner autour de l'enfant, des enfants. À l'exception de Pendleton le paria et de Gertrude la – enfin, Gertrude – chacun n'a atteint la plénitude qu'en élevant la génération suivante. Et tandis que je me frottais le corps avec la serviette grossière , je me sentais complet !

Quant à Alicia... ah... eh bien, qui étais-je pour *tout attendre de la vie* ? En tout cas, elle était à moi désormais, tout comme les enfants étaient à moi. Et la toute première chose que je ferais – oh, inspiration de bijoux – serait de l'adopter, légalement et formellement. Cette pensée fit soudain chanter le sang dans mes oreilles sur un air si délicieux que, absurdement, ridiculement, je me mis à danser dans la pièce comme un païen ou un satyre. *Le mien, le mien, le mien* ! J'ai dansé dans la pièce dans laquelle Pendleton n'avait pas dormi et avec des gestes fous comme pour balayer sa mémoire par la fenêtre criarde. J'avais sauvé les enfants et protégé Alicia.

J'avais l'impression d'avoir joué l'homme. Et que personne ne dise qu'il a vécu avant de s'être battu pour ceux qu'il aime. Inévitablement, mon esprit s'est concentré sur Alicia. Qui est cet enfant ? Quels ont été ses débuts ? Est-elle sortie de la mer et du chaos de la vie pour disparaître dans un rêve amer et poignant comme celui de la nuit dernière ? Je savais seulement qu'elle était à moi maintenant et que je la lierais encore plus fortement à moi. Je n'en demanderais pas trop ; Je vous en serais humblement reconnaissant. Elle était entrée dans ma vie comme une offrande divine et je ne poserais pas trop de questions. Il n'y a pas d'autre origine. Je me sentais extrêmement satisfait. Si seulement elle pouvait rester et ne jamais me quitter !

Et il m'est venu à l'esprit, alors que je me rasais devant le miroir, que la vie est une ville assiégée, avec des flèches mortelles tombant par-dessus le mur, et le grand ennemi, la mort, qui finira certainement par entrer. Mais grâce à l'amour implanté dans le cœur humain, on peut arracher de nombreuses heures de bonheur au milieu du tumulte et des cris des chemins sinueux.

Au cours de mon petit-déjeuner précipité, je me rappelai avec un choc de culpabilité que je n'avais pas encore communiqué avec Griselda. Mais comme j'étais déjà en retard , j'ai décidé de l'appeler du bureau.

Comme le mal est rapide à entrer dans les pensées d'hommes désespérés, je l'ai découvert avec amertume seulement quelques minutes plus tard.

Car le premier mot que je reçus en entrant chez Visconti fut que Griselda m'avait appelé à plusieurs reprises et que les nouvelles de Griselda glaçaient et engourdissaient chaque fibre de mon corps.

Alicia avait disparu !

Pendleton! C'est la pensée qui m'a brûlé le cerveau.

« Vous… ne pensez pas… » balbutiai-je d'une voix brisée à Griselda, « qu'elle… cette Pendleton… »

"J'y ai pensé", fut sa réponse. "Mais… non ! Cela ne peut pas être possible. Elle le détestait, non ! Elle avait dû partir avant que vous quittiez la maison. J'ai regardé dans sa chambre peu de temps après et elle n'était pas là. Je pensais que la fille se cachait quelque part - ou peut-être qu'elle l'avait fait. " J'ai couru dans le jardin jusqu'à ce que le mal soit passé. J'ai regardé haut et bas ; je l'ai appelée dans le jardin. Mais elle était introuvable. "

« Est-ce qu'elle a pris quelque chose ? Ai-je demandé d'une voix rauque.

"Un petit paquet…" dit Griselda, "des choses de nuit et autres."

Je n'oublierai jamais la consternation frémissante de ce moment.

« Est-ce qu'elle a parlé avec… avec lui pendant la soirée ? Les mots sortaient malgré moi de ma gorge desséchée, et j'aurais dû détester voir mes propres yeux.

"Oui," dit Griselda, "c'est ce qu'il a fait, le lépreux ! Toute la soirée, il l'a cajolée pour qu'elle vienne à lui avec les enfants quand il a installé sa maison. Elle m'a ensuite pleuré dans la cuisine. C'était pour Je t'ai demandé si tu voulais qu'elle s'en aille, qu'elle t'a attendu dans le bureau… et s'est endormie, la pauvre fille !

"Et qu'est-ce que tu lui as dit ?" J'ai presque chuchoté dans le porte-parole.

"J'ai dit à la jeune fille de ne pas saluer", a crié Griselda. "Je lui ai dit que je ne pouvais pas croire que cela arriverait. Il ne prendrait jamais les bébés . Et s'il le faisait, il ne les garderait pas. C'était un méchant, la méchante brute ! Mais elle avait peur, la puir lassie !"

"Très bien, Griselda," marmonnai-je d'un ton pierreux. "Je dois réfléchir. Je t'appellerai un peu plus tard. N'alarme pas les autres."

Elle le détestait, avait dit Griselda ! Il y eut un maigre rayon de réconfort. Mais quoi que je fasse, mon esprit abasourdi continuait de s'agiter lourdement comme un papillon de nuit à moitié brûlé autour de la vision laide et sinistre de Pendleton. Serait-il à l'origine de la disparition d'Alicia ? Comment avait-il inventé cette astuce ? Si seulement j'étais allé à la gare avec lui ! Était-ce cela qui expliquait sa hâte de partir ? Non! C'était impossible. Dois-je me lancer immédiatement à sa poursuite ? Non non Non! Je ne pouvais pas y croire. Cela ne pouvait pas être le cas – pas de son plein gré ! Pourtant, cette possibilité me brisait le cœur. Quand j'ai levé la tête de mon sein, j'ai haleté dans une désolation de vide.

J'avais réprimé l'idée d'appeler Dibdin la nuit dernière, mais maintenant je sentais que je devais le retrouver. J'avais besoin du réconfort et des conseils d'un ami. Je me levai lourdement et mis mon chapeau. Visconti n'était pas encore entré.

"Dites à M. Visconti," dis-je à Varesi , ma jeune doublure, "que j'ai été rappelé subitement, pour une affaire privée sérieuse. Je lui téléphonerai plus tard."

"Oui, M. Byrd", répondit Varesi , ses yeux italiens brillants éclairant de sympathie. Il pensait sans doute, d'après ce qu'il avait entendu, qu'un coquin s'était enfui avec ma sœur cadette – une affaire de meurtre, très probablement, pour un homme bien constitué. S'il avait su la vérité, son esprit latin aurait été choqué par mon sang-froid apparent anglo-saxon. Dehors, j'ai poussé un profond soupir et je suis monté à bord d'un train surélevé en direction du nord pour les années 80, où Dibdin a son logement, près du Musée d'Histoire naturelle.

Je trouvai Dibdin non pas à son logement mais au Musée, dirigeant le réaménagement de la section polynésienne à la lumière de ses ajouts.

Il me jeta un regard intense sans parler, donna précipitamment quelques indications aux hommes qui travaillaient et me conduisit jusqu'à une alcôve où se trouvait un banc.

"Maintenant, écoutons..." dit-il. « Qu'est-ce qu'il fait ? Il conclut aussitôt que Pendleton était à l'origine de l'apparence sauvage que j'avais dû présenter.

Brièvement, mais sans omettre aucun détail essentiel, je lui racontai tout ce qui s'était passé la veille au soir, y compris l'annonce faite par Griselda le matin.

"Et tu penses qu'il l'a incitée à partir avec lui ?" il a ordonné.

"Bien, qu'en pensez-vous?" J'ai demandé.

"Je pense que non", a déclaré Dibdin . « Que dit Griselda ?

"Elle dit qu'Alicia le détestait."

« Alors croyez-la sur parole ! claqua Dibdin . "Mais pourquoi diable ne m'as-tu pas appelé hier soir depuis Manhattan ?" il s'est retourné vers moi avec colère.

"Pourquoi je ne l'ai pas fait ?" murmurai-je. "Peut-être que c'est parce que tu en as fait assez, peut-être parce qu'il y a certaines choses qu'un homme veut faire sans aide."

Dibdin m'a jeté un coup d'œil aigu et a émis un petit sifflement.

« Oh, c'est ça… » marmonna-t-il – « Je vois », et il détourna le regard.

Je suis certain qu'à ce moment Dibdin a lu mon secret. Car son expression changea rapidement. Il devint soudain chaleureux et amical, plus que d'habitude.

"Vous avez fait du bon travail là-bas, Randolph", cria-t-il en me frappant l'épaule ; "un excellent travail. J'admire certainement votre technique. Quant à Alicia, elle n'est pas venue avec lui, j'en suis sûr !" J'aurais pu me prosterner devant lui en signe de gratitude pour ces paroles.

"Mais où pensez-vous qu'elle soit ?" Je ne pouvais m'empêcher de demander avec impatience. Il y avait une lueur d'amusement mêlée à la sympathie dans ses yeux.

"Pas très loin, j'imagine. Nous la retrouverons. N'ayez crainte. Les jeunes filles sont de drôles de choses. L'instinct de sacrifice et l'instinct d'indépendance luttent toujours chez une femme comme les jumelles dans le ventre de Rébecca. Quand elles sont jeunes, cela les frappe très durement. Une idée comme celle-là a dû submerger Alicia – se sacrifier – gagner sa vie – cesser d'être une source d'ennuis – qui sait ? Ils ne pensent pas quand ils sont jeunes – ni même quand ils Nous sommes vieux. Ils sentent. Nous la retrouverons, mais nous devons réfléchir. Ressaisissez-vous, vieil homme.

« Comment, demandai-je avec stupéfaction, savez-vous tout cela sur les femmes ? Et mon cœur se sentit sensiblement allégé à ses paroles.

"Oh, je les ai étudiés toute ma vie", a-t-il ri. "Je n'en ai jamais eu, j'ai observé et pensé à tout le sexe partout sur la terre. Nous la retrouverons. Avez-vous communiqué avec la police ?"

Au mot « police », mon cœur redevint plombé.

"La... p-police !" J'ai balbutié consterné. « Invoquer la publicité que cela signifie ? — Horrible ! Un frisson me parcourut le dos.

"Encore une fois!" s'écria Dibdin en me donnant un coup de coude. "Jeune homme, vous avez une appréciation ! C'est tout à fait inutile, la police. Mais vous avez quand même des soupçons à l'égard de Pendleton, n'est-ce pas ?" Je me suis retrouvé à souhaiter que même les meilleurs des hommes ne soient pas si prêts à s'imaginer détectives amateurs. Le cœur même de mon cœur, Alicia, avait disparu et je voulais une aide concrète et rapide, pas des questions spéculatives.

J'ai admis que j'avais des soupçons persistants à l'égard de Pendleton.

"Alors c'est ce que nous faisons", Dibdin se frotta le front comme pour un problème d'échecs. « Nous rencontrons ici une agence de détectives privés et les informons des faits. Demandez-leur d'aller chercher Pendleton en chemin – il n'est pas encore arrivé à Chicago, vous savez – et voyez s'il voyage seul. S'il l'est, laissez-le continuer. à sa manière. Sinon... alors, une description de la jeune fille... vous comprenez... »

Une fureur livide m'envahit soudain lorsque je vis l'image bien trop vivante que Dibdin avait évoquée et qu'il essayait maintenant de croire.

"Non non!" J'ai pleuré. "J'y vais moi-même. Je n'ose pas, je ne peux faire confiance à personne d'autre pour faire ça. Vous ne savez pas, vous ne pouvez pas comprendre..."

"Je ne sais que trop bien", grogna Dibdin en me regardant d'un air interrogateur. "Mais j'essaie de vous montrer du bon sens, difficile, je l'avoue, pour quelqu'un dans votre état. Cependant, je dois réessayer", poursuivit-il avec la patience de la résignation.

" Vous n'êtes qu'un seul homme, ne voyez-vous pas ? Une agence de détectives est une organisation de plusieurs hommes répartis dans différents endroits qui peuvent se concentrer simultanément sur le même travail. À ce moment-là, ils sauraient dans quel train il pourrait voyager et quelqu'un ou plusieurs pourraient déjà guetter son arrivée. Supposons qu'il leur manque. Il y a beaucoup d'hôtels à Chicago – il y a beaucoup de trains qui partent pour la côte – vous ne voyez pas ?

"Oui," ai-je respiré de manière saccadée. "Alors c'est inutile."

"Loin de là", rit-il. "Viens avec moi."

Moins d'une heure plus tard, nous étions à l'agence de détectives Mahoney et un jeune Irlandais suave écoutait sans émotion ni empressement mon histoire complétée par les interpolations de Dibdin . Il semblait se soucier peu de ce qui me préoccupait le plus, mais il était friand de détails personnels sur l'apparence de Pendleton, sa taille, sa carrure, ses vêtements, les lettres sur ses bagages, etc.

Lorsqu'il s'agissait de donner une description détaillée d'Alicia, ma confusion était si pitoyable que même le jeune détective ne m'a jeté qu'un seul coup d'œil puis, comme le gentleman qu'il était, a regardé assidûment le papier devant lui.

« Seize ans… dans sa dix-septième année ! murmura-t-il avec étonnement.

"Mais c'est une fille inhabituelle, bien adulte pour son âge", le rattrapai-je.

"Je vois," murmura-t-il gravement. "Quelle est la couleur de ses cheveux ?"

J'ai continué du mieux que j'ai pu avec la description.

« Je pourrais vous faire économiser de l'argent, » sourit-il doucement, « en vous disant que la fille n'est pas avec lui… » et j'aurais pu lui serrer la main comme celle d'un frère. "Mais, ajouta-t-il, ça ne coûtera pas grand-chose de venir le chercher. J'aurai des nouvelles pour toi demain cette fois, je pense."

Alors que je m'asseyais pour déjeuner avec Dibdin dans son club, même si en vérité rien n'était plus éloigné de mes envies que la nourriture, il éclata soudain d'un rire chaleureux.

" Alors c'est mon millier que tu as donné à Pendleton ? " il en riant. "C'était une pure inspiration, Randolph – un pur génie à l'état pur ! Si vous n'étiez pas si lugubre tout à l'heure, je pourrais vous accuser d'un sens de l'humour ironique élevé dont seul un grand homme serait capable !"

À quel point les vingt-quatre heures suivantes furent terribles, malgré la compagnie de Dibdin et ses efforts pour me remonter le moral, personne ne le saura jamais. Aucun enterrement n'aurait pu autant assombrir ma maison. J'avais peur d'être vu par les enfants, qui se promenaient comme des spectres sous le sentiment d'une tragédie. J'avais peur de leur dire des mensonges et pourtant je ne pouvais pas leur dire la vérité. Finalement, j'ai senti que je devais dire quelque chose à Laura et Randolph.

Ils reçurent le départ de leur père sans la moindre surprise. Randolph a demandé où il était allé, mais ceci, ai-je répondu, je ne pouvais pas lui dire, sauf qu'il était parti vers l'Ouest. Mais l'absence d'Alicia les laissait perplexes, tendus et impressionnés. La disparition d'Alicia les a secoués presque comme elle m'avait secoué.

"Quand sera-t-elle de retour?" » demanda Randolph.

"Je ne sais pas exactement", répondis-je misérablement, "bientôt, j'espère."

Le lendemain matin, j'ai renoncé à aller au bureau. Si mon mystérieuse absence devait me coûter mon emploi, alors il en serait ainsi. J'ai plané dans la région du téléphone. Encore et encore , j'étais sur le point d'appeler Mahoney, mais je me suis abstenu . Enfin, vers midi, je ne pouvais plus attendre. Lorsque le contact a été établi, j'ai donné mon nom et j'ai demandé le jeune homme qui s'occupait de mon dossier.

"J'allais juste t'appeler," fut la réponse fade et désolée. "Votre homme est à l'hôtel La Salle, en sortie sur le Santa Fe ce soir. Il est seul et est arrivé seul hier soir. Nous verrons s'il part seul ce soir."

Ensuite, bien sûr, je me suis maudit pour ma folie en pensant qu'il pouvait en être autrement et j'ai réalisé que je n'avais vraiment rien pensé de tel.

Mais où était Alicia, entre-temps ?

Je me croyais désormais habitué aux urgences, mais voici une urgence qui me laissait abasourdi et impuissant. Je m'étais cru tendrement à la hauteur, mais la vie m'écrasait de douleur comme une force aveugle.

Je me levai brusquement et errais dans la maison et dans le jardin comme un chien cherchant misérablement un être cher disparu. Il y avait le ruisseau, mais je m'en suis détourné en frissonnant. Non, c'était impossible ! Le sens de la vie d'Alicia, sa vitalité, étaient trop puissants, trop radieux pour disparaître. J'ai levé les yeux vers mon petit nid depuis le bord du ruisseau boueux, ce frêle aire sur le rocher que je m'étais senti si niché, en sécurité ; barré par les troncs des arbres intermédiaires, il ressemblait maintenant à une prison. Une légère brise qui remuait les feuilles les faisait murmurer des choses secrètes que mon cœur réclamait pour interpréter. Était-ce une litanie, un chant funèbre ou un murmure d'espoir ? Je ne parvenais pas à lire l'énigme, mais mon esprit meurtri s'accrochait passionnément à l'espoir.

Dibdin feignit de ne pas observer mes caprices ; à mon retour , je le trouvai absorbé par Epictète.

"C'est plutôt bien", grogna-t-il en désignant un passage et en tirant sur sa pipe tout en parlant :

"N'avez-vous pas reçu des facilités par lesquelles vous pouvez soutenir n'importe quel événement ? N'avez-vous pas reçu une âme virile ? N'avez-vous pas reçu la patience ?"

"Oui," marmonnai-je avec découragement, "tout va très bien, mais Epictète n'a jamais perdu Alicia."

Dibdin rit brièvement. "Maintenant," dit-il, "nous devons commencer à la retrouver. Même si j'ai le sentiment qu'elle reviendra d'elle-même très bientôt. La jeune fille avait peur, pas plus."

J'ai ignoré la dernière partie de son discours mais j'ai sauté sur la première.

"Par où commencerais-tu ?" » demandai-je brusquement.

"Quel est le nom ronflant de cette institution où elle a grandi ?"

"Oh, ne leur dis pas, pour l'amour du ciel", m'écriai-je alarmé. "Si elle n'est pas là et qu'ils apprennent que je l'ai perdue, ils ne consentiront jamais à ce que je l'adopte ; ils me considéreront comme irresponsable."

"Ne soyons pas idiots", rétorque Dibdin . "Ces gens ne le sont pas. Savez-vous combien de garçons, de filles, d'hommes et de femmes sont 'disparus volontairement' chaque année ?" Non, je ne savais pas.

"Mais, par George !" il frappa soudain son front dans un élan d'inspiration : « Sergent Cullum ! Avez-vous déjà entendu parler du sergent Cullum ?. » Je secouai la tête. "C'est un policier que je connais qui a un génie pour retrouver les personnes disparues. C'est définitivement un sixième sens chez lui. C'est un prodige - il a voyagé partout - un limier humain - c'est l'homme à qui s'adresser !"

"Mais... la police !" J'ai balbutié.

"Oui, je sais, mais nous verrons si nous pouvons lui faire considérer cela comme une affaire privée. En dehors des heures d'ouverture, je le retrouverai !"

L'élan d'espoir dans mes yeux a dû dire à Dibdin mieux que n'importe quel mot que j'aurais pu prononcer ce que je ressentais à cet instant.

"Mais nous allons d'abord appeler cette institution", a-t-il ordonné. "Vous appelez le numéro et je vous dirai quoi dire."

"Ce n'est pas nécessaire", ai-je décidé après un moment de réflexion. "Je sais. Je vais simplement me renseigner sur les règles régissant les adoptions. Je peux le formuler de telle sorte que si Alicia est là , ils me le diront."

"Ah, maintenant ton cerveau fonctionne à nouveau", a-t-il conclu. "Cela étant, je vais vous quitter et chercher Cullum au bureau des personnes disparues."

Puis je me suis rappelé que j'avais rencontré cette expression dans les journaux. Le fait que les personnes disparues étaient si nombreuses qu'il fallait un bureau de la police métropolitaine pour s'en occuper m'a réjoui plus que tout autre fait. Il était réconfortant de sentir que même, dans ma misère particulière, j'avais rejoint une grande multitude qui souffrait de la perte d'êtres chers, tout comme, dans le labeur, le labeur et la pauvreté, j'avais fusionné avec la grande majorité.

Quand Dibdin m'a quitté , j'ai appris que je pourrais adopter Alicia sans grands obstacles, si elle le voulait, mais je ne savais pas où elle se trouvait. Le foyer, en la personne de la matrone, a demandé comment « elle se portait ». Elle n'était visiblement pas là, et j'éprouvais un sentiment de culpabilité, comme si j'avais volé au monde son bien le plus cher, puis l'avais perdu.

Seul et démuni, j'étais assis, m'enfonçant jusqu'à la pointe d'une épingle dans mon abaissement. J'avais commencé à me croire instruit dans la vie, un peu comme un homme parmi les hommes. Mais ma propre inefficacité m'était maintenant lamentablement révélée. Je m'étais montré incapable de garder même ce qui m'était le plus cher au monde. J'étais au fond d'un abîme d'où je me sentais désormais désespéré de pouvoir grimper. Les murs de granit abrupts et abrupts étaient extrêmement raides et inhospitaliers. Pour la première fois depuis de longues années, je crois avoir prié mentalement. J'ai attendu Dibdin .

Et puis soudain, comme c'est le cas pour moi quand je suis en bas, mon esprit a bondi vers le haut. Alicia revenait vers moi, me sentais-je dans un soudain élan d' assurance. À ce moment-là, j'étais sûr qu'elle pensait à moi, qu'elle avait envie de revenir. Et avant de m'en rendre compte, je me suis lancé dans de magnifiques projets pour son éducation, pour faire d'elle une femme splendide, même si elle semblait déjà parfaite, pour compléter l'œuvre de la nature avec toute la force qui était en moi. Je l'ai vue resplendissante, une créature brillante, la femme de mes rêves ! Quel créateur fleuri que l'espoir !

Mais pourquoi m'avait-elle été enlevée si brusquement ? Le vaste mystère de la vie m'enveloppait à nouveau comme une coquille impénétrable – une carapace à travers laquelle la nature doit fournir les ouvertures – et elle ne les avait évidemment pas fournis. Dibdin ne viendrait -il jamais avec son policier ?

Les livres, qui ont si longtemps été mon pilier et mon soutien, m'étaient désormais inutiles. J'ai feuilleté de nombreux volumes sans rien faire, mais mon esprit ne réagissait plus à cette alchimie ancienne et magique. Le volume d'Épictète que Dibdin avait palpé aurait pu être un catalogue de semences, tant il semblait lointain et si nul. J'étais désormais un fantôme parmi mes livres : j'étais plongé dans "Les Bois de Westermain ", et ma mémoire me lançait les lignes :

Entrez dans ces bois enchantés,

Toi qui oses.

Rien ne fait de mal sous les feuilles

Plus que des vagues, un nageur fend.

Jetez votre cœur avec l'alouette,

Pied en paix avec la souris et le ver,

Vous vous en sortez bien.

Seulement avec la peur du noir

Tremblez, et ils quittent leur forme ;

Mille globes oculaires sous les capuches

Tenez-vous par les cheveux.

Entrez dans ces bois enchantés,

Toi qui oses.

C'était clair. Je dois jeter mon cœur à l'alouette pour m'en sortir équitablement, même si ma douleur était grande.

Tard dans l'après-midi ; Dibdin revint, emmenant le sergent Cullum.

Cet excellent policier m'a donné plus d'espoir que personne, à l'exception de mon cœur, n'avait réussi à le faire. Il tenait à être mis au courant de toutes les circonstances, ce qu'il écoutait, son large visage rasé tourné vers le plafond, avec l'air transporté d'un mystique, attendant momentanément cet éclair d'inspiration qui révélerait tout. Puis il demanda à pouvoir se promener seul dans la maison, qu'il parcourait en pointant et en reniflant comme un chien bien dressé. Finalement, il s'est déclaré satisfait.

"Maintenant, donnez-moi un peu de temps", dit-il.

"Mais qu'est-ce que ça veut dire... comment vas-tu travailler ?" Ai-je demandé, inquiet qu'il voie des possibilités concernant Alicia que j'avais négligées.

"Je le jure, M. Byrd, je ne sais pas," répondit-il avec révérence. "J'attends des conseils."

"Conseils?" J'ai hésité.

"Oui, d'en haut."

« Tu dépends de ça… seulement ? »

" Seulement !... Eh bien, oui et non. Je prie, M. Byrd... je prie. "

"Tu n'as pas d'autres moyens ?" Ai-je demandé, le cœur serré.

"Quels autres moyens existe-t-il", demanda-t-il avec des yeux brillants, "que le Seigneur ne peut pas fournir ? Quel détective au monde peut égaler le Seigneur - dites-moi cela, M. Byrd."

J'ai vu que j'étais en présence d'un fanatique et j'ai été stupéfait.

"Le meilleur homme du département", dit Dibdin d'un ton encourageant. "Le Sergent Cullum *est* le bureau des personnes disparues."

« Donnez-moi un peu de temps », insistait-il encore avec la fervente intensité de la prière : c'est le temps ! Et c'est Alicia qui manquait !

Je lui ai serré la main, je lui ai laissé du temps et je me suis séparé de lui avec l'espoir de ne pas avoir à attendre ses visions extatiques pour la restaurer.

"Il la trouvera !" » s'exclama Dibdin d'un ton rassurant. "N'ayez crainte. S'il y a une chose que j'ai apprise, c'est d'accepter les méthodes des gens tant qu'ils produisent des résultats. Qu'ils utilisent la baguette magique s'ils le veulent, ou des incantations à la jusquiame et à l'hellébore, ou des transes et visions, ou prière. Notre race presque humaine est composée de poissons très étranges", a-t-il ajouté en riant, et il m'a regardé d'un air interrogateur comme si j'étais le poisson le plus étrange de tous.

"Mais un policier extatique" - murmurai-je -

"Oui, bizarre, je sais", dit Dibdin , "mais je m'en fiche. Et maintenant, mon vieux, je dois retourner au musée en courant et jeter un coup d'œil à l'œuvre. Courage."

J'étais seul dans mon bureau après avoir fait semblant de dîner avec les enfants, lorsque Jimmie a fait irruption et s'est jeté sur moi.

"Je veux savoir où est Alicia," demanda-t-il avec des lèvres tremblantes, et il éclata en une cruelle pitoyable de pleurs amers. Ses larmes enfantines tombèrent comme du plomb brûlant sur mes mains et je serrai contre moi la petite silhouette frémissante dans une étreinte angoissée.

"Tu ne veux pas que Laura te mette au lit ?" Murmurai-je avec mes lèvres contre son oreille.

"Je ne veux pas de Laura", sanglota-t-il en s'étouffant ; "Je veux qu'Alicia me donne mon bain et me mette au lit. Où est-elle ? Pourquoi ne vient-elle pas ?"

C'était un cri qui m'a déchiré le cœur car il y résonnait et se répercutait. Je l'ai serré plus fort dans mes bras.

"Je vais vous donner votre bain, Jimmikins ," tentai-je de l'apaiser, "et nous ferons flotter des navires."

"' Licia me raconte des histoires !" il sanglotait comme quelqu'un brisé par une tragédie, et je déclare que j'ai failli me joindre à lui dans sa douleur.

"Je vais te raconter une histoire, Jimmie," déglutis-je bêtement, "et jusqu'à ce qu'Alicia revienne, tu dois être le brave petit homme que tu es - et laisse-moi."

"Quand est-ce qu'elle revient ?"

"Je ne suis pas sûr, Jimmie, peut-être demain." C'était mon espoir palpitant. Car que nous puissions continuer plus longtemps sans elle était pour moi tout simplement inconcevable.

Peu à peu, son paroxysme s'apaisa. Il s'est calmé dans mes bras et a poussé un profond soupir alors que nous nous blottissions l'un contre l'autre en silence. Il est heureux que le chagrin des enfants soit comme une averse d'été. Car elle est si intense tant qu'elle dure que toute continuation sérieuse de l'agonie mettrait en pièces leurs petits cadres.

"Très bien, oncle Ranny ," murmura-t-il finalement. " Veux-tu entrer et me donner mon bain ? Je vais le faire couler, je sais comment faire, d'abord le chaud, puis le froid. Et je mettrai les navires dedans et je me déshabillerai. Ensuite, tu entreras et tu me diras un longue histoire pendant que je les navigue. Et il sortit en courant de la pièce dans un petit tourbillon d'énergie.

Je restai assis en silence pendant quelques minutes, puis je me dirigeai lourdement vers la salle de bain.

"Est-ce que la température ", n'est-ce pas ?" demanda Jimmie, avec un air intense de responsabilité, sa petite silhouette nue et droite se tenant avec un navire sous chaque bras, comme un symbole de l'homme aventurant ses petites argosies sur cette planète battue par les tempêtes. J'ai mis ma main judiciairement dans Quelle est l'importance de la température du bain d'un enfant : elle ne doit être ni trop chaude ni trop froide, sinon des résultats désastreux pourraient s'ensuivre.

J'ai commencé à lui raconter une ancienne histoire d'une île qui s'est avérée être une baleine endormie, mais il était impatient.

« Licia , m'informa-t-il en protestant, me raconte des histoires de Mowgli dans la jungle – tirées du « Livre de la Jungle ». » Je m'efforçai le cœur lourd d'égaler Alicia, et peu à peu je me suis absorbé dans ma tâche et en Jimmie, pour que les ténèbres de la vie disparaissent de moi. L'eau éclaboussait et les navires viraient de bord dans des manœuvres folles, tandis que Jimmie ne cessait de me rappeler qu'« il écoutait, oncle Ranny ».

Les grands mystiques sont ceux qui plongent leur intellect et leurs sens dans la nuit afin que leur âme émerge devant eux comme la pleine lune sortant des ténèbres. Chaque parent, je suppose, doit être en partie un mystique : car en centrant son cœur sur les petits enfants, il discerne la vie palpitante et irrésistible de l'univers, du passé et du futur, de l'alpha et de l'oméga.

Au moins Jimmie a été assez courtois pour m'assurer, lorsqu'il m'a serré dans ses bras pour la dernière fois, avec des yeux endormis, que mon histoire était merveilleuse . "Mais, oh, oncle Ranny ," murmura-t-il, "dis qu'Alicia sera de retour demain."

Je l'ai embrassé mais je n'ai fait aucune promesse. Dans la salle à manger, Laura et Randolph étaient assis devant leurs livres, Laura grave avec un plissement anxieux sur son front blanc et Randolph avec des yeux dilatés et quelque peu fiévreux. Il réfléchissait visiblement plutôt que de lire. Mais je n'osais plus évoquer l'absence d'Alicia ce soir-là.

Ce n'est que maintenant, après plusieurs jours, que je peux écrire les événements du jour suivant ma dernière entrée avec un peu de sang-froid ; et même maintenant, mes doigts tremblent lorsqu'ils tiennent le crayon.

Je m'étais levé tôt, car mon sommeil avait été interrompu et irrégulier – et comment aurait-il pu en être autrement ?

J'étais desséché et brûlant intérieurement d'agir, de faire quelque chose, de parcourir la ville, la campagne. Bon Dieu, pensais-je, une personne comme Alicia peut-elle disparaître de cette façon comme un caillou dans la mer ? Mais ma frénésie de pensée, qui semblait vouloir briser les pauvres limites étroites de mon crâne, ne me produisit aucune idée précise. Je frappais les barreaux du cerveau comme une bête dans sa cage.

Je n'avais aucune idée d'aller au bureau ce matin-là, mais une demi-heure après m'être levé, c'était la seule pensée qui me traversait l'esprit. Il y a des bénédictions dans une routine de travail quotidien que ceux qui y participent peuvent à peine comprendre. Le tapis roulant, j'imagine, ne laisse au mulet que peu de temps pour la spéculation, le chagrin ou toute autre émotion. J'étais ce genre de mule – ou plutôt cette mule lâchée – qui ne pouvait trouver l'oubli nulle part mieux que sur le tapis roulant. Car la routine peut atténuer le désespoir.

Il était encore une demi-heure avant le petit-déjeuner lorsque mon neveu Randolph descendit les escaliers en fracas, méticuleusement habillé, bien que les yeux un peu fous. Il m'a donné l'impression d'avoir – lui aussi – mal dormi. "Oncle Ranny ," il s'est approché de moi, "tu vas au bureau ce matin ?"

"Oui, je pense que oui. Pourquoi, Randolph ?"

"J'aimerais aller en ville avec toi, faire le tour, regarder autour de toi."

« Que veux-tu dire, mon garçon ?

"Quelqu'un devrait chercher Alicia tout le temps, tu ne penses pas, oncle Ranny ? J'aimerais essayer," et il détourna le regard honteux.

Un garçon de seize ans peut être un pilier considérable dans un foyer. J'avais en quelque sorte négligé Randolph dans ce rôle . Peut-être avais-je trop tendance à traiter les enfants de Laura comme des petits, entièrement dépendants de moi ? J'ai ressenti un frisson de surprise agréable dans les paroles et les manières du garçon. Il n'avait dit aucun mot concernant son père, n'avait posé aucune question déconcertante. Il désirait simplement aider.

"Mais bien sûr , quelqu'un cherche Alicia", l'informai-je.

"Oui, je sais, oncle Ranny , un policier ! Que sait un policier des filles comme Alicia ? Je... nous avons beaucoup parlé, elle et moi", balbutia-t-il. "J'ai l'impression que je pourrais en quelque sorte dire ce qu'elle penserait *à* faire si elle quittait la maison. Laisse-moi essayer, oncle Ranny , s'il te plaît. Ce ne sera que quelques nickels en voiture."

"Certainement, mon garçon," je passai mon bras autour de ses épaules. Déjouer les jeunes intentions simplement parce qu'elles sont jeunes ne m'a jamais semblé une sagesse. "Viens en ville avec moi par tous les moyens. Je suis certain qu'Alicia reviendra" - il ne pouvait pas savoir l'effort que me coûtait cette réponse facile - "mais il n'y a aucune raison pour que tu n'essayes pas de la retrouver." J'avais jeté tout masque de secret avec tout le monde sauf Jimmie. Le manque de sincérité est une habitude difficile à porter.

"Merci, oncle Ranny ", répondit-il avec une jubilation réprimée, et pour la première fois dans notre histoire commune, je sentis soudain que j'avais un compagnon en la personne de Randolph – qu'il grandissait.

Lorsqu'il m'a laissé à la gare, chargé de instructions avunculaires selon lesquelles il devait me téléphoner à différentes heures de la journée et qu'il devait déjeuner avec moi s'il le pouvait, j'ai eu une tendre impulsion pour embrasser ce garçon, le premier-né de Laura. , avant tout le hall. Mais je savais qu'une telle démonstration lui ferait honte . Alors je lui ai tapoté sur l'épaule et nous nous sommes séparés en souriant pour nous garder dans le cœur. J'ai eu l'intuition fugace qu'Alicia nous serait restituée, mais je n'attendais rien du tout de la quête romantique de Randolph pour elle.

Mon cœur s'est tourné vers le garçon lorsque je l'ai vu se fondre et se perdre dans la foule ; J'éprouvais une grande tendresse non seulement envers ceux de ma chair, mais envers toutes les jeunes choses confrontées au brouhaha de cette sphère étrangement confuse.

Je devenais un lorgneur avec la vieillesse. Chaque jeune fille que je voyais dans les rues, dans les voitures, aux carrefours, je les scrutais attentivement, avec des bonds de cœur douloureux, quand l'une d'entre elles ressemblait le moins du monde à Alicia. Et la triste vérité m'est venue à l'esprit : on peut construire une vie selon les plans qu'on veut, mais seul un miracle la gardera intacte.

Visconti était au bureau quand je suis arrivé et il était plein de gentillesse quand il a vu mon visage.

" *Caro mio !* " il me saisit la main. "Quelque chose de sérieux?"

« Quelques ennuis domestiques, un peu pénibles », balbutiais-je, et il vit que je ne voulais pas en parler. Et la grande solitude des êtres humains parcourant leurs orbites terrestres m'a frappé alors que je m'asseyais lourdement pour mon travail. Que savais-je de Visconti – ou Visconti de moi ? Pendant des siècles, j'ai travaillé près de lui et je savais qu'il me faisait confiance et qu'il avait ce qu'on appelle du respect pour moi. Pourtant, les planètes situées dans l'espace sans trace se connaissaient davantage. Je crois qu'il sait que je suis un célibataire d'âge moyen et qu'il a une fille qui est la prunelle de ses yeux – et il paie le salaire qui me permet de vivre. Mais que savons-nous d'autre ? Il avait perdu une épouse profondément aimée et restait veuf. Mon cœur s'est réchauffé pour lui dans une soudaine sympathie. Comme pour lui rendre la pareille, il arriva à mon bureau une minute plus tard et, se penchant vers moi, murmura :

"N'oubliez pas que votre temps vous appartient. Si vos *démarches* sont des affaires privées, n'oubliez pas!" Je l'ai remercié mais il a agité sa main potelée en signe de dépréciation amicale des formalités.

... comme c'est dur rue

Lo scendere e il salir per l'altrui scale,

se lamenta Dante. Oui, le chemin est difficile, monter et descendre les escaliers des autres, quand vous dépendez d'eux pour votre subsistance. Mais Visconti, à sa manière, s'efforçait de faire de ses « escaliers » ceux d'un ami.

Il n'y avait aucun mot de Randolph ce matin-là et mon cœur devenait de plus en plus lourd à chaque instant.

Il me semblait n'avoir besoin d'aucune nourriture. J'ai erré sans but pendant l'heure de midi dans des rues méchantes, de Bleecker Street à Abingdon Square, dans un monde de femmes apathiques et d'enfants sales, un monde désertique et fantomatique, terne et misérable.

Faisant la navette, presque inanimé, je suis passé devant le studio de Minot Blackden , mais avec une soudaine horreur, j'ai reculé avant d'y entrer. J'étais ballotté comme une feuille. J'étais une ombre dans un monde d'ombres.

Vers quatre heures, je me levai lourdement de mon bureau, déterminé à me traîner jusqu'au quartier général de la police à la recherche du sergent Cullum. Je n'attendais rien de lui, mais il pouvait quand même me dire une parole d'espoir.

A ce moment mon téléphone sonna. C'était Randolph !

Sa voix était chargée et crépitante d'excitation et d'importance.

"Voulez-vous me retrouver tout de suite chez Brentano, au coin de la Vingt-Sixième Rue et de l'Avenue ?"

"Pourquoi," dis-je pitoyablement, "dis-moi, au nom de Dieu, as-tu des nouvelles ?... que veux-tu dire ?"

Un tourbillon d'espoir et d'appréhension m'a balayé comme une vague et m'a laissé haletant.

"Oui, oncle Ranny ", fut la réponse en riant. "J'ai des nouvelles... elle est... je sais où elle est... Viens tout de suite !"

Et sans me laisser le temps d'en dire plus, le jeune diable a raccroché. J'ai maudis le garçon dans mon cœur parce qu'il était un garçon, pour son insensibilité à la souffrance des autres.

Je ne me souviens plus exactement de la manière dont j'ai atteint ce coin. Je n'ai pas marché et pourtant je ne peux pas me rappeler quel moyen de transport j'ai utilisé. Tant de choses se sont passées dans mon esprit pendant ce transit que les événements extérieurs ne lui ont laissé absolument aucune impression. La première impression dont je me souviens est le choc de chagrin vide qui m'a frappé comme un coup de feu dans les signes vitaux lorsque j'ai vu Randolph se tenant tranquillement seul au coin, regardant la foule qui passait. Alicia n'était pas avec lui.

Pourtant, quelle importance ce jeune coquin m'a soudain parue à mes yeux. Lui seul au monde la connaissait actuellement. J'aurais pu tomber sur lui et le serrer dans mes bras sur-le-champ – et lui faire honte à mort.

« Où… où est-elle ? J'ai lâché. "Je pensais que tu… dis-moi, au nom du ciel !" et je l'empoignai violemment, comme s'il eût été un pickpocket pris sur le fait. Il m'a jeté un regard plein d'humour et a ri. Puis, soudain conscient que les gens nous regardaient et qu'un policier surveillait notre rencontre de manière spéculative, il passa précipitamment son bras sous le mien et m'entraîna.

"Allez, oncle Ranny , je vais te conduire là où elle est."

"Tu es un garçon incroyable!" marmonnai-je. "Mais en es-tu vraiment sûr ?"

" Bien sûr, j'en suis sûr ! " il a chanté. "Je pense que ce n'est rien d'être détective. Je crois que j'en ferais un bon", s'est-il vanté.

"Vantez-vous, jeune diable", pensai-je avec indulgence, mais je ne fis aucune réponse audible et le fis simplement marcher plus vite.

Il me conduisait dans la vingt-neuvième rue, au-delà de Brentano, et à mon grand étonnement, je me suis retrouvé devant la porte bien connue de la librairie d'Andrews.

"Ici!" J'ai pleuré de stupéfaction. Il hocha la tête, souriant comme s'il s'attendait à un discours d'éloge pour sa perspicacité sur-le-champ. Il ne l'a pas compris. Je me précipitai sauvagement, comme un fou, dans ces quartiers silencieux où j'avais si souvent passé des heures dans un silence heureux. Qui désirerait une lumière criarde dans ce temple agréable ? Pendant un moment, j'ai eu l'impression d'être dans une obscurité totale.

"Un peu sombre", murmura Randolph, "mais je l'ai repérée."

Soudain, mes yeux dilatés rencontrèrent simultanément deux êtres humains dans leur champ de vision. Andrews se tenait dignement au milieu de sa boutique, comme un monarque sur le point de recevoir la royauté, et derrière lui, à un bureau au fond, une jeune fille était penchée sur un écrit, une lumière électrique éclairant sa tête blonde.

La fille... oui !... C'était Alicia !

J'ai ressenti l'effet d'un coup violent sur le cœur et, écartant Andrews étonné, j'ai fait un bond fou vers elle.

"Eh bien, M. Randolph Byrd !" commença Andrews. "Je ne t'ai pas vu—"

« Alicia ! » J'ai crié dans ce qui ressemblait même à mes propres oreilles à un sanglot.

"Oh, oncle Ranny !" Elle sauta de sa chaise en poussant un petit cri et, avant de m'en rendre compte, je la serrai contre mon cœur avec une joie convulsive frémissante qui étouffait toute parole.

Elle haletait de douleur, la pauvre enfant. Mais quand mes bras se détendirent, elle sanglotait joyeusement contre mon cœur.

Randolph était tellement scandalisé qu'il nous a tourné le dos d'un air maussade. Andrews nous observait avec un intérêt discret et sobre.

"Mon très cher enfant !" Murmurai-je, toujours dans une sorte de transe d'extase, et Alicia, les larmes coulant sur son visage, murmura doucement.

"Oh, comme je suis heureuse d'avoir été retrouvée ! Et voilà Randolph", a-t-elle ajouté avec un rire joyeux.

Ses derniers mots m'ont soudainement réveillé de ma transe. J'ai lâché mes bras et suis resté un instant déconcerté, incertain, honteux.

"Que faites-vous ici?" J'ai alors brusquement exigé avec une sévérité stupide de cacher les émotions turbulentes en moi.

« Je… oh, tu n'as pas reçu ma lettre ? elle a hésité. "J'ai essayé de lui expliquer - je n'avais nulle part où aller -" ses lèvres tremblaient - "il m'a dit quel fardeau j'étais - il me semblait que je ne faisais que créer beaucoup d'ennuis - et je n'avais nulle part où aller", pleurait-elle.

"Lui ? Qui ? Andrews ?" » ai-je demandé durement.

"Non, non !... M. Pendleton", sanglotait-elle à nouveau.

"Ah, bien sûr, Pendleton." Je me sentais livide de haine pour l'homme dont le but dans la vie semblait être de détruire le mien.

"Et Andrews savait-il que tu étais mon… ma pupille ?"

"Oh, non, oncle Ranny ", et sa voix était comme celle d'un enfant fatigué de pleurer. "Je voulais lui dire plus tard, après que je te l'ai dit. Il m'a juste emmené sans rien."

En jetant maintenant un coup d'œil vers Andrews, je le trouvai discrètement debout, toujours au milieu de sa boutique, mais d'une manière ou d'une autre, il avait réussi à entraîner mon neveu scandalisé dans la conversation pour m'accorder la courtoisie d'une plus grande intimité. Mon cœur était plus affectueux que jamais vers lui.

"André!" J'ai appelé, me ressaisissant jusqu'à un semblant de dignité. Andrews fit un signe de tête à Randolph et, sans aucune hâte inconvenante, s'approcha de moi, souriant agréablement.

"Voici ma pupille : Miss Alicia Palmer", parvins-je à dire avec un calme forcé.

Andrews s'inclina cérémonieusement comme s'il rencontrait le propriétaire de la bibliothèque Huth ou Bernard Quaritch . Pourtant, il y avait une curieuse étincelle dans ses vieux yeux écossais astucieux.

"Comme toutes les jeunes femmes d'aujourd'hui", poursuivis-je avec une désinvolture étonnante - c'est à son meilleur lorsqu'un homme ment pour une femme - "elle voulait prouver son indépendance en méprisant ma pauvre protection, Andrews - pour gagner de l'argent. sa propre vie, tu comprends, Andrews ?

« En effet… en effet ? dit Andrews. "Et elle peut aussi le gagner. Maintenant, je comprends le mystère. Elle a reconnu d'un seul coup d'œil une deuxième édition de 'Paradise Lost'. Votre formation, M. Byrd, votre salaire est avancé, Miss Palmer."

Alicia sourit, rougissant légèrement, et dans ce sourire je réalisai soudain à quel point l'enfant restait accroché à cette jeune femme bien adulte — combien d'enfant, sans aucun doute, restait accroché à chaque femme. Elle était peinée, désemparée, souffrante, mais elle semblait avoir le sentiment d'avoir fait quelque chose de très courageux et de très digne. Et c'est à sa dignité que je m'accrochais avec ténacité, car instinctivement je reconnaissais qu'il s'agissait d'un tournant dans sa vie, que la femme était désormais en train de ranger l'enfant dans le berceau du passé.

"Je pense que je vais vous demander de la libérer, Andrews." Je posai une main sur son épaule. « Un jour, je vous l'expliquerai plus en détail. Cela a été le cas... mais peu importe. J'aimerais ramener ma pupille à la maison... avec votre permission ?

"Certainement, certainement", affirma-t-il avec une véhémence spontanée. "Mais venez bientôt, vous deux — elle est de notre race, M. Byrd — elle aime les bonnes choses ! — venez tous les deux. J'espère avoir de nouvelles choses de la bibliothèque du professeur Gurney qui vous raviront."

"Nous le ferons effectivement, mon cher Andrews. Prends ton chapeau, Alicia." Et tandis qu'elle se détournait pour aller chercher ses affaires, j'ai réussi à murmurer ceci au gentil Andrews :

"Je n'oublierai jamais votre conduite dans cette affaire, Andrews. Vous êtes un grand libraire, mais, mon cher, vous êtes encore un plus grand gentleman !"

Et le plus rapidement possible, nous avons quitté le magasin.

Une vague de questions bouillonnait dans mon cerveau et écumait comme des eaux turbulentes soutenues par un barrage. Mais tout d'un coup, j'ai pris une décision décisive.

J'en savais assez. C'était ce diable de Pendleton qui lui avait rempli l'esprit de l'idée qu'elle était un fardeau jusqu'à ce que la pauvre enfant soit folle d'une frénésie de distraction. Mais il n'avait pas pu se fier à ses convictions. Puis il y a eu la scène de cette soirée effroyable où, dans son ahurissement, elle s'est aperçue qu'elle était une pomme de discorde, une briseuse de familles. Je pensais avoir suffisamment compris.

"Où as-tu dormi, Alicia ?" Lui ai-je demandé nonchalamment.

"J'ai une petite chambre dans la Vingt-Quatrième Rue", répondit-elle simplement. "Je ne l'ai pas encore payé. La propriétaire voulait de l'argent à l'avance, mais je lui ai dit que je ne l'avais pas, alors elle m'a quand même laissé rester."

"Allons-y, ma chère, et réglons cela maintenant."

"Oui, oncle Ranny ," murmura-t-elle doucement.

"Je dois te le remettre, ' Licia '", éclata Randolph, sortant de son silence. "Tu es un vrai sport, pour une fille !" Sur quoi nous éclatâmes tous de rire joyeux.

Et pendant la suite de nos pérégrinations ainsi que dans le train, le garçon ne pouvait détourner son regard d'Alicia avec une pure admiration étonnée. C'était comme s'il la voyait pour la première fois.

CHAPITRE XX

Si j'avais le temps de spéculer philosophiquement, je pourrais en consacrer une grande partie à me demander pourquoi la joie pure ne peut pas être enregistrée. Peut-être parce que nous en faisons si peu l'expérience.

Nous, étranges créatures que sont les hommes, pouvons rendre compte assez fidèlement du chagrin et des tribulations . Depuis Job, nous y avons excellé. Mais devant la pure joie, nous sommes muets. Je ne peux que me répéter les pauvres mots incolores que je suis heureux, heureux, heureux tant la journée est courte.

Pendant un bref espace de réaction après avoir trouvé Alicia, les sens étaient ébranlés, le corps et l'esprit épuisés s'évanouissaient dans une sorte de déliquescence de lassitude, les yeux brûlaient d'une humidité insignifiante non évacuée, le cœur accablé palpitait d'un vaste soulagement surnaturel, coextensif à l'univers. . Puis, rapidement, avec un son presque audible, ce cerveau énervé reprit sa forme habituelle de santé, plus sainement joyeuse que jamais auparavant, et le monde entier fut baigné de fraîcheur.

Le bleu du ciel était plus beau, la lumière du soleil plus pure, et même la pauvre herbe des banlieues de Crestlands , en déclin automnal, brillait de la verdure et de l'éclat d'une nouvelle création. Mais qui peut décrire le bonheur ?

Pendleton est parti, Alicia, les enfants sont là.

Aucun mot dans la langue de Shakespeare et de Milton ne m'a jamais insufflé le même sens que ces huit mots. Mais que signifient-ils sur le papier ?

Toute l'Europe est en ébullition, et les Allemands ont pratiquement pris Paris. Et pourtant, je crois que c'est la première fois que je fais mention d'une vaste catastrophe. Quelles petites créatures égocentriques que sont les hommes ! Les gens meurent et souffrent par milliers, mais nous, cisatlantiens , parcourons les gros titres et poursuivons nos propres fins de la manière habituelle. Et même si la moitié de la planète est en péril, j'ai reconquis ma maison !

Pourquoi, je me demande, avais-je imaginé avoir horreur de la maison ? Une maison est une petite île d'amour personnel dans le vaste chaos impersonnel de l'existence – et ayez pitié de celui ou celle qui n'atterrira jamais sur cette île.

Parfois, la nuit, je me laisse aller à un feu dans la cheminée. Le bois qui brûle le plus, je le remarque, ne laisse qu'un petit tas de cendres blanches. Lorsque mes yeux se posent sur Alicia, ou que je vois les enfants se promener, ou que j'entends leurs voix résonantes dans la maison, j'éprouve un merveilleux contentement d'être le feu auquel ils peuvent se réchauffer les mains. Moi qui avais autrefois des visions fantastiques de grandeur future, de nom et de renommée, je me sens maintenant content de devenir un petit tas de cendres blanches.

Le sergent Cullum, un excellent homme, s'est rendu ici deux jours après que j'ai retrouvé Alicia, un jour après la cérémonie légale d'adoption, pour m'informer qu'« il croyait que ma pupille était à Baltimore ». J'étais sur le point d'éclater d'un rire incontrôlable, mais ma conscience me frappait et j'avais honte. Dans mon immense soulagement, j'avais complètement et égoïstement oublié ce bon homme qui était toujours en quête. Quel pouvoir de divination ou de réponse à la prière avait dirigé ses pensées vers Baltimore, je ne peux pas l'imaginer. Mais avec mes excuses contrites et mes remerciements est venu un cadeau qui, j'espère, a apaisé ses sentiments ébouriffés. Nous nous sommes séparés en amitié. Oh, excellent policier thaumaturgique !

Randolph a éclaté d'un grand rire reniflant lorsque je lui ai parlé, ainsi qu'à Alicia, de la visite du sergent Cullum et du « point d'écoute » de Baltimore.

"Oh, les flics sont des idiots !" il rit avec arrogance et regarda Alicia avec un air hautain et propriétaire. "Ils ne savent *rien* ! Il ne m'a pas fallu longtemps pour savoir où chercher ' Licia '", s'est-il vanté. "J'ai compris comme ça : ' Licia est un bug sur tes vieux livres. Elle cherchait un travail pour gagner sa vie, n'est-ce pas ?" Alicia baissa la tête, toujours honteuse de cet épisode. "Qu'est-ce que j'ai fait ? Je suis fort en moteurs. N'irais-je pas dans un endroit où ils fabriquent ou vendent des moteurs ? Eh bien, avec elle, c'était des livres. Je suis allé dans des librairies - et puis tout à coup J'avais le pressentiment : Andrews, que vous et elle étiez toujours en train de parler. Je l'ai recherché dans l'annuaire téléphonique. Et bien sûr, quand j'ai fait le tour et jeté un coup d'œil par la porte, j'ai vu Alicia sur une échelle manipulant certains des ces vieux livres là-bas. J'ai pensé que j'allais l'appeler, mais ensuite j'ai pensé que cela la surprendrait davantage si vous et moi tombions sur elle ensemble - et je l'ai frappé d'un pas vif au téléphone . !— Ils diraient Baltimore—Amérique du Sud—n'importe quoi, donc ça sonne bien !"

Et encore une fois , son regard s'appropria entièrement Alicia. Le jeune semble penser qu'il l'a inventée. Mais je suis plein de gratitude envers ce garçon.

La fermeture de la Bourse et le ralentissement brutal des affaires financières ont filtré comme une ombre même chez Visconti et me donnent quelques heures tranquilles pour réfléchir à l'avenir.

Combien de célibataires d'âge moyen, je me demande, ont évoqué des visions similaires, construit les mêmes châteaux de nulle part ? Éduquer Alicia, la servir et l'aimer jusqu'à ce que mon amour l'entoure de sorte qu'elle ne puisse choisir que de le rendre - créer une femme semblable à Pygmalion à partir de cette très douce Galatée - quoi de plus heureux ? Alicia est maintenant adolescente. Mais supposons qu'elle ait vingt ans, pourrait-elle jamais penser avec autre chose qu'une affection filiale à un homme presque deux fois plus âgé qu'elle qui se tient à ses côtés in *loco parentis* ?

Comme un garçon amoureux qui tire sur les faibles indications de sa moustache et cherche dans le journal des cas de mariage à dix-sept ans, je parcoure avec impatience les tirages et fouille ma mémoire à la recherche d'unions telles que les nôtres. Mais les journaux sont remplis de guerres et de rumeurs de guerre. Il me vient soudain à l'esprit qu'un certain sénateur âgé a épousé il n'y a pas si longtemps sa pupille, avec une disparité d'âge encore plus grande – et j'en suis absurdement heureux. Je me vois avec Alicia mûre et radieuse, toujours jeune, vivant une vie de sérénité lumineuse, criant des noms attachants.

"Est-ce que je l'ai entendu à moitié dans une somnolence

Depuis longtemps, je ne sais où ?

Est-ce que j'en ai rêvé il y a une heure,

Quand je dors dans ce fauteuil ? »

Mais c'est de la folie. Tennyson est démodé et il y a de plus grands imbéciles que les vieux imbéciles. J'en demande trop aux dieux supérieurs. On en a déjà assez donné à un rat de bibliothèque croustillant comme moi. Supposons que j'aie épousé Gertrude ! Les voix des enfants n'auraient jamais fait de la musique à mes oreilles. Néanmoins, Alicia aura la meilleure éducation que je pourrai lui donner.

Visconti doit vieillir, je le crains, car il a pris l'habitude de se répéter. Il m'a souvent dit auparavant que sa fille Gina était la prunelle de ses yeux, mais pendant ces journées un peu apathiques au bureau où les "extras" occupent une place importante et où la stratégie est le seul jeu en salle, il est entré dans les détails.

J'ai dîné chez lui hier soir et aujourd'hui il m'a encore demandé de dîner samedi. Je n'aime pas le refuser et j'aime moins mentir. Mais j'ai refusé sous prétexte de fiançailles.

« J'oublie toujours, répondit-il en riant, qu'un jeune homme n'est pas *le burbero* d'un veuf comme moi, qu'un jeune homme, enfin, a des engagements.

J'ai fait une sorte de bruit dépréciatif. Il parle comme si j'avais vingt-deux ans et je l'aime pour ça.

"Mais tu vois, *amico mio* , continua-t-il en expliquant, c'est comme ça : Gina, la *carissima bambina mia* , est la prunelle de mes yeux. Et elle doit être… comment appelles-tu ça… amusée… amusée, rendue gaie, brillante… tu vois ? »

J'ai signifié ma clairvoyance.

« Elle a dix-neuf ans – une *fanciulla* de dix-neuf ans, elle doit avoir beaucoup… hein… de divertissement, n'est-ce pas ?

Il aime la méthode socratique et je lui ai fait plaisir.

"Mais ne va-t-elle pas aux fêtes – n'a-t-elle pas de petites amies ?"

" Ah, *sicurissimo* , *sicurissimo* ... Mais une fille de dix-neuf ans, ce sont les jeunes hommes de la maison qui l'amusent, hein ? " Et il m'a donné une tape dans le dos et a éclaté d'un rire bruyant, d'une cordialité qui, un peu, comme disent les romanciers, « m'a surpris ».

Je ne me vois pas vraiment sous les traits d'un jeune taillé pour amuser Gina Visconti.

"Et dimanche ?" » demanda-t-il avec une soudaine sobriété interrogative. "Dimanche, tu peux venir ?"

J'ai regretté son insistance, mais j'ai expliqué avec un peu de difficulté que j'étais faiblement accro aux livres ; et ce dimanche était le seul jour où je pouvais m'asseoir parmi mes livres et…

"Ah, mais bien sûr !" gravement. Il comprenait très bien que j'étais un étudiant, un érudit qui, en dehors des heures de bureau, poursuivait une vie supérieure, etc.

Je me sentais mièvre et méchant mais je m'accrochais à mon dimanche.

« Lundi, alors, est-ce qu'on l'appelle lundi ? » » insista-t-il.

Je ne pouvais pas être assez grossier pour décliner davantage. Mais je ne comprenais pas pourquoi un sentiment de malaise s'était glissé dans mon cœur après ses paroles ultérieures.

"La *fanciulla* ", poursuivit-il, pensivement véhément. "Elle est tout ce que je possède, tout au monde. À ma mort, elle possédera tout ce que j'ai. Elle l'a maintenant ! Pour qui donc dois-je travailler, sinon pour Gina ? Quant à moi, je pourrais retourner en Italie, peut-être. ... J'en ai assez. Mais Gina, c'est une Américaine, ah ! et il embrassa le bout de ses doigts avec onction. "Elle va bien, fille américaine!"

Cela dit, il a commencé à parler de la Belgique, de Von Kluck et de la stratégie générale.

Mais pourquoi devrait-il chanter avec tant d'insistance les louanges et les perspectives de sa fille à moi, employé dans son bureau ?

J'ai eu une envie soudaine d'aller vers lui et de m'exprimer sur mes propres *bambimi* et mes propres aspirations à leur égard – mais d'une manière ou d'une autre, je n'y suis pas parvenu. C'est une île ceinte, non seulement de réticences ordinaires, qui sont pour moi un vice, mais d'une foule d'émotions semblables à ces flammes qui encerclaient la déesse endormie. Je ne suis pas latin ; Je ne peux pas exprimer mes espoirs les plus intimes ni afficher mon cœur sur ma manche.

Dimanche soir, après une merveilleuse promenade avec Alicia à travers les bois déjà en déclin de Westchester. Il y avait sur elle un certain air de gravité, de contrition peut-être, qui la poignardait de douleur. Je réalisai alors à quel point son esprit joyeux et le rire étoilé de ses yeux avaient été le vin de ma vie récente. Je ne pouvais pas tolérer son apparente dépression. En outre, il fallait discuter de son éducation. Jimmie a réclamé à grands cris de nous accompagner, mais cette fois, même sa position privilégiée ne lui a pas servi. Je désirais être seul avec Alicia.

Était-ce mon humeur, je me le demande, ou les bois commencent-ils en réalité à murmurer leurs adieux au déclin de l'année ? Chaque arbre, même le plus jeune arbre, semblait nous saluer pendant que nous marchions et émettre un murmure comme les adieux d'un pèlerin parti pour un long voyage. J'ai toujours été impatient de lire des descriptions de la nature et j'ai rejoint les moqueurs face à cette erreur pathétique. Néanmoins, je peux m'amuser pendant des heures à écouter le vent parmi les cimes des arbres ou à contempler la brume sur les collines ; et à un rythme lent et mesuré, comme s'ils avaient un temps infini devant eux, ils épellent invariablement un message, un message infiniment triste, mais pour le soleil rieur créateur qui triomphe, haut sur tout.

"Viens, Alicia !" J'ai éclaté brusquement, rejoignant le soleil dans son rire, "nous avons des choses brillantes à discuter. Ne laissons pas les bois nous endormir. Ils vont dormir; pas nous. Vous voilà prêt pour l'université. . N'est-ce pas bouleversant ?"
Elle sortit de sa rêverie comme une personne secouée par sa somnolence et sourit avec un regard lointain.
« Des choses brillantes », murmura-t-elle pensivement ; "Tout ce qui m'est arrivé depuis que je suis venu vers vous a été brillant et tout est émouvant. C'est ce qui rend les choses si difficiles, oncle Ranny - j'ai été si inutile. À quoi bon ?"

J'ai ri assez fort pour faire trembler les bois. Alicia savait-elle à quel point j'aimais combattre de telles déclarations ou le pensait-elle vraiment ?

« Vous avez été... » J'avais envie de lui dire en plaisantant qu'elle avait été un fardeau et un fardeau pour ma maison, un poids à ne pas porter, mais je compris qu'elle était plus que sérieuse. Elle était triste.

"Maintenant, bien sûr, vous dites des bêtises", répondis-je catégoriquement. "Mais il y a l'université devant toi ; ça devrait guérir tout ça. Peut-être que tu es un peu morbide. Des associations brillantes changeront cela."

"Mais comment," protesta-t-elle, "pouvez-vous parler de m'envoyer à l'université, avec tous les frais ? Et je ne vaux rien ?"

« Nous n'en discuterons pas, mon enfant », interrompis-je. La dépense m'avait effectivement occupé l'esprit, mais j'avais formé un plan pour cela. "Dites-moi ce que vous aimeriez le plus étudier, être ?"

"C'est là le problème, oncle Ranny ," répondit-elle pathétiquement. « Que puis-je être ?... Peut-être pourrais-je travailler pour M. Andrews ?

« Les filles modernes, lui dis-je, à en juger par nos fictions, développent invariablement des talents littéraires, dramatiques ou histrioniques. au pire, ils deviennent suffragistes militants, mais même cela est en déclin ; mais les deux carrières ne sont pas incompatibles. N'en ressentez-vous pas le besoin dans vos jeunes os ? Lequel des arts est-ce qui vous appelle ? La plume ? Le scène ? Parle, Alicia, car c'est l'heure critique !

Elle détecta une raillerie dans ma voix et rit doucement.

"Je sais que tu te moques de moi, oncle Ranny ," dit-elle, "mais ce n'est pas seulement de moi. J'aurais quand même aimé avoir du talent, mais, oh, je sais que je n'en ai pas ! Parfois... J'aimerais... je pense... oh, oncle Ranny , j'ai honte de te dire ce que je... » et sans terminer sa phrase, elle se couvrit le visage de ses mains et je remarquai que son cou était imprégné d'une profonde rougeur.

"Mais tu dois me le dire, ma chérie," je retirai doucement ses mains de son visage. « Ne suis-je pas simplement devenu votre parent et tuteur par une adoption légale à toute épreuve ? Et je suis un parent et tuteur terriblement sévère – ne vous y trompez pas !

"Eh bien," elle baissa les yeux honteusement, rougissant toujours délicieusement, "je suppose que je dois le faire, alors. Parfois je pense, oncle Ranny ", continua-t-elle avec une fermeté délibérée, "qu'il y a une chose à laquelle les filles pensent toujours, mais n'en parlent jamais. à propos de... c'est plus important que tous les autres. Oh, je suppose que je suis terriblement inapproprié et impudique, mais si je le suis, c'est parce que... je ne sais pas mieux... alors tu devras me pardonner. Mais, oh, je suppose... il viendra un jour et... fonder un foyer et... et élever des enfants semble... plus merveilleux que toute autre chose ! Vous m'avez fait le dire, oncle Ranny !

elle se détourna avec des larmes de dépit : « Je suppose que je suis horrible, mais vous m'avez obligé à vous le dire et je vous l'ai dit. Une fille ne peut-elle pas étudier pour être... pour cela... comme pour toute autre chose ? Et toujours tourmentée par son impudeur effrontée, elle cueillait avec agitation les feuilles jaunies et les dispersait au vent du vannage.

Comme elle s'était détournée de moi, elle n'avait pas pu voir mes bras sortir brusquement comme pour la prendre, puis retomber à mes côtés. J'avais envie de l'embrasser et de la couronner de toute la gloire de la féminité. Mais ma conscience m'a mis en garde. Mais dans mon cœur, le bonheur bondissait comme une alouette que je n'ai jamais vue et gazouillait joyeusement une mélodie divine que je n'avais jamais entendue. Il a fallu du courage à Alicia, une jeune fille, pour avouer ce qu'elle avait avoué. Et le courage, joint à toutes les autres qualités que je lui connaissais, doit produire le meilleur de la féminité.

C'est un commentaire de notre époque qu'Alicia, une fille prête à entrer à l'université, avait honte de ce qu'elle m'avait dit !

J'ai été idiot de la pousser davantage, je suppose, mais j'ai alors décidé d'être au moins aussi courageux qu'Alicia.

"Avez-vous," demandai-je, espérant que ma voix ne tremblait pas, "avez-vous déjà quelqu'un en tête ?" Elle secoua la tête avec véhémence, arrachant toujours les feuilles, je ne pus réprimer un profond soupir. "A quoi ressemble-t-il dans ton esprit, Alicia ? Quelle est ta vision de lui ?" Je savais que je cherchais à souffrir, mais il y a des moments où même la torture est irrésistible.

« J'espère qu'il sera fort – et bien – et viril, » murmura-t-elle comme pour elle-même – « et qu'il aura au moins un peu de votre... Dieu, oncle Ranny . Chaque attribut de cet hypothétique « il » était un reproche à mes infirmités, un coup porté à mes faiblesses particulières. Mais je l'avais invité. L'idéal d'une fille ne se trompe jamais. Ce sont ses émotions qui peuvent l'égarer. Oh, oui, elle m'a attribué une certaine « bonté ». Rares sont cependant les femmes qui choisissent un homme pour sa bonté. En ma qualité d'« Oncle Ranny », j'étais « bon ». Je restai un moment silencieux, me tordant d'angoisse, évoquant et bannissant alternativement la créature odieuse et magnifique des rêves d'Alicia. Mais finalement , j'ai saisi mon âme avec une résolution soudaine. Maintenant, au moins, elle était à moi ; et je dois m'habituer à l'idée qu'elle soit quelqu'un celle d'un autre au plus tôt, jusqu'au renoncement inévitable. Elle m'avait innocemment et adorablement honoré de sa plus grande confiance : Pour le moment, au moins, il faut que je profite de mon petit bonheur.

"Viens, chérie," je lui touchai doucement l'épaule. "Vous m'avez dit ce que je voulais savoir." J'ai mis sa main sous mon bras et nous avons continué lentement. "Nous sommes d'horribles vieux connards, Alicia, et nous ne devons parler à personne de nos opinions - sinon nous devrions être ostracisés et peut-être emprisonnés. Mais rien de ce que vous auriez pu dire ne m'aurait rendu plus heureux que ce que vous venez de me dire. Je Je ne connais pas de carrière plus grande que celle que vous avez choisie. Et l'université, peu importe si vous l'aimez, peut vous servir pour une plus belle féminité, pas moins qu'elle ne le peut pour toute autre chose. En fait, plus, je pense. De ses yeux toujours flottants, elle m'a lancé un regard en coin mêlé de tant de gratitude, de honte et de fierté que j'ai ri aux éclats.

"Il y a une chose sur laquelle tu dois te décider, Alicia." Je l'ai attirée près de moi. "Vous devez venir me dire tout ce que vous avez en tête sans répression. N'oubliez pas, ma chère, que je suis votre père, votre mère et vos amis les plus intimes. Pensez à quel point nous aurions été désolés tous les deux si vous aviez supprimé et caché ce que vous aviez dit." vous me l'avez dit."

"Oui, oncle Ranny ", souffla-t-elle et très doucement, de manière à faire fondre le cœur d'un homme, elle porta ma main à ses lèvres et l'embrassa. J'étais irrémédiablement "Oncle Ranny !"

Je n'osais pas faire un mouvement en retour. À ce moment-là, j'aurais peut-être trahi plus que jamais je n'aurais pu me cacher. Mais les bois étaient maintenant d'une autre teinte ; l'alouette invisible chantait toujours, quoique sur un ton plus triste.

Nous avons décidé qu'Alicia entrerait à Barnard la semaine prochaine et ferait le trajet avec moi dans le train quotidien.

CHAPITRE XXI

Mon Dieu! Comme j'appelle à la paix, et il n'y a pas de paix !

Qui aurait attendu le désastre entre les mains potelées de Gina Visconti ? Pourtant, comme si elle m'avait volontairement fermé la porte de mon gagne-pain au nez, cette jeune fille innocente m'a brusquement interrompu la parole.

Je ne peux pas retourner chez Visconti. Ce maudit dîner, que mon instinct me faisait fuir, en fut la cause et l'occasion.

J'avais bêtement commencé à me sentir chez moi dans la maison Visconti. Lorsque la femme de chambre m'informa que la *signorina* descendrait immédiatement, je me promenai tranquillement dans le salon, pas le moins du monde surpris d'être apparemment le seul invité, et je contemplai de nouveau les nouveaux meubles brillants, coûteux et scintillants, pour la femme. *énième* fois, je me demande comment il continue à rester si nouveau. Il y a une multitude d'images sucrées sur les murs qui me font invariablement sourire : Cherry Ripe, the Old Oaken Bucket, Sweet Sixteen ; un petit marbre scintillant de Cupidon et Psyché et un agrandissement au crayon de la très grosse dame qui était la mère de Gina. Pourquoi, me demandais-je, les Italiens modernes ne s'en tiennent-ils pas à leurs propres maîtres anciens ? J'ai acheté un jour un exemplaire très net du pape Julien II à Florence pour cinquante lires. Cependant, même le modernisme énergique de Gina semblait incapable d'exorciser l'odeur particulière et sans air du salon italien, due en grande partie, je suppose, aux fenêtres hermétiquement fermées et aux stores constamment baissés.

Gina descendit directement, comme promis, dans une très jolie robe de soirée en satin qui me parut trop légère pour une fille aussi corsée qu'elle. C'est cependant un détail qui a été remplacé dans mon esprit par la question de savoir pourquoi elle devrait éprouver le besoin de se défouler dans une pièce plutôt que de marcher. Mais je sais qu'elle aspire à être hyper-américaine. Son accueil est toujours chaleureux et son énergie était la seule touche d'ozone dans ce salon étouffant. Un instant plus tard, son père entra, son visage rouge foncé brillant comme une lune à travers la brume devant les charmes de sa fille unique. Car Gina n'est pas seulement jolie, elle est éminemment à la mode, jusqu'à la dernière vague de ses riches cheveux noirs.

« Est-ce une bonne Américaine... ou pas, hein ? Le regard mi-fier mi-provocateur de Visconti semble interpeller toutes les personnes présentes.

Le dîner fut plus que d'habitude exubérant, avec une abondance de champagne pour une si petite compagnie et des raisins de serre ; en fait, l'exubérance elle-même semblait être celle d'une serre chaude. Nous plaisantions, nous riions de rien, nous étions gais comme de vieux amis lors d'une réunion. Chez les Visconti, je ressemble toujours bêtement à cette dame adoratrice de Byron qui ne pouvait s'empêcher longtemps de parler de Missolonghi. D'une manière ou d'une autre, je me retrouve à toucher avec caresse les sujets de Dante, de Pétrarque ou même de Léopardi, et invariablement Gina carambole contre moi avec un cabaret palpitant, une nouvelle danse ou le dernier « spectacle » – et je ne suis nulle part.

Après le café, Visconti, dont l'esprit semblait préoccupé, se leva brusquement et, avec un de ses sourires étincelants, nous quitta sur le prétexte éculé des lettres à écrire.

Gina fut agitée pendant une minute ou deux après le départ de son père. Elle s'est dirigée vers le piano, a touché une corde debout, puis s'est soudainement dirigée vers le phonographe et m'a demandé si je danserais si elle faisait un joli trot de renard. En m'excusant, j'ai été obligé de lui informer que le fox-trot était aussi étranger à mes réalisations qu'un numéro de trapèze.

"Je sais que tu pourrais apprendre à être une charmante danseuse", a déclaré Gina. Elle s'est ensuite assise à côté de moi sur le coûteux davenport en tapisserie, avec un pied sous elle et une cheville vers le vaste monde et s'est penchée en avant sur ses coudes pour que la mince les bretelles de sa robe pressaient vers le haut quatre petits monticules de chair rose vers ses oreilles. Elle a de très jolies oreilles, Gina aussi. Un enfant très attachant, pensais-je. Tenant cette attitude émouvante, Gina demanda doucement :

"Tu n'aimes pas le cinéma ?"

"Oui," dis-je.

"Qu'as-tu vu récemment?" poursuivit-elle.

"Je n'en ai vu qu'une seule : c'était une série de photos des îles des mers du Sud."

"Tu veux dire que tu n'en as jamais vu d'autres ?"

"Non, je crains que non."

"Oh", haleta-t-elle, "j'adore les films depuis que je suis si droguée" - et elle montra un portrait un peu excessivement huileux d'elle peint vers l'âge de dix ou onze ans.

"Je crois qu'il faut passer un moment animé", a-t-elle poursuivi. « Quand j'étais à l'école publique, certains m'appelaient la « petite Guinée ». J'ai terriblement pleuré, mais j'ai décidé que je n'allais pas devenir une « Guinéenne ». J'allais devenir Américain. N'étais-je pas aussi bon que n'importe lequel d'entre eux ? » demanda-t-elle avec passion. "Qu'est-ce qui n'allait pas chez moi ? Puis j'ai découvert ce qui n'allait pas chez moi : les filles américaines passent toujours de bons moments. Alors j'ai pensé que je passerais un aussi bon moment que n'importe qui.

"J'ai pleuré jusqu'à ce que mon père me laisse aller au cinéma presque tous les après-midi et deux fois le samedi. Et j'ai toujours offert à une autre fille, une Américaine, un billet pour m'accompagner. Ils étaient alors amicaux, vous pouvez parier. Ils j'ai arrêté de m'appeler une Guinéenne."

Gina ne pouvait pas comprendre à quel point cela me paraissait pathétique. La curieuse sauvagerie des enfants envers les étrangers à leur race , pensais-je, est l'une des dernières survivances de l'état tribal de l'humanité. Le parfum quelque peu irrésistible qu'elle utilisait m'a également semblé être une survivance, même si je ne me souvenais pas de quoi.

"Voilà ma cousine, Jennie - son nom est en réalité Gemma" - la fille a été sensible à son histoire - "elle a essayé d'être américaine aussi, mais elle y a renoncé. Quand je suis allé terminer mes études à Darien, elle était déjà mariée. "... Cela fait quatre ans qu'elle est mariée et elle a trois enfants. Maintenant, à quoi ça sert ? Elle ne peut plus s'amuser maintenant ! Des bébés... des bébés... des bébés !... elle ne sort presque jamais. Et son mari aussi est assez aisé. C'est un entrepreneur. Mais il est Italien et il pense que c'est la bonne façon de vivre pour une fille. Uh-h !" et elle frissonna légèrement. "Je vais épouser une Américaine !"

Une féroce lumière de résolution jaillit de ses yeux sombres et liquides et j'avoue que je me sentais terrifié.

"Mais... mais n'es-tu pas jeune pour penser au mariage ?" Murmurai-je mollement.

"Jeune!" répéta Gina surprise. "Je réfléchis au genre d'homme que je vais épouser depuis l'âge de treize ans !"

De toute évidence , c'était un sujet sur lequel elle avait mûrement réfléchi.

"N'est-ce pas ?" » a-t-elle demandé.

"Non," ris-je, "pas si jeune que ça."

"Tu aimes les filles italiennes ?" elle se pencha vers moi brusquement, avec nostalgie.

"Oui en effet!" Je lui ai répondu en riant. « Il y a la Béatrice de Dante – et la Laura de Pétrarque – et même la Fornarina de Raphaël a dû être... »

"Oh, je ne parle pas de ça," cria-t-elle en rougissant d'excitation. "Je veux dire les filles italo-américaines. J'adore les hommes américains ! L'homme que je vais épouser est... quelque chose comme vous."

J'aime la simplicité et la malhonnêteté chez les jeunes – ou chez les vieux, d'ailleurs – mais son attitude était maintenant si – si peu conventionnelle, avec sa grosse cheville se balançant d'avant en arrière et sa poitrine, alors qu'elle se penchait en avant, touchant presque ma chemise. devant – que je craignais que son père ne soit mécontent s'il entrait soudainement dans la pièce. De plus, l'odeur me troublait l'esprit. La main sur le front , je me levai lourdement.

"Laisse-moi voir…" réfléchis-je avec une lourde facétie, comme si je réfléchissais à un problème profond, "est-ce que je les aime ?" J'ai fait un pas ou deux et je lui ai fait face. "Tu es le seul que je connais – et je t'apprécie certainement," ajoutai-je doucement.

Elle se déroula, se releva vivement et fit un pas dans ma direction. Tout à coup, elle trébucha, poussa un petit cri et se pencha en avant, de sorte que j'eus à peine le temps de la rattraper.

"As-tu tourné la cheville ?"

"Non, oui", haleta-t-elle et resta un instant dans mes bras, respirant lourdement, sa poitrine pressée contre la mienne.

"Laisse-moi te guider…" commençai-je.

"Tout va bien," murmura-t-elle d'une voix épaisse. "Laisse-moi juste me reposer une minute." Et puis cette étonnante fille a soudainement levé la main, l'a passée légèrement sur ma tête et a murmuré qu'elle aimait la couleur de mes cheveux !

"Il est marron clair", a-t-elle expliqué, "pas noir comme le mien", puis elle a posé légèrement sa tête sur mon épaule. "Et j'adore ton nom, c'est tellement gentil- *Randolph* !"

"Laisse-moi te guider", murmurai-je, comme si j'étais impuissant.

" *Ecco !* " J'entendis soudain la voix de Visconti rire derrière moi, et la main de Gina serrait convulsivement mon épaule. J'avoue qu'au fond de mon cœur se trouvait un mélange de pur funk bleu.

"Elle vient de se tourner la cheville !" M'écriai-je machinalement.

"Tout va bien, papa", dit la voix joyeuse de Gina. "Ce sont ces vieilles pantoufles. Je vais les changer." Et à mon grand étonnement, elle se redressa, nous lança un sourire radieux et se dirigea vers la porte avec seulement la moindre boiterie.

" Bien sûr que tu peux marcher seul ? " J'ai réussi à bégayer.

"Oh oui!" Gina fit un signe de la main vers la porte. "Je serai bientôt en bas."

Le père a éclaté de rire et a posé sa main sur mon épaule.

"Viens, *Caro mio* , fumons un peu. » Je le suivis, hébété. « Merveilleuse fille, Gina ! » s'exclama-t-il. « Bonne humeur, hein ?

"Euh… oui, en effet… très élevé." J'avais l'impression de sortir d'une lutte physique intense.

"Je peux voir - oh, même un vieil homme comme moi peut voir", rigola-t-il jovialement en me tendant sa boîte à cigares dans le fumoir, "que vous, les jeunes, vous aimez bien, hein ? Oh, asseyez-vous, asseyez-vous, *amico mio* . Tout va bien, très bien. Il faut que je m'habitue à l'idée du bambino, étant devenu grand. » Et me forçant à m'asseoir dans un fauteuil en cuir, il continua à me taper sur l'épaule pour souligner ses mots. « J'ai été jeune, oui ! Je comprends — et crois-moi, mon garçon, tu ne peux pas faire mieux. Gina— Gina est un trésor pour un homme. Ah oui! Il n'y a pas d'amour comme celui de la femme italienne. Elle fera de toi le meilleur—"

"Mais attendez, pour l'amour de Dieu, M. Visconti, attendez", criai-je à l'agonie en sautant de ma chaise. "Je ne peux pas… je ne dois même pas faire semblant de penser à une chose pareille. Gina est bien aussi..."

"N'en dis pas plus !" m'interrompit-il avec véhémence, en me tapotant du dos de la main sur la poitrine. "Tu es un bon, un bon jeune homme !"

"Merci!" J'ai haleté, " mais tu ne comprends pas. Je ne suis pas en mesure d'épouser une femme en ce moment. Je suis... "

"Attendez!" il me rejeta sur la chaise avec une force exubérante qui m'aurait fait rire si mes entrailles n'avaient pas été glacées par la terreur. "Est-ce que je ne sais pas ? Est-ce que je ne sais pas comment s'est passé votre capital... pouf ! comme ça ? Mais tout ce que j'ai, Gina l'a. Elle en aura assez," et il hocha la tête avec une emphase enceinte, " ça suffit, mon ami. Et le mari de Gina, il sera mon fils ! » Il frappa sa large poitrine d'un grand coup et rejeta la tête en arrière avec une finalité triomphale.

Je n'essayai plus de me lever. C'était inutile.

" Signor Visconti, " commençai-je d'une voix rauque, " vous ne me comprenez pas. Je ne pourrai jamais épouser personne. J'ai quatre enfants à élever, à éduquer et dont je dois être responsable. Le plus jeune d'entre eux a huit ans. Je... vous m'honorez. grandement par votre bonté, mais le mariage n'est pas pour moi.

Il me regarda avec stupéfaction, comme si j'avais révélé dans ses yeux une horreur incroyable.

"Quatre enfants!" murmura-t-il, les yeux dilatés. "Mais qui... mais je pensais que tu n'avais jamais été marié ?"

"Je ne l'ai pas fait", répondis-je avec un soulagement intense qui ressemblait à un réparateur. Puis, surprenant son regard significatif, j'avançai précipitamment ; "Ce sont les orphelins de ma sœur. Je suis responsable d'eux. Ils n'ont personne d'autre."

"Ah!" il inspira avec un bruit de siphon. " C'est ça, n'est-ce pas ?"

— Oui, murmurai-je en me levant, résolu à mettre un terme à cet horrible épisode. "Maintenant, si vous voulez bien m'excuser..."

Tout à coup, ses mains se sont levées et ont saisi les miennes.

"Tu n'es pas un bon homme !" » cria-t-il avec véhémence. "Non, pas seulement bien, tu es un grand homme ! *Caro mio* , ah, je ne me trompe jamais, non !" Et avant que je sache ce qu'il faisait, il m'avait embrassé à la manière continentale et de grosses larmes lui montaient aux yeux.

La coupe de mon tourment était complète. Un désir fou de m'enfuir m'a possédé – seulement de m'enfuir. J'ai bougé pour bouger mais il m'a tenu résolument.

"Nous y réfléchirons, mon ami", annonça-t-il avec une énergie sobre. "Nous allons en discuter, trouver une solution. Moi aussi, je suis un homme de cœur, *Caro mio* . C'est moi qui comprends : n'ai-je pas perdu ma pauvre Giovanna, la mère de Gina ? Si vous vous aimez tous les deux, eh bien, nous devons trouver un moyen.

L'espoir envahit mon pouls lorsque je remarquai que son enthousiasme était désormais tempéré par la prévenance.

"Non, M. Visconti", murmurai-je avec une fermeté douloureuse. "Je n'ai pas le droit d'aimer Miss Gina – et je ne rêverais pas de le lui dire, même si je le faisais – je ne suis pas libre…"

"Tu... tu n'es pas *promis* ... comment appelles-tu ça... fiancé ?"

"Oh, non, non ! C'est seulement mon cœur qui est engagé... pas ma parole... il y a quelqu'un d' autre... mais ça ne peut jamais être n'importe quoi..."

"Mais qu'est-ce que ça veut dire?" » lança-t-il, une colère sombre illuminant ses traits et allumant l'air comme une torche. "Qu'est-ce que j'ai vu ! Ma fille dans tes bras, qu'est-ce que c'était !" Ses yeux lançaient maintenant une colère ardente et ses bras s'arrêtaient au milieu d'un geste violent.

Je secouai lentement la tête. Sa colère m'était infiniment plus agréable, comme une manne, après son enthousiasme desséché.

"Il n'y avait rien", répondis-je doucement. "Mlle Gina s'est vraiment retourné la cheville sur le tapis. Et je l'ai rattrapée alors qu'elle tombait, exactement comme vous l'auriez fait."

Il resta un moment haletant, le regard rivé sur moi. Enfin il se détourna, avec un mouvement pitoyable de regret, d'excuse, de résignation . Cet excellent homme m'a accordé le bénéfice du doute.

"Ah, *Dio mio* , murmura-t-il. *Poverina* ! Allez, mon ami, maintenant. Je dois réfléchir. *Bellessa mia !—cara mia !* — que vais-je lui dire ? Ah *Dio* ! quel monde amer ! »

« Je suis plus affligé que je ne peux le dire », murmurai-je avec la voix écrasée d'une souffrance poignante, « mais que puis-je faire – ou dire – de plus ?

— *Niente* , rien, rien, murmura-t-il. "Bonne nuit!" et mon admiration pour son esprit était grande quand il me tendit sa main tremblante.

Je me dirigeai vers la porte sur la pointe des pieds comme un voleur et alors que je prenais mon manteau et mon chapeau, Gina m'appela du haut des escaliers avec un étonnement incompréhensible.

« Je n'y vais pas… Randolph ! Et comme une petite avalanche, elle dévala les escaliers.

"Oui, oui, il s'en va, *bellesa mia* ! cria fermement Visconti en courant vers nous. Il est rappelé... bonne nuit, bonne nuit !

"Bonne nuit", dis-je en tendant la main à Gina. Mais les manières de Gina sont plus modernes que celles de son père. Elle était abasourdie et elle m'a tourné le dos avec colère, enregistrant sans aucun doute une émotion standard d'un film préféré. Il était inutile d'essayer de l'apaiser. Je me suis glissé hors de la porte qui ne s'ouvrira plus jamais pour moi.

La qualité cauchemardesque de l'épisode a persisté dans ma conscience comme une drogue tout au long du trajet de retour, et ce n'est que lorsque j'ai franchi ma porte et vu une lumière dans mon bureau que la réalité a commencé à s'affirmer.

La réalité signifiait la fin – la fin de mes moyens de subsistance, la fin de mes espoirs et de mes projets – la fin de l'attache. Comme un garçon encore vierge, je dois recommencer à appréhender l'avenir. Un héros de roman aurait sans aucun doute, à ce moment-là, frémi de se battre contre des obstacles nouveaux et apparemment insurmontables. Mais hélas! Je ne suis pas un héros de romance ! Alors que je jetais mon manteau sur le porte-chapeau , une grande lassitude et un profond découragement m'envahirent.

Alicia est sortie de mon bureau pour me saluer. Comme d'habitude, elle m'attendait.

"Pourquoi diable n'es-tu pas au lit ?" Je grognai avec irritation. Alicia a scruté mon visage au milieu des ombres projetées par la lumière de la lampe. « Va te coucher, mon enfant, répétai-je ; "aller au lit."

« Il s'est passé quelque chose », murmura-t-elle effrayée ; "quelque chose est arrivé. Oh, dis-moi, qu'est-ce que c'était, oncle Ranny ?"

Je la regardai avec un air renfrogné qui se voulait rébarbatif – un avertissement que je n'étais pas d'humeur à être insignifiant.

Elle m'a saisi la main, maintenant toujours mon regard avec ce regard étoilé qui sonde invariablement les profondeurs et repose au plus profond de mon âme.

"Quelque chose t'a blessé, oncle Ranny ," murmura-t-elle en tremblant, "et tu dois me le dire." Nos yeux habitaient ensemble pendant un espace. "Oh, dis-moi !" » elle déglutit, avec une terreur soudaine dilatant ses yeux. "Ce n'est pas... ce n'est pas ça... mec, reviens !"

"Oh non!" J'ai frémi involontairement à l'image qu'elle évoquait de Pendleton. "Pas ça. Dieu merci, Alicia, tu n'es pas Pollyanna ; tu vois le pire d'un coup."

"Non," marmonnai-je finalement en détournant le regard, "j'ai blessé quelqu'un."

"Je n'arrive pas à croire ça", rétorqua-t-elle avec véhémence. "Mais si tu le penses… S'il te plaît, s'il te plaît, dis-le-moi. Ce sera tellement mieux pour toi, oncle Ranny ."

J'ai eu une soudaine envie de la prendre dans mes bras, mais l'émotion n'était pas paternelle. Et… j'étais pour elle « Oncle Ranny ». Toute inconsciente, elle était gardée par son cercle de flammes sacrées. Spasmodiquement, j'ai arraché ma main de sa prise et j'ai traversé la pièce en chancelant jusqu'à ma table.

"Asseyez-vous là-bas", je lui ai fait signe de s'éloigner le plus possible de moi. Elle resta immobile sans obéir.

"Qu'est-ce qu'il y avait, oncle Ranny , chérie ?" elle respirait.

Une sorte de douleur douce-amère m'a traversé à l'épithète et je me suis injurié intérieurement pour l'impureté de mon esprit sombre en présence de cette pureté simple et belle. Un profond soupir m'échappa tandis que j'appuyais mes coudes sur la table et que je faisais un faible effort pour sourire au visage moqueur du Destin.

"Je ne peux plus retourner chez Visconti, Alicia", lui dis-je. "Il s'est passé quelque chose. C'est fini. Je dois chercher autre chose."

"Oh!" haleta-t-elle, "est-ce que c'est aussi grave que ça ?"

"Aussi mauvais que ça", répétai-je machinalement.

"Alors je sais que tu ne pouvais rien faire," répondit-elle avec un éclat soudain qui ressemblait à une bénédiction.

" Alors ça ne sert à rien de s'inquiéter. Mais tu parles de l'argent, " et son visage s'assombrit avec anxiété. "Mais je sais ce que je vais faire, oncle Ranny ", s'approcha-t-elle en glissant vers moi. "Il y a toujours M. Andrews pour moi, vous savez. Vous vous souvenez de ce qu'il a dit : il me ramènera à tout moment."

À un instant d'obscurité succéda un soudain éclat d'éclairage. Andrés ! Andrews et la bibliothèque – la bibliothèque, toute cataloguée – terminée ! Andrews l'achèterait ou m'aiderait à m'en débarrasser, et Alicia et les enfants n'auraient finalement pas à souffrir de ma catastrophe. Mes livres ressemblaient davantage à ma chair et à mon sang, et je devais m'en séparer – mais cette considération était singulièrement brève pour le moment. Ces livres, comme une troupe de vieux amis ; nous sauverait tous du désastre – viendrait comme une phalange entre nous et la défaite.

"Espèce d'enfant incroyable !" J'ai pleuré en me levant d'un bond. " Lumière ! — Vous m'avez apporté la lumière ! Andrews ! — L'homme même ! Demain, je vais à Andrews ! "

Je l'ai saisie par les épaules et je l'ai fait tournoyer dans la pièce comme une marionnette dans un élan sauvage d'énergie. Alicia haleta et, se retournant, éclata de rire d'un rire qui frôlait les sanglots. J'ai peur de penser à ce que nos voisins auraient conclu s'ils avaient observé à travers les fenêtres l'étrange rite dionysiaque du tranquille célibataire d'âge moyen et de sa jeune et jolie pupille.

"Maintenant, va te coucher, mon enfant," ordonnai-je brusquement. "J'ai quelques réflexions à faire."

"Dois-je te préparer du café ?" plaida-t-elle en s'approchant de moi, toujours en riant.

"Non, va te coucher!" Avant que je m'en rende compte, elle avait laissé un baiser d'oiseau sur ma joue et s'était enfuie de la pièce comme une brise.

Mes yeux s'attardèrent sur la porte pendant un espace où elle avait disparu, puis ils se tournèrent involontairement vers les rangées paisibles de livres qui avaient été ma vie, qui maintenant, dans la dernière extrémité du besoin, doit, comme le chameau dans le désert, donne leur sang pour être mon gagne-pain.

Le lendemain matin, c'est-à-dire aujourd'hui, je me rendis à Andrews, armé de mon catalogue, et, au grand étonnement de ce brave garçon, je lui proposai de vendre ma bibliothèque.

Il m'a regardé un instant avec un étonnement vide, puis, se remettant, a déclaré qu'il aimerait le voir.

"Reviens déjeuner avec moi", suggérai-je.

Il ne pouvait pas le faire, mais accepta de venir dîner le soir.

Ses vieux yeux perspicaces ont observé bien plus que les détails de mes copies et éditions pendant ses deux ou trois heures chez moi. D'un regard discret mais observateur, il suivait les enfants partout et mesurait, avec plus de précision sans doute que je n'aurais pu le faire, la valeur et la solidité de ma maison. Il avait vu autrefois une partie de ma vie de célibataire facile et, sans doute, il tirait maintenant ses contrastes et ses conclusions.

« Que pensez-vous pouvoir offrir ? » » demandai-je avec une certaine anxiété, alors qu'il se tenait debout et touchait soigneusement les livres qui, comme le seul talent de Milton, c'était la mort à cacher – car ils étaient du pain.

Andrews s'assit et regarda pensivement devant lui pendant un moment.

"Je vais vous dire ce que j'aimerais vous offrir avant de parler des livres…" dit-il avec une délibération égale et étudiée. « J'aimerais vous proposer… un partenariat !

Ce fut à mon tour de le regarder avec stupéfaction.

"Ce serait une bonne chose pour moi si vous veniez avec moi, M. Byrd," dit-il maintenant plus rapidement. " Vous voyez, je suis un vieil homme qui s'en sort, monsieur, qui s'en sort. Je veux du sang neuf dans cet endroit, du sang neuf, un nouveau point de vue et un enthousiasme jeune. Votre jeune femme arrive comme elle l'a fait. " Cela m'a réveillé. Et à qui pourrais-je laisser cela à la fin ? " spécula-t-il avec mélancolie. "Je n'ai aucune relation."

J'ai ouvert la bouche pour parler, mais Andrews a profité du privilège de son âge pour m'ignorer.

"Je veux un homme avec le toucher tendre pour les livres, M. Byrd, le toucher tendre. C'est une belle affaire," fit-il claquer ses lèvres, "magnifique ! Leur chasse, c'est… c'est une quête chevaleresque. Et trouver des maisons. pour eux, c'est comme placer de beaux enfants. Les bookmen d'Amérique sont généreux. Nous devrions aller en Angleterre, acheter des bibliothèques, augmenter notre trésor.

"Mais, mon cher Andrews," bafouillai-je, en signe de protestation agitée. « Savez-vous ce que vous m'offrez ? Une carrière, un gagne-pain, la vie elle-même – l'avenir de mes enfants – que puis-je apporter, à part ces livres – et comparé à votre entreprise et à votre bonne volonté !

« Si vous étiez riche, » l'interrompit-il, « pensez-vous que j'aurais l'audace de vous faire cette offre ? Vous voyez, je vous connais depuis longtemps, M. Byrd, et cela a été un grand plaisir pour moi. " Si j'avais un fils... mais," et sa voix prenait un ton plus dur avec les choses refoulées, " cela ne sert à rien d'entrer dans cela. C'est l'affaire d'un homme comme vous.

"Nous avons tous besoin d'argent", a-t-il poursuivi avec une nouvelle énergie. "C'est une chose à mépriser si vous le pouvez, une chose dont les sentimentalistes peuvent se moquer. Mais aussi longtemps que notre système social et économique actuel perdure, seul un imbécile pourrait décrier l'argent. Cela ne vous sert à rien quand votre cœur se brise, mais ni l'un ni l'autre. ce n'est pas de la nourriture, ni de l'eau, ni un abri, ni des loisirs. Mais quand vous voulez de la nourriture, un abri et des loisirs, c'est-à-dire tant que vous êtes à la surface, vous voulez de l'argent. J'ai prospéré, j'ai bien fait. Veux-tu venir avec moi, Randolph Byrd ?"

"Mon cher bon Andrews", j'arpentais la pièce, agité, exultant, terrifié par ce coup de chance. "Mais comment puis-je profiter de votre générosité inouïe ? Que puis-je offrir ? Accepterez-vous mes livres comme apport au capital ?"

"Non," il secoua la tête, avec des yeux pétillants et un étrange froissement de pattes d'oie autour d'eux. "Je ne pense pas que nous en ayons besoin. Les livres sont toujours des livres", conclut-il oraculairement, avec une résonnance dans la voix de la révérence du véritable bibliophile.

"Dis que tu viendras."

Mon cœur a été soudainement inondé par une riche inondation d'espoir. C'était là la permanence qu'Andrews tenait – c'était un ancrage. Ce n'était ni celui de Salmon et Byrd, ni celui de Visconti. C'était mon domaine particulier, et seul un snob ou un imbécile pouvait le rejeter. *Ça me connait* . Tous les troubles et troubles du passé semblaient fondre rapidement comme les formes des rêves ou les nuages sans substance. Ma vie serait sécurisée, mes enfants nourris et éduqués. Alicia devrait avoir sa chance sans contestation – devrait être préparée à l'avènement de son héros de rêve , – quand il viendra – quand il viendra ! Pour quelle autre raison vivais-je désormais ? J'aurais ressenti ce qu'aurait pu ressentir la vieille femme de la comptine, qui vivait dans une chaussure, si quelqu'un lui avait soudainement offert une chaumière bien garnie, recouverte de vigne, composée de nombreuses chambres, avec un avenir raisonnablement sûr pour sa progéniture. Je vis soudain la ville bruyante qui avait plus d'une fois annoncé mon destin, maintenant riche en perspectives et récitant gaiement à mes oreilles le récit flatteur de l'espoir - l'espoir de devenir libraire face à mes rêves d'érudition, d'éminence - la célébrité, peut-être ! Mais ce n'était pas un rêve. Avec un sourire éphémère, j'en reconnus le cynisme capricieux et l'ironie. Et avec une profonde gratitude, j'ai serré la main d'Andrews pour conclure le marché.

LIVRE TROIS

CHAPITRE XXII

En revenant sur ce récit presque négligé des choses qui ont constitué ma vie, je réalise avec incrédulité le passage du temps. Je réalise aussi que lorsque vous vivez pleinement, vous écrivez, réfléchissez et enregistrez le moins. C'est *après* ses années d'esclavage que Cervantes a écrit Don Quichotte et dans une prison que Bunyan et Sir Walter Raleigh ont composé leurs œuvres les plus connues.

Je ne composerai jamais d'"œuvres", j'en suis sûr maintenant, car mon sort est d'agir jusqu'au bout. Trois fois au cours des deux dernières années, je suis allé en Angleterre et en France, assistant à des ventes, achetant des livres, des manuscrits et des bibliothèques, et j'ai échappé de peu à naviguer sur le *Lusitania* , ce qui aurait probablement été la fin de ces mémoires et de moi. Est-ce que cela aurait eu de l'importance ? Aux enfants, peut-être. Pas pour moi, certainement – sauf dans la mesure où ils auraient souffert de mon départ. Car, bien que le commerce des livres soit pour moi ce qui s'apparente le plus au plaisir, c'est néanmoins une bagarre et un marchandage sur la place du marché, l'inverse de tous mes goûts et de mes aptitudes.

Il est étrange qu'à l'extérieur je porte peu des marques de l'âme indolente mangeuse de lotus qui me possède. Les gens qui me regardent superficiellement pourraient penser, avec Andrews, que je suis fait pour les stratagèmes, le butin et… les affaires.

Pourtant, comme j'étais heureux quand Andrews m'a fait son offre ! Comme je me suis plongé dans ses affaires, nos affaires, et que je leur ai donné toute mon énergie ! Les enfants, j'exultais intérieurement, les enfants sont désormais en sécurité !

Mais la nature a horreur des anomalies. Travailler uniquement pour les enfants ne suffit pas. On désire travailler pour un compagnon intime, pour une femme bien-aimée, dont le sein est son foyer, dont les bras chauds sont l'unique refuge contre le monde, dont les yeux sont les portes lumineuses du ciel. Cet accomplissement que je n'ai jamais eu et que je n'aurai jamais. D'où ce sentiment anormal de frustration, d'incomplétude. Un psychanalyste qualifierait sans doute cela de complexe bien connu de la cinquantaine, l'appellerait par son nom comme un familier et procéderait à m'en « guérir ». Mais je ne vais chez aucun psychanalyste. Je connais mon problème et aussi son nom, même si je ne peux pas lui donner le nom du roi Œdipe ou du roi David ou autre.

Galeotto fu il libro e chi lo scrisse a pleuré la flamme Francesca da Rimini. Et le nom et l'auteur de mon trouble n'est pas Galeotto mais... Alicia... Alicia que je n'ai pas prise et que je ne pourrai plus jamais avoir.

Je ne suis pas un Paolo romantique pour la Francesca d'Alicia. Je suis un homme d'affaires - oui, un homme d'affaires new-yorkais d'âge moyen, presque alerte, de la variété approuvée par le vernis dur - avec de bonnes phrases stéréotypées et une démonstration de sincérité virile. Qui ne connaît pas le franc-parler de la plupart d'entre nous, hommes d'affaires modernes, sous lequel nous pouvons cacher tant de ruse, d'astuce et de chicane ? N'aurais-je pas pu simplement prendre possession d'Alicia par une sorte de domaine éminent ? Oh, je ne veux rien dire d'inapproprié ! J'entends par toutes les méthodes astucieuses et habituelles, le genre de chose cloche, livre, bougie et fleur d'oranger, comme le M. Pettigrew têtu des romans américains, ou le méchant marquis ou baronnet anglais.

Mais je ne pouvais pas, je ne pouvais pas.

Sous la carapace de la tortue ou du tatou se trouve un corps de chair avec des nerfs, du sang et des viscères – une partie vivante et molle. Il en va de même sous la carapace de l'homme d'affaires décrié.

Une pitié et une tendresse infinies m'agitent à la pensée d'Alicia. Je sens soudain au plus profond de mon âme la douceur de sa joue et elle me touche comme la délicatesse de la chair de son propre enfant doit la toucher . Si j'avais moi-même un enfant, mais là-dessus, je ne dois pas laisser mon esprit s'attarder, même dans les rêves.

Pourtant, pourquoi pas ? Les rêves sont tout ce que je vais avoir et, pardie, c'est plus que ce que je mérite. Beaucoup, beaucoup m'a été donné et je dois en être profondément reconnaissant. Et je me sens reconnaissant.

Mais Alicia est fiancée.

J'arrive à peine à écrire les mots, même si ce sont ces mots qui m'ont poussé à écrire à nouveau.

J'ai été heureuse depuis deux ans et plus, heureuse dans ma mode. Au milieu du tumulte et de l'agitation de l'esprit de guerre, comme d'autres hommes d'affaires, j'ai acheté et vendu, chahuté et marchandé, élevé les enfants de Laura, éduqué Alicia et prospéré. Si une main d'œuvre nouvellement riche achète des automobiles, il faut admettre que certains hommes d'affaires brusquement enrichis et leurs femmes ont eu le temps de se détourner des fourrures, du bric-à-brac et de la décoration intérieure, une spécialité si lointaine. Ils achètent des livres – des bibliothèques au mètre, des classiques et des éditions originales par centaines. Le fait que cet admirable libraire américain, le jeune Widener, ait réussi à rassembler une magnifique collection au cours de sa trop brève vie, a incité de nombreuses personnes à l'imiter. Shelley n'a plus besoin de pleurer Adonaïs . J'ai vendu des recueils de Keats *en bloc* à des messieurs qui n'ont probablement jamais lu Endymion de leur vie, et même maintenant, je possède un ensemble de premières éditions de

Shelley uniquement parce que je ne pouvais pas me résoudre à m'en séparer à des personnes très rudimentaires, presque analphabètes. , client qui s'avère être le plus offrant. Je préférerais les vendre moins cher à un bookman plus éclairé. Oh, oui, j'ai été heureux dans ma mode. Pourtant, en jetant un coup d'œil sur les quelques brèves entrées dispersées de ce disque, pourquoi la teinte de mélancolie persiste-t-elle ?

Je retrouve une citation d'Anatole France datée d'il y a vingt-six mois environ selon laquelle "même les changements les plus désirés ont leur tristesse, car tout ce que nous laissons derrière nous est une partie de nous-mêmes. Il faut mourir à une sorte de vie". pour en entrer dans un autre."

Qu'est-ce que je regrette ou regrette – à moins que ce soit le simple passage du temps qui me rend de plus en plus vieux ? Et encore une fois je trouve :

"La vie est un jeu auquel jouent mieux les enfants et ceux qui gardent le cœur des enfants. Pour ceux qui ont le malheur de grandir, c'est souvent un cauchemar." La revoilà : la note persistante du regret. Le temps me les enlèvera tous, y compris Alicia. Et puis ? — Comment en suis-je arrivé à laisser la passion s'engouffrer dans mon cœur ?

Je trouve quelques phrases de Hazlitt selon lesquelles « nous prenons en dégoût nos livres préférés après un certain temps » et que « si l'humanité avait souhaité ce qui est juste , elle l'aurait peut-être eu il y a longtemps », et puis plus tard, une sorte de de credo, ou confession ou apologia *pro vita mea* :

"Nous sommes à l'ère du commerce. Si les affaires sont la voie la plus facile pour gagner sa vie, afin qu'une créature mince comme moi puisse s'accrocher à la surface de la planète et transmettre ce qui a été accompli aux générations qui doivent accomplir davantage - si telle est la voie la plus simple, alors c'est la voie de la nature, ma voie. Toutes les affaires peuvent être plus ou moins ignobles. Mais, si tel est le cas, qui, dans l'état actuel de l'évolution, peut échapper complètement à l'ignoble ?

Pourtant, je n'ai pas modifié l'essentiel. Qui dira à quel point je frémis à la vue de la beauté ou de l'œuvre rare d'un maître ? Je ne peux pas dire à quel point mon pouls palpite lorsqu'un nouvel auteur nage dans mon esprit - sa nouvelle voix, sa note fraîche me prend à la gorge comme une mélodie envoûtante et j'ai su que mes yeux se remplissaient de pure joie de la découverte.

Oh, vous, Randolph Byrd, âgé de soixante-dix ans, lorsque vous viendrez avec vos cheveux blancs et vos yeux aveugles parcourir ces notes, les recevrez-vous à leur valeur nominale ? Croiriez-vous que le sentiment de frustration qui les sous-tend est lié à la carrière, à la renommée et à la vie de Brunetto ? Des Latins ? Non, mon septuagénaire, j'ai un respect pour toi et une chaleureuse pitié. Je ne peux pas vous tromper si froidement : profitez de vous ! Maudites carrières et affaires et Brunetto Latinis ! Je veux de l'amour, un amour passionné, des enfants dans mes propres reins et les bien-aimés dans mon cœur, et juste le bonheur commun dont jouissent en ce moment des milliers de milliers d'hommes. Alors pourquoi ne l'ai-je pas pris ? Pourquoi n'ai-je pas pris Alicia comme le roi David a pris Bethsabée, ou quel que soit le nom de la dame, en vertu de son désir et de son pouvoir ? Parce que j'ai été un imbécile tatillon, hyper raffiné et hyper sensible, mon vieil ami ; et maintenant qu'elle est fiancée, je devrais l'être, mais maintenant il est trop tard ! Toujours, toujours, Randolph Byrd, tu es arrivé trop tard !

Tout le monde peut me donner des conseils et m'analyser, mais personne ne me connaît vraiment. Dibdin , qui me connaît le mieux, est en réalité celui qui me connaît le moins. Il m'a résumé, ou pensait l'avoir fait, avant son départ périodique pour des régions inconnues, il y a une vingtaine de mois.

"Tu vois," dit-il, "tu as vraiment un génie pour les enfants. Je t'ai dit ce que je ressentais pour Laura. Mais que dois-je faire ? Je pars on ne sait où, parce que je suis un clochard. Ça est plus fort en moi que toute autre chose. Mais vous, voyez-vous, vous avez abandonné tout le reste pour eux, tout. Qui d'autre qu'un imbécile pourrait ignorer le sens de cela ?

Qui d'autre qu'un imbécile, mon cher vieux Dibdin , pourrait être aussi aveugle que toi ? Qui d'autre qu'un imbécile pourrait ne pas voir que je suis dévoré de passion pour Alicia et que j'attendais, redoutais, espérais qu'elle soit assez vieille pour connaître son propre esprit et son cœur – et j'attendais trop longtemps ?

Et maintenant, Alicia est fiancée – ainsi qu'à mon propre neveu, Randolph – et la vie pour moi, la vie au sens riche, vif, coloré et romantique du terme, est terminée.

Mon neveu Randolph, étudiant en deuxième année à Columbia, s'est fiancé à Alicia !

Des éclairs de sauvagerie me frappent au cœur lorsque je trouve possible de haïr ce jeune, notamment lorsque je remarque l'expression de Pendleton sur son visage, la sournoiserie de Pendleton dans ses yeux. Dans de tels moments, j'éprouve un désir intense, presque irrésistible, de me débattre avec lui comme à une certaine occasion je me suis battu avec son père, de lui cogner la tête contre le mur et d'étouffer cette témérité effrontée et insolente avec son dernier souffle. .

Mais je ne suis qu'oncle Ranny – et je ne pense pas que je ferai quoi que ce soit de pareil. Ne l'ai-je pas élevé ? N'ai-je pas travaillé et travaillé pour lui, veillé sur lui ? N'est-il pas mon enfant comme les autres ? Il y a quelque chose dans la personne, dans la chair même de l'enfant qu'on a élevé, qui désarme la colère et transforme le cœur en eau. Ses mauvaises manières blessent plus profondément, mais elles ne ressemblent pas aux mauvaises manières d'un étranger. Ses transgressions ne sont pas comme les transgressions des autres. Au nom de Dieu, crie ton âme, il doit y avoir des traits rédempteurs, des conditions atténuantes ! N'ai-je pas contribué à le façonner ? Et n'était-il pas ineffablement attachant lorsqu'il était enfant ? Il est peut-être un peu sauvage maintenant, mais tous les jeunes ne sont-ils pas ainsi en route vers la virilité ?

C'est le point de vue d'un parent, je vois, pas celui d'un rival . Pourquoi, pourquoi ce garçon, parmi tous les mâles du monde, m'a-t-il pris Alicia ?

C'est seulement hier que cela s'est produit, mais déjà cela ressemble à une calamité ancienne qui marque sa victime avec le lent grincement d'années de douleur, blanchit sa chair et la presse dans les limbes de ceux qui subissent les lentes tortures de la vie. .

Pourtant, j'étais heureux hier. Je suis rentré à une heure, comme le samedi, et le soleil du début d'avril, bien que traître, était néanmoins plein de promesses éblouissantes de printemps, de soulagement du redoutable hiver que nous avons enduré. Ma tête bourdonnait de projets comme une ruche. Le bail du châlet expire en mai et j'avais l'idée vaine de prendre une maison plus grande et plus attrayante qui devrait constituer un cadre convenable pour Alicia. Après cela, il ne reste plus qu'un an d'université à Alicia, et puis – et puis – Alicia avait parlé d'entrer dans le magasin, et je devrais l'avoir avec moi tout le temps. Comme j'avais envie et j'attendais ce jour avec impatience ! Alicia ma compagne constante, partageant chaque instant de la journée, allant et venant ensemble, déjeunant ensemble, discutant de tout. Qui me blâmera si j'ai eu des visions ?

Et puis, peut-être une heure après le déjeuner, ils sont soudainement entrés ensemble dans mon bureau – Randolph à un demi-pas environ derrière elle avec quelque chose de chien battu dans le regard – une expression que je déteste chez lui – et Alicia, la tête haute, rouge d'un air de résolution désespérée à propos des yeux un peu hagards qui m'ont fait sursauter.

J'avais été occupé à feuilleter les pages et à rassembler un Caxton, un véritable Caxton que je comptais montrer plus tard à Alicia — « Le Livre Royal » (1480, 2e année du règne du roi Rychard III) — un bel incunable . .

Randolph s'avança brusquement d'un mouvement de tête, et, ses yeux ne rencontrant pas les miens, il laissa échapper d'une voix rauque :

"Nous sommes fiancés, oncle Ran—' Licia et moi !"

"Quoi!" J'ai crié durement comme quelqu'un qui souffrait et je suis tombé contre le dossier de ma chaise. "Qu'est-ce que tu veux dire !"

Mais il détourna simplement le regard, sans répondre.

« Est-ce vrai, Alicia ? J'ai crié, comme pour surmonter le tumulte dans ma poitrine.

"Oui, oncle Ranny ", souffla Alicia, ses yeux fixant les miens avec un air si tristement poignant et chargé de douleur que cela me glaça alors que j'étais sur le point de parler. Je restai assis pendant un moment, la bouche ouverte, nos yeux se rencontrant un instant. Et puis, comme par un effort soudain, Alicia sourit vaillamment, posa vigoureusement sa main sur le bras du garçon rétréci, puis brusquement elle baissa les yeux.

« Mais… mais pourquoi… pourquoi maintenant ? J'ai bafouillé. « Vous êtes tous les deux si jeunes – vous êtes seulement en deuxième année, Randolph – et vous, Alicia – au nom de Dieu, pourquoi maintenant ?

Alicia jeta un coup d'œil à Randolph comme si elle comptait sur lui pour parler, puis y renonçant avec mépris comme étant désespéré, elle redressa courageusement les épaules et murmura d'une voix basse et distincte :

"J'ai promis à Randolph. Il veut que je sois fiancée avec lui et je lui ai promis de le faire."

« Vous… vous voulez dire que vous… vous vous aimez ? Je bégayais misérablement, car chaque mot était un couteau planté dans mon propre cœur.

Le garçon Randolph était maintenant honteux et lui donnait un peu de virilité.

"Oui, nous le faisons, oncle Ranny ," dit sa voix rauque. "C'est juste ça… nous… nous nous aimons. Et…" Licia a promis d'être fiancée avec moi jusqu'à ce que j'aie terminé mes études et trouvé un travail.

"Je suppose que ça devait venir, oncle Ranny ", expliqua Alicia avec ce qui me parut d'une sérénité très travaillée. "Nous avons grandi ensemble. Nous avons été tellement amis et - et Randolph semblait avoir besoin de moi. Ne voyez-vous pas, oncle Ranny ?" Il y avait dans sa voix une pitoyable note d'appel qui ne faisait que me déchirer davantage. Mais je ne pouvais pas parler.

Le soleil avait disparu de l'après-midi d'avril. Des vagues d'obscurité semblaient s'abattre sur moi, et la force et l'énergie d'il y a quelques minutes s'étaient écoulées de moi comme de l'eau. Je me sentais si faible et brisé que, tout d'un coup, j'ai été saisi d'une peur panique de m'effondrer.

« S'il vous plaît, laissez-moi maintenant », mes lèvres, d'étranges choses mortes et froides qui ne semblaient en aucun cas faire partie de mon corps, sorties mécaniquement, mais avec un effort intense. "C'est… c'est un choc… nous en discuterons plus tard." Je n'envie pas à ces deux-là la vue de mon visage à ce moment-là. Je suis presque certain que Randolph ne l'a pas vu, car il s'est détourné, mais j'ai des doutes concernant Alicia. Ses yeux étaient remplis de larmes et elle s'est approchée de moi avec un mouvement soudain et curieux des mains, comme si elle sentait plutôt que voyait son chemin. Puis brusquement, ses mains tombèrent sur le côté, elle fit une pause et se retourna brusquement.

Ils m'ont alors quitté, tous les deux. Je suis resté seul, écrasé, abasourdi, seul.

Et même si je souffre d'agonie, il y a maintenant en moi un étrange nouveau sentiment de familiarité avec la souffrance. L'angoisse et le chagrin, Dieu merci, ne sont plus des nouveautés. C'est ce que le simple fait de vivre apporte à nous. Je suis aussi sensible à leur égard que je l'ai toujours été à l'époque préhistorique de mon aisance, de mes loisirs et de ma réclusion, mais ce sont désormais de vieilles connaissances. Je dois continuer, cachant ma douleur du mieux que je peux, travaillant pour le garçon charmant et ensoleillé, Jimmie, si brillant de promesses, pour la grave et douce Laura, réplique de sa mère, et – oui – pour Randolph et Alicia. Je ne peux pas déclamer et je ne dois trahir aucun chagrin ni me donner en spectacle devant eux. Je dois continuer.

« Si petite que soit votre lampe, observe le sage de Belgique, ne vous séparez jamais de l'huile qui l'alimente, mais donnez seulement la flamme qui la couronne.

Une huile pauvre et ténue est celle de ma lampe particulière, une petite flamme et un résultat trouble. Mais tels qu'ils sont, je dois les garder.

Cependant, je ne peux pas m'empêcher de penser qu'il y a un mystère, une raison secrète derrière cette évolution éclair entre Alicia et le garçon. C'est avec un cœur lourd que je dois constater qu'il m'a déçu. Sa médiocrité d' étudiant me préoccupe moins que sa tendance générale à la fugace, son œil instable et sa lourde lèvre inférieure tombante lorsqu'il me dit qu'il "a passé la nuit avec les camarades de la fraternité", qu'"un camarade doit associer avec des amis de son âge", qu'"il doit se faire des amis", etc. Il a épuisé son allocation quatre jours après l'avoir reçue et en redemande à plusieurs reprises. Plus d'une fois, j'ai senti une odeur d'alcool chez lui alors qu'il rentrait tard dans la nuit, et seul le fait qu'il soit le fils de Laura et que je l'ai élevé m'a fait cautionner ses nombreuses offenses.

Est-ce que je l'ai gâté, je me demande ? Aurais-je toléré et toléré autant s'il avait été mon propre fils ? Il a plus d'un an de moins qu'Alicia et bien qu'il soit un garçon assez beau à sa manière, j'ai l'impression de voir trop de Pendleton sur son visage pour me réconforter. Son père était également remarquablement beau lorsqu'il épousa la pauvre Laura. Ai-je, je me le demande, élevé un autre Pendleton ?

Mais Alicia, la brillante, la blonde, la radieuse, presque une femme maintenant, avec plus de sagesse que je n'en ai jamais trouvé chez les femmes, comment a-t-elle pu faire une chose telle qu'elle s'est engagée avec lui ? Je peux comprendre son éventuel engouement. Mais j'avais toujours cru qu'une fille apprend ses arts féminins par instinct. Comment peut-elle être si aveugle au caractère et aux défauts du garçon ? Se pourrait-il qu'elle l'aime vraiment ? Amour Amour Amour! Cette force aveugle dont on dit qu'elle déplace les étoiles, pourquoi peut-elle être une chose si hagarde, maigre et douloureuse à la lumière ordinaire du jour ? Malheur à moi, je suis trop ennuyeux pour le comprendre ! Comme le cheval sanglant de *Werther* qui se mord la veine pour soulager son cœur surmené, je dois saigner intérieurement – je dois souffrir et endurer.

CHAPITRE XXIII

Puisque c'est pour vous, Randolph Byrd, âgé de soixante-dix ans, que ce journal vagrom a été écrit, je me croirais abandonné et peu sincère si je ne vous expliquais pas dans les moindres détails le genre de créature que vous étiez au milieu de la vie. Si vous n'approuvez pas votre géniteur, je saurai que j'ai été exact, car je ne l'approuve pas moi-même.

Nous sommes en guerre. Chaque fibre de mon être devrait vibrer devant la déclaration de guerre du président contre l'Allemagne, mais ici, j'ai tranquillement tourné les pages de "La description d'un Maske ", de Thomas Campion (S. Dunstone's Churchyard à Fleetstreet 1607). C'est un beau volume en excellente conservation, l'un des cinq apportés par un jeune homme qui va s'enrôler. Il les a hérités d'un grand-père, peut-être un vieil homme comme vous, qui les tenait précieusement. Je les ai achetés avec empressement, car je sais où je peux m'en débarrasser, même si j'aimerais beaucoup les placer dans mes propres étagères. Nous en tirerons un bénéfice considérable. C'est le genre de pensée qui me traverse la tête, Randolph Byrd, *etc.* 70 ans, et c'est le genre d'homme que vous étiez il y a trente ans. Tu n'as jamais été jeune dans ta jeunesse, mon cher ami. Peut-être que vous rajeunirez en vieillissant.

Mais ce n'est pas tout. Au-dessus du plaisir sensuel des livres et de la pensée du lucre, se trouve l'étrange romance d'Alicia et de votre homonyme, Randolph Pendleton. Cela détruit toutes mes conceptions précédentes de la romance. Où sont la couleur, la chaleur et la gloire de celui-ci ? Je m'attendais, après leur annonce d'il y a quelques jours, à regarder avec acharnement une glorieuse aube d'avril qui m'aveuglerait de ses étranges flammes parce que ce n'était pas pour moi. Au lieu de cela , il me semble ne voir qu'un sombre crépuscule lorsque je surprends ces deux-là lors d'un colloque privé. La simple pensée de la possibilité qu'Alicia m'aime (une arrogance fantastique !) avait l'habitude d'irradier mon cœur et de me rendre franchement étourdi, de sorte que je pouvais à peine retenir mes lèvres de sourire publiquement. Mais mon petit neveu semble hagard et obsédé par le souci, et sur les yeux d'Alicia j'ai plus d'une fois observé des traces de larmes.

Quel peut être le sens de cela ?

Si j'étais en réalité un parent au lieu de me faire passer pour tel, je devrais sans aucun doute m'efforcer de comprendre ce mystère. Mais voyez-vous, je suis toujours, comme toujours, inadéquat. La vérité est que je n'ose pas encore parler de son amour à Alicia. Un peu plus tard, Randolph Byrd, un peu plus tard – quand la douleur sera plus convenablement domestiquée dans mon sein et ne s'envolera pas comme un chien nouvellement déchaîné. En attendant, ne vaut-il pas mieux que je fixe mon attention sur Thomas Campion, son Maske ?

Je pourrais peut-être combler un peu l'intérim en vous racontant ce que j'avais passé sous silence dans le silence chargé des deux ou trois dernières années, et que Fred Salmon a tenté de *réparer honorablement* . Fred Salmon, qui m'a fait perdre tout le maigre capital dont vous auriez dû vivre dans votre vieillesse, est réapparu avec une louable tentative de restitution.

Ébloui et couvert de linge , il s'est rendu au châlet il y a une dizaine de mois dans une voiture magnifiquement brillante et au design bizarre et il est entré chez moi en grondant comme un tonnerre pas trop lointain .

"Bonjour Ranny !" a-t-il crié, et en un clin d'œil, mon bureau a semblé déborder de lui, inondé par lui, débordant de Fred et de son salmonisme . « Prends un cigare, mon garçon… comment vas- tu ?… comment va la famille ?… comment va le commerce du livre ?

« À quoi dois-je répondre en premier ? » J'ai souri légèrement.

"Pas grave!" rugit Fred. "Je vois que tu vas bien. Demande-moi comment ça se passe avec moi ?" Il était si visiblement débordant de nouvelles que j'ai immédiatement obéi.

"Très bien, comment se passent tes tours, Fred ?"

" Boum, boum, Randolph, mon garçon — et cerf-volant ! Jack Morgan lui-même ne rougirait pas de se lancer dans ce dans quoi je me lance ! Mettez ça sur votre piano, Randolph, mon garçon ! "

Fred fait partie de ceux qui aiment parler de Jack Morgan, Harry Davison, Gene Meyer et Barney Baruch, comme s'ils étaient ses compagnons de cocktail quotidiens. Cette familiarité lointaine des hommes riches lui confère une étrange exubérance.

"Considérez que je l'ai essayé sur mon piano et que j'aime le prélude", lui ai-je dit. "Maintenant, passons à la suite de l'opus."

"O-puss ! Oh, fudge !" il rit. "Mon Dieu ! Tu es un grand vieil oiseau, Rannie — un grand vieil oiseau ! Eh bien, écoute, mon gars…" poursuivit-il, les chevaux sauvages n'auraient pas pu le retenir — " tu penses que j'aime me vanter, n'est-ce pas ? Ne le niez pas, vous le savez ! Eh bien, c'est la vérité de Dieu, Randolph, c'est mon cas. Certaines personnes sont comme ça, moi, par exemple. Mais je n'avais pas de quoi me vanter, vous voyez ? Alors j'ai pris ma décision. "Je me lancerais dans quelque chose de si bon qu'il pourrait supporter n'importe quelle vantardise. Alors que dois-je faire, mais me lancer dans le pétrole - le pétrole, Randolph, mon garçon - et maintenant je l'ai - je l'ai ! Riche ? Dis , je vais être sale avec ça, Randolph, suintant positivement, grouillant d'argent. C'est comme ça avec moi, mon garçon!"

"Toutes nos félicitations!" J'ai tendu la main. Il l'a saisi fort. "Et que fais-tu de tes millions ?" J'ai ajouté fadement.

"Oh, je ne les ai pas encore!" il cria. "Mais ils arrivent, Randolph, ils sont en route, en route ! J'entends le bruit de leurs chers petits pieds dorés en ce moment - le son le plus doux que vous ayez jamais entendu. Et cela me rappelle ! - " Et tout d'un coup Il ouvrit son plumeau et sortit de sa poche intérieure un certain nombre de certificats d'un jaune éclatant surmontés de magnifiques sceaux rouge sang.

« Vous voyez ça ? ses larges traits rayonnaient d'un flot de générosité de midi. "Tu te souviens que tu as mis vingt-cinq mille actions de ton propre spondulix juste avant que Salmon et Byrd ne s'effondrent ? Eh bien, c'est ça ! Voici mille actions d'huile de saumon pour couvrir cela, Randolph - et un jour tu encaisseras. avec intérêt, mon garçon – avec beaucoup d'intérêt aussi – et ne l'oublie pas ! »

Je l'ai regardé en silence pendant un moment. Mais son air de juste triomphe semblait si authentique et sincère que je réprimai le rire rabelaisien qui me secouait intérieurement et dis seulement :

"Merci, Fred. Vous êtes un... homme blanc."

"Ne dis pas un mot !" a crié Fred en me frappant dans le dos. "Tout va bien !"

"Au fait", je n'ai pas pu m'empêcher d'ajouter après un moment d'enthousiasme, "à quel prix se vendent les actions en ce moment ?"

Ce n'est pas pour rien que je suis le partenaire du malin Andrews.

"Oh, maintenant," rétorqua Fred d'un ton quelque peu blessé par mon manque de romantisme - "maintenant, il ne se vend pas du tout - pour l'instant ! Il n'est pas encore publié, vous voyez ? Nous ne l'avons pas encore lancé. Je donne " Vous ne pouvez pas le vendre avant un an. C'est le stock de l'organisateur. Mais n'ayez crainte, mon garçon, cela vous rapportera plus de vingt-cinq mille un jour , ou la courge Hubbard de mon nom ! "

Il n'y avait rien d'autre à faire que de saluer Fred comme un philanthrope et un humanitaire et de le remercier pour ses certificats aux teintes dorées , doux augure de fabuleuses richesses à venir. Je garde maintenant un petit coffre-fort en fer dans mon bureau pour abriter des objets aussi précieux que le Campion Maske et le Caxton que je ramène à la maison pour la nuit ou plus pour étude et collation. Très solennellement, j'ai appuyé sur la serrure à combinaison, j'ai ouvert le coffre-fort et, avec précaution, avec des mouvements rituels, presque hiératiques, j'ai déposé avec révérence les certificats de Fred dans l'un des petits tiroirs. Fred me regardait attentivement. Cette cérémonie semblait répondre à son sens du dramatique.

"Oui Monsieur!" il hocha la tête avec une grande satisfaction, comme un point sur mes mouvements. "Tu as mis là une petite mine d'or, mon garçon. Et tu n'as pas besoin de l'exploiter non plus. Je le ferai ! Il ne te restera plus qu'à encaisser les chèques de dividendes. Et un mot dans ton oreille, Randolph : si je t'appelle et te dis d'acheter plus, fais-le, mon garçon, fais-le !" Sans lui décrire ma réserve mentale momentanée, j'ai pour ainsi dire promis.

"Et, oh, dis," dit Fred, frappé par un souvenir soudain, "à ton avis, qui est dans cette propriété avec moi ? Tu ne le devinerais jamais au monde, alors autant te le dire ! C'est notre ancienne université. mon pote, Visconti - la guinée - et c'est un super petit sport qu'est la guinée, laisse ton oncle Fred te le dire. Il a le spondulix, mon garçon, et il en aura plus, il l'aura. Il va devenir riche grâce à ce marché, vous pariez votre chapeau, et il sera plus riche que jamais. Et dites ! » une idée semblait en suivre une autre dans le cerveau de Fred, comme un saumon courant dans des rapides. " N'a-t-il pas une fille comme une pêcherine , le vieux garçon ? La connaissez-la ? Super fille, Gina, merveilleusement bon sport ! Elle et moi... disons, nous sommes de bons amis, cette fille et moi... cabarets, danse "... et il trembla et frémit dans un mouvement soudain et fragmentaire de la dernière danse : « grand sport ! conclut-il en haletant lourdement.

"Les anges et les ministres de la grâce nous défendent !" Je m'entendis murmurer.

"Ici ! Pour quoi priez-vous ?" » demanda Fred, avec humour méfiant.

"C'était une invocation, Fred," expliquai-je, "c'est la chose la plus merveilleuse que j'aie jamais entendue. Eh bien, toi et Gina êtes faits l'un pour l'autre. C'est une bonne Américaine" - j'ai presque dit " fina Americana girl ". et vous... vous êtes un... vous avez simplement été créés l'un pour l'autre !"

"Dis," sourit Fred avec exultation, "honnêtement, Randolph, tu le penses?"

"Oui, très certainement."

"Eh bien, eh bien, attends et vois. Arrête-toi, regarde, écoute, attendre avec vigilance est le mot d'ordre", marmonna-t-il mystérieusement. "Ta-ta, vieil homme, je dois tirer à partir d'ici. Maintenant, souviens-toi de ce que j'ai dit : n'achète pas avant d'avoir de mes nouvelles, et ne vends pas avant d'avoir de mes nouvelles !"

"Reste déjeuner", suppliai-je. "Après tout, c'est dimanche."

"Désolé, je ne peux pas," répondit-il d'un ton important. "De grandes choses se préparent. A bientôt. Ta-ta!" Et il était parti.

Telle a été la recrudescence de Fred Salmon et les certificats sont toujours dans mon coffre-fort en témoignage, et à ma grande surprise, ils ont maintenant une valeur marchande, même si je ne peux pas les vendre. À en juger par les cotations sur les trottoirs, les tracts aux teintes dorées valent aujourd'hui dix mille dollars. Mais je sais trop bien que quelque chose se produira avant la fin de l'année et qu'ils ne valent plus rien. Comment en serait-il autrement puisqu'ils sont à moi ?

Fred Salmon n'a jamais été destiné à être un chuchoteur ou un négociateur de traités secrets. Les enfants présents dans la maison ce dimanche matin ne pouvaient manquer de l'entendre et depuis lors, ils le connaissent et l'appellent « les millions de Brewster ».

Il n'y a pas de contour dans la vie. La vie est chaotique. Chaque fois que je pensais que Fred se marierait, je l'avais mentalement accouplé à Gertrude. Cela, à mon avis, aurait été une combinaison idéalement eugénique. Mais au lieu de cela, Fred s'attache visiblement à Gina et Gertrude est mariée depuis dix-huit mois à Minot Blackden , le redécouvreur de la coloration du verre. Ils vivent heureux dans des appartements, distants d'environ un kilomètre et demi, et on me dit de prendre un petit-déjeuner ensemble de temps en temps.

Et cette notation, ô mon vieux correspondant, me prouve que je ne suis pas romancier. Car si j'étais romancier, j'idéaliserais sans doute ces images, je les romantiserais à mesure que je les note. Gertrude—ma vieille flamme froide, Gertrude—mariée à Blackden ! Il devrait y avoir un chapitre de cela – un véritable épithalame lyrique sur ces époux très modernes . Blackden devrait les fixer à jamais dans une série de vitraux !

Au lieu de cela, mon sentiment est : « Qu'est-ce que je suis pour Gertrude maintenant, ou qu'est Gertrude pour moi ? Pas plus qu'Hécube pour le joueur de « Hamlet ». » Toujours à la place de la romance, la réalité semble faire irruption, prendre le dessus. possession de ma plume et, bon gré mal gré, je me retrouve à enregistrer les événements au fur et à mesure qu'ils se produisent, sans vernis ni ornement.

Mais si ma plume est aussi véridique que je l'ai laissé entendre ci-dessus, pourquoi est-elle si fière et sous-honnête au point de ne pas enregistrer la torture qui persiste sous la surface apparemment calme de la vie, l'agonie, l'angoisse de voir Alicia quotidiennement dans des conditions inchangées. , la même Alicia bien-aimée, mais avec une barrière dressée devant elle, pour laquelle le paravent de la Belle au bois dormant n'était qu'une misérable haie de troènes taillés, pour laquelle le cercle de feu de Brynhild n'était qu'un pitoyable tour de prestidigitateur ?

Ayant été forcé par la pression des circonstances à adopter une vie ordonnée et naturelle, je suis maintenant affolé par la passion de la redresser complètement et de la sortir de ses étranges contorsions et enchevêtrements. Mon âme réclame de vivre naturellement et me murmure pratiquement chaque jour qu'une vie naturelle est la première condition nécessaire à une vie sociale constructive. Je vois des hauteurs scintillantes de service, de grand amour impersonnel, mais ce n'est que par l'amour personnel que se trouve mon chemin vers elles.

En d'autres termes, je suis désormais conscient qu'on ne peut pas, comme un autre Aaron Latta , « violer les sentiments sexuels ». Il existe quelques instincts primaires, si extrêmement importants, si puissamment ancrés dans l'organisme humain et animal, que les violer revient à tordre et à froisser la personnalité, l'âme même en soi – la vie elle-même. Un homme normal doit se marier , engendrer et élever avant que son imagination ne soit démêlée et libérée pour la vie constructive et collective de l'humanité – avant que son utilisation dans la société ne soit réelle et stable, fiable et non une imposture.

J'ai élevé des enfants, mais je n'ai jamais eu de femme ni engendré d'enfants. Alicia incarne pour moi l'achèvement de la vie – et Alicia est désormais promise à quelqu'un d' autre, laissant mon monde vide et dénué de sens. Quoi qu'il arrive et qu'elle m'évite comme elle peut, l'existence ne peut pas continuer de cette manière. Je dois prendre le risque d'avoir une conversation privée avec Alicia – à mon grand regret, peut-être, mais inévitablement pour mon information. Est-elle réellement amoureuse de mon neveu ?

"Alicia," commençai-je d'un ton bourru ce soir après le dîner, "Je veux te parler. Veux-tu venir dans mon bureau dans quelques minutes ?"

Elle leva un instant ses yeux vers les miens, inquisiteurs, et les baissa à nouveau rapidement.

"Oui, oncle Ranny ," murmura-t-elle. Il y a des moments où j'ai l'impression que je pourrais sortir de ma peau, comme le dit l'expression, lorsqu'elle m'appelle Oncle Ranny . Cet « oncle » a été ma perte. Mais quelle richesse de prérogatives cela m'a apporté !

J'ai choisi ce soir parce que, d'une manière ou d'une autre, le monde entier était tranquille. Les rafales de vent et les grosses pluies d'avril pendant la journée ont fait place à un grand calme même dans cette campagne suburbaine, où le grondement des trains n'est jamais absent ; mais l'odeur humide de la terre nouvellement remuée était encore dans mes narines et notre petite pelouse était déjà verte de jeunes herbes. On entendait presque la sève monter dans les arbres. Il y avait un sentiment vernal de paix et d'espoir dans la maison – jusque dans mes nerfs.

Nous étions particulièrement de bonne humeur d'ailleurs sous l'influence des discussions à table de Jimmie. Ce garçon est une source de plaisir constant et bouillonne de vitalité comme une fontaine. Sa présence dans une pièce donne positivement un effet de lumière ajoutée. Il vient tout juste d'être amoureux des longs mots et a annoncé qu'il "me donnerait une composition sur la façon de nouer une cravate". Il voulait dire une démonstration et nous avons tous ri de bon cœur.

"Peu importe," murmura joyeusement Jimmie. "Démonstration, je n'oublierai pas celle-là."

Griselda déclare qu'il est exactement comme j'étais à son âge. Mais je suis certain que je n'ai jamais été aussi charmant.

Laura n'était pas avec nous. Elle est dans un internat à Rye cette année et ne rentre à la maison qu'un week-end sur deux. Laura, douce et grave comme sa mère, n'est jamais aussi hilarante que nous le sommes souvent. Mon neveu Randolph était également absent. Il dînait, je suppose, dans son éternelle « maison de fraternité ».

Je me suis rendu compte à quel point nous pouvions être heureux, rien que nous trois, Alicia, Jimmie et moi – plus, bien sûr, Griselda. Alicia est belle maintenant avec une coloration tendre et des mouvements d'une gaieté exubérante qui sont comme du vin au cœur. Quand son visage est animé et ses yeux brillants de gaieté, la maison semble chargée de l'élixir même du délice. Ces derniers temps, cependant, j'ai peu vu sa gaieté et davantage son humeur pensive et silencieuse, ce qui a été déprimant. Mais ce soir-là, Alicia était son ancienne charmante personnalité des jours précédant les fiançailles et j'ai profité de l'occasion pour découvrir ce que je pouvais sur ce puzzle.

Seul dans mon bureau, fumant une cigarette qui aurait pu être un fil de chanvre pour tout le goût que j'y discernais, j'ai régalé mes yeux mentaux pour la *nième* fois de la photo d'Alicia mariée à moi, me saluant comme une épouse. le soir, à mon retour, blottie dans mes bras pour le délicieux récit intime et fragmentaire de la journée vécue, des myriades de petits fils qui ne prennent place dans la trame de la vie qu'après que l'aimée les a touchés de son amour. Les longues soirées tranquilles d'intimité et les nuits qui, selon l'expression de Goethe, deviennent une belle moitié de la vie.

Suis-je immoral, ô Randolph de soixante-dix ans ? Ensuite, j'ai terriblement peur d'être immoral. Car voici les images, vieil homme, et voici les pensées qui les produisent, aussi mauvaises qu'elles soient certainement pour moi. Car Alicia est ma pupille, mon enfant. Et quoi qu'il arrive, elle ne doit pas les soupçonner. Avec un effort et un sourcil ondulé , je les écartai en entendant le pas d'Alicia sur le seuil de la porte. Très droite et sage, elle était en entrant, apporant avec elle cette aura d'infinitude qui accélère toujours mes battements insensés.

"Asseyez-vous, Alicia," je lui ai fait signe de s'asseoir sur une chaise avec une tentative de sourire.

"Est-ce qu'il y a quelque chose, oncle Ranny ?"

"Non-non-rien-" avec un naturel exagéré. "Je voulais seulement te parler."

"Jimmie n'était-il pas rusé !" » rit-elle en se glissant sur une chaise. " Il dit qu'il va devenir un écrivain comme Mark Twain et vous laisser vendre ses livres. Cet environnement, dit-il, est suffisant pour faire de n'importe quel écrivain un écrivain. " J'ai ri.

"Dis-moi, Alicia..." commençai-je assez vivement, puis, remarquant ses yeux sur moi, ces yeux profonds de femme, j'hésitai :

« Est-ce que vous… avez-vous… quand cette histoire d'amour entre vous et Randolph a-t-elle commencé ?

Alicia ne répondit pas.

"C'était soudain, spontané, comme ça ?" et je claquai des doigts, m'accrochant toujours à l'esprit de légèreté avec lequel nous avions quitté la table.

"Je les ai tous aimés, depuis toujours", murmura-t-elle en baissant les yeux, "depuis que je suis avec eux."

"Je sais que - moi aussi - moi aussi -" et mon rire résonnait à mes propres oreilles comme le grincement de surfaces métalliques rugueuses ensemble. "Mais je ne vais pas tous vous épouser, n'est-ce pas ? C'est une affaire très sérieuse, Alicia, ce mariage."

Comme les paroles tombaient dans l'air à mon sujet, ennuyeuses et prosaïques ! La cinquantaine signifie-t-elle être prosaïque quand on veut être alerte, vif et vif ? Pourtant, je me sens plus jeune que n'importe lequel d'entre eux.

Son visage se soulevant lentement et ses yeux gris grands ouverts fouillant les miens m'ont soudainement semblé si pitoyablement tristes que j'ai immédiatement noté un âne et un cad et me suis détourné pour cacher ma honte.

"Je sais que c'est sérieux, oncle Ranny !" et sa voix était comme les cordes sourdes d'un violon. « Mais tu ne penses pas que je comprends ? S'il te plaît, n'aie pas peur de moi – tu ne me feras pas confiance – s'il te plaît ? Et elle quitta sa chaise et fit un pas vers moi avec un geste implorant des mains.

"Je ne suis pas une femme créatrice", déclara-t-elle avec un demi-sourire , puis elle poursuivit avec plus de véhémence : "Je sais que Randolph est plus jeune que moi. Il peut se lasser de moi cent fois avant d'être prêt à se marier. Oh, nous sommes loin de nous marier. Mais il—il m'a supplié de—de me fiancer avec lui et—et pour certaines raisons que je ne peux dire à *personne* , j'ai accepté. Et je tiendrai parole s'il continue... » et là elle s'arrêta.

Une tendresse solennelle et tout à fait maternelle sur son visage alors qu'elle prononçait ces mots m'a tellement fasciné que tout à coup je l'ai revue – une nouvelle Alicia – et avec un étrange tiraillement sur la corde sensible, je me suis émerveillé devant le miracle.

Je la vis soudain non pas comme *une* femme, mais comme une Femme – la mère de l'humanité, la nourrice, la nourricière de toutes les générations. Il y avait dans ses yeux quelque chose de ravi et de sybillin : elle était le principe maternel éternel de la nature, la gardienne du destin de l'homme, plus âgée que moi, aussi vieille que la race, l'esprit de maternité !

Et *elle* était fiancée à Randolph !

Puis, comme sortant d'un labyrinthe, j'ai laissé échapper : "Tu n'es donc pas amoureuse de lui ?" ...

" Bien sûr que je l'aime !" elle revint avec le feu. "J'aime tout le monde dans cette maison. C'est ma maison, le paradis pour moi. Pourquoi ne devrais- je pas le faire ? Oh, toi Randolph Byrd ! Pourquoi les hommes sont-ils si aveugles ? Je t'ai fait confiance toute ma vie comme si tu étais Dieu. — et tu ne peux pas me laisser gérer — mais tu dois me faire confiance ! — Je peux t'aider — je dois — je ne peux pas te le dire — mais tu ne le regretteras jamais ! — Oh, s'il te plaît, oncle Ranny , ne me presse plus , ajouta-t-elle d'un ton plus plaintif, sa force la quittant soudain comme si elle était revenue à elle sous le choc. Un flot de larmes lui remplit les yeux. "Ne sois pas trop dur avec moi", balbutia-t-elle. Sa main chercha la chaise derrière elle et elle s'y laissa tomber en pleurant.

"Alicia ! Mon Dieu !" J'ai crié en m'étouffant. La chair et le sang ne pouvaient pas le supporter. J'ai bondi vers elle avec une envie folle de la prendre dans mes bras, de la réconforter, de déverser sur ses lèvres la vérité que je lui faisais confiance et que je l'aimais plus que n'importe quel être humain sur terre... Mes bras se sont étendus et l'engloutit presque. Mais étrangement, je me suis vérifié. Une puissante inhibition m'a soudain retenu comme dans un étau. La malédiction et la bénédiction de l'âge mûr étaient inhérentes à cette inhibition. Si je l'avais touchée à ce moment-là, je savais, dans un éclair d'intuition frémissante, que la vérité que j'avais forcément si soigneusement gardée se répandrait comme de l'eau. Si je la touchais alors, j'étais perdu !

En toute hâte, je reculai d'un pas ou deux. Pendant un espace de silence intense et chargé, Alicia resta assise à sécher ses yeux, Niobe un peu froissée, pendant que moi, avec les doigts tremblants de la main qui était sur ma table, fouillais bêtement dans la boîte à cigarettes.

« Fais-toi confiance, Alicia ! » marmonnai-je, avec un immense effort pour contrôler ma voix. "Je te fais confiance plus que quiconque. Tu es la maîtresse de cette maison. Fais ce que tu penses le mieux. Je ne voulais pas te faire pleurer, mon enfant, pardonne-moi. Tu... tu as répondu à ma question. Maintenant, ne te laisse pas aller." plus de larmes, s'il vous plaît ! »

Et allumant automatiquement une cigarette, je me suis approché d'elle et je me suis rapproché d'elle.

"Je suis... désolée, oncle Ranny ," balbutia-t-elle.

Elle m'avait appelé Randolph Byrd dans sa véhémence et le son résonnait encore dans mon cerveau. Mais j'étais de retour chez Oncle Ranny , comme une autre Cendrillon dans sa citrouille.

"Sais-tu ce que tu es, Alicia ?" Je me tenais au-dessus d'elle, soufflant et bavardant contre le temps : "Tu es une fille démodée, c'est ce que tu es - avec des émotions et - et toutes sortes de traits curieux, alors que tu devrais parler de Freud et des complexes et de l'unique norme et le droit de la femme, « le droit de la femme, avais-je presque dit, à la maternité indépendamment du mariage, sur lequel j'avais entendu une jeune femme à la mode parler le matin même dans la boutique, à propos d'un livre qu'elle achetait sur la Dame Noire. des Sonnets. Mais je me suis arrêté à temps.

"Et toutes sortes de choses," dis-je sans réfléchir.

"Oui," murmura-t-elle, un léger sourire triste vacillant sur ses lèvres. "Je le ferai la prochaine fois. Un soir, je donnerai une conférence à Jimmie sur le complexe d'Œdipe - ou pourquoi il est déconseillé d'épouser sa propre grand-mère."

De toute évidence, Alicia n'est pas étrangère aux tendances de l'époque. Mais quelle créature glorieuse et naturelle !

Sa touche de satire après sa tempête d'émotion m'a ravi peut-être comme rien d'autre. Comme elle était adorable dans toutes ses humeurs !

"Fais-le maintenant, Alicia," criai-je.

"Maintenant, je dois monter et me laver le visage", murmura-t-elle. Je ne pouvais pas supporter de la laisser partir.

« Où… où est Randolph ce soir ? Je m'accrochai à sa présence pendant un autre instant.

"Je ne sais pas," et d'un mouvement soudain et rapide, elle sortit de la pièce. Si seulement elle savait à quel point elle est envoûtante ! Mais il vaut peut-être mieux qu'elle soit ignorante.

Une chose est sûre. Elle a répondu à ma question. Elle n'est pas amoureuse de Randolph.

Je perçois vaguement une faible cohésion dans les lignes flottantes de l'image. Pour une raison qu'elle connaît mieux et qui lui semblait bonne, elle céda aux importunités du garçon. D'une certaine manière, la mère en elle est impliquée. Comme je connais peu, après tout, mon neveu aîné ! Alicia en sait sans doute plus, beaucoup plus.

Mais voici la question qui se dresse devant moi comme un pilier noir sur la chaussée :

Cette splendide fille peut-elle délibérément planifier de se sacrifier pour un bien réel ou imaginaire pour le garçon, en espérant en même temps qu'au moment où ses dangers seront passés, il pourrait se lasser d'elle et lui rendre parole ? Mais supposons qu'il ne se fatigue pas – et comment pourrait-il le faire ? Puis-je ainsi risquer son bonheur, son bonheur qui compte pour moi mille fois plus que le mien ?

Mon propre bonheur – inutile de penser à ce nouveau ! Quoi qu'Alicia ait trahi ou non, il était évident que je n'étais qu'oncle Ranny , comme toujours. Pour un instant d' excitation, j'étais Randolph Byrd, mais seulement pour cela. Ah, eh bien, inutile de s'attarder sur cette amertume maintenant.

Mais à propos de ce jeune couple, que ferais-je de mieux, mon vieux conseiller ? Sans doute, à soixante-dix ans, vous saurez me donner les plus sages conseils. Mais ce sera trop tard, mon ami, *par trop* , trop tard. Je dois surveiller de plus près à partir de ce moment. J'ai beaucoup à apprendre, Randolph Byrd. Mais j'en suis sûr : un individu peut, avec noblesse, sacrifier sa vie pour un autre. Cela, selon mes lumières, est inhérent à l'ordre même de l'univers. Mais chacun a droit à son propre bonheur. Malheur et honte à l'âme infirme qui permet à un autre de le mutiler dans son bonheur. Chaque être humain a droit sans équivoque à sa part !

Je divague, je vois. Mon cerveau est sans doute encore en ébullition avec les émotions et les connotations de l'interview d'Alicia.

Les gros titres du journal du soir sur lesquels errent mes yeux fatigués parlent d'esprit de guerre, avec des nouvelles de ponts gardés, de préparatifs, de munitions, d'espionnage, de navires, de troupes, de volontariat ! Mais la portée de ces propos ne m'impressionne guère. Une chose si impersonnelle que le patriotisme juxtaposé aux affaires intimes de la vie !

Il est tard. Je dois aller me coucher. Le fiancé d'Alicia n'est pas encore arrivé.

Aujourd'hui est arrivée une lettre qui éclipse tout le reste, qui a momentanément mis au second plan même ma conversation de la nuit dernière avec Alicia et a éveillé d'étranges instincts endormis d'alarme, de combat, de vigilance sauvage. La dernière chose à laquelle je pouvais m'attendre ou penser était cette lettre de Pendleton. Le brillant soleil d'avril s'est assombri lorsque je l'ai ouvert et la chaleur a disparu de l'air printanier, transformant le printemps en hiver. Voilà ce que j'ai lu :

CHER RANDOLPH :

Je vous écris depuis l'hôpital St. Vincent de San Francisco. Un voyage d'affaires qui m'a amené ici m'a terrassé par la typhoïde, et tout mon argent, ce qui restait pour le voyage de retour à Kobe, a disparu.

Je vous demande de me faire la grande faveur de m'avancer trois cents dollars. Je serai sorti de l'hôpital dans une semaine ou dix jours au plus et je veux revenir immédiatement. Dès mon retour à Kobe, je vous enverrai une traite en guise de remboursement. Tu dois faire ça pour moi, Randolph, car je n'ai personne d'autre vers qui me tourner. À moins que je puisse revenir, je suis bloqué et ma seule alternative sera de rentrer à New York, ce qui est la dernière chose que je veux faire. S'il vous plaît, faites-moi savoir par télégramme que vous ferez cela.

Fidèlement,

    Jim PENDLETON.

Le scélérat impudent du chantage ! Sa seule alternative sera New York. C'est sa menace, et c'est comme une menace qu'il la pense. Pourtant, je lui enverrais volontiers l'argent si seulement j'étais sûr qu'il l'utiliserait réellement pour se rendre à Kobe ou au diable – à condition que ce soit suffisamment loin. Mais quelle sécurité ai-je ?

Néanmoins, je me rends compte avec tristesse que je devrai prendre le risque et lui envoyer l'argent. Avoir Pendleton à nouveau à New York – je dois à tout prix saisir toute chance pour empêcher cela. Et cet fieffé maître-chanteur qu'il est, il le comprend !

Que pourrait-il faire s'il était ici ? Les enfants ? Bien que tous mineurs, les deux aînés sont en âge de choisir et je crois être sûr de mes sentiments quant à leur choix. Il ne se chargera pas d'ailleurs de la responsabilité des enfants, si seulement je parais assez indifférent quant à savoir s'il les prend ou non. Alicia, il est impuissant à toucher. Oh, j'ai appris quelque chose sur les armes nécessaires pour combattre une telle bête. Mais c'est sa présence haineuse à laquelle je ne peux pas supporter l'idée. Et ça, il le sait aussi. Je dois lui envoyer l'argent et prendre le risque qu'il retourne réellement dans ses antres habituels. Ce sera néanmoins une période difficile pendant un certain temps. Mais trop d'aisance pèserait désormais étrangement sur mes épaules.

Je lui enverrai l'argent.

CHAPITRE XXIV

J'ai eu une semaine de maladie et cela a été la plus heureuse de ma vie.

Alicia a été mon infirmière et personne, je l'espère ardemment, ne découvrira jamais que la majeure partie de cette semaine a été une pure simulation. J'aurais pu me lever dans trois jours !

Il est tard pour écouter, tard pour sourire,

Mais, mieux vaut tard que jamais

J'aurai vécu un peu de temps,

Avant de mourir pour toujours.

Le Shropshire Lad avait parfaitement raison dans les deux lignes médianes de son quatrain, mais étrangement dans les autres. Il n'était *pas* tard pour écouter ou sourire. Il n'est jamais tard. Chaque instant a été paradisiaque pour moi. Et qui s'arrête jamais pour s'attarder sur le Purgatoire une fois entré au Paradis ? Je suis très certain que, grâce à une loi de la physique spirituelle, les souffrances passées sont effacées sans laisser de trace.

Si le Rosaire n'était pas si absurde, je me le chanterais sans cesse. Mais étant de manière constructive un convalescent, pourquoi ne puis-je pas être absurde ? Qui me dira non ? Alors étant seule, je fredonne sans cesse l'air du Rosaire et j'y prends mon plaisir.

Les heures que j'ai passées avec Alicia, personne ne peut me les enlever. Quel patient irritable j'ai été ! Je ris en y pensant. C'est comme *Félix Culpa* . Bonne grippe-rhume !

Alicia, disons, m'apporte du bouillon sur un plateau.

"Est-ce que tu seras à l'aise, oncle Ranny ," demande-t-elle avec inquiétude dans la voix, "jusqu'à ce que je revienne avec le reste ?"

"Non!" grogne l'oncle excentrique. "Pas du tout. Je veux de la compagnie pendant que je mange."

Alicia rit doucement.

"Mais qui va préparer l'autre plateau, alors que Griselda est si occupée ?"

"Je m'en fiche", marmonne l'invalide grincheux. "Je veux de la compagnie. Si je te laisse partir maintenant, vas-tu apporter ton propre déjeuner et le manger ici ?"

"Mais ça fait tellement de plats, oncle Ranny ."

"Je m'en fiche. Je suis obstiné, difficile, irritable, malade. Il faut se laisser convaincre. Demandez au médecin !"

Alicia éclate d'un délicieux rire argenté puis je vois un film comme des larmes dans ses yeux.

"Très bien, je vais vous faire plaisir, oncle Ranny . Mais je devrais penser que vous en auriez marre de me voir à cette heure-là!"

"Je suis malade", grogne-je. "Achetez une infirmière de couleur demain!" Sur quoi j'entends le rire d'Alicia tout en bas des escaliers.

Je me demande pourquoi le bouillon écossais de Griselda a un goût si incroyablement délicieux, ces jours-ci. Est-il possible que le palais d'un malade soit plus sensible aux vertus et aux saveurs culinaires ? Je dois demander au médecin.

Sur la petite table à mon chevet se trouve le Valdarfer Boccaccio, imprimé en 1471, qu'Andrews, excellent garçon, avait acheté lors d'une vente en mon absence et, trois fois excellent garçon, élevé pour ma délectation lorsqu'il venait visiter les malades. Un jour, j'ai passé une semaine délicieuse au British Museum, pratiquement sous surveillance, à examiner ce volume rare et magnifique. Maintenant, sa seule réplique en Amérique est près de moi et je devrais régaler tous mes sens de sa richesse et de sa beauté reliées par du vélin. C'était autrefois la propriété d'un Médicis et a ravi les heures des papes, des princes, des ducs, des seigneurs ; les hommes l'ont désiré, l'ont chéri, l'ont aimé comme les hommes chérissent et aiment les diamants ou les femmes. Cela vaut une fortune modérée. Mais je le laisse négligé. J'attends le bruit d'un plateau et l'entrée de la jeune fille derrière le plateau. Que diraient Rosenbach ou n'importe quel bookman décent s'ils le savaient ? Mais je m'en fiche. Boccace lui-même m'aurait approuvé.

Alicia entre et la pièce est inondée de soleil et je suis vif dans la vie.

"Pourquoi, oncle Ranny !" Alicia s'arrête, alarmée, le plateau à la main. « Pensez-vous que vous avez encore de la fièvre ? Vos yeux sont si brillants !

"'C'est pour mieux te voir', dit le loup," je marmonne et me détourne.

"Et tes joues sont rouges." Elle pose le plateau, ignorant mes bêtises.

"Laisse-moi sentir s'ils sont chauds", persiste-t-elle anxieusement et ses doigts frais touchent à peine ma joue que j'écarte précipitamment.

"Je n'ai pas de fièvre, je te le dis, Alicia," je murmure avec irritation. "Je suis affamé. De la nourriture, mon enfant, la nourriture est mon besoin. Asseyez-vous et mangez et laissez-moi manger."

"Très bien, cher oncle Ranny grincheux ", répond Alicia en posant joyeusement ma vaisselle sur la table de l'invalide suspendue au-dessus de la couverture et en laissant la sienne sur le plateau. "Il mangera à sa guise, il devra - cette belle côtelette et ce joli muffin, et cette confiture succulente - graisser ses petits poings jusqu'à ses petits poignets , les sales petites bêtes !"

Sur quoi je suis de nouveau de bonne humeur.

déjà examiné ce Valdarfer Boccaccio ?" demande Alicia avec légèreté, en guise de conversation. J'acquiesce.

"N'est-ce pas un amour ?" J'acquiesce à nouveau.

« Quelle histoire ce livre a eu – et vous en connaissez tous les détails, je suppose. Tous les princes et les rois qui l'ont possédé – toute la romance qu'il a accumulée en près de cinq cents ans – n'est-ce pas ?

"N'est-ce pas?"

« Tu es au courant ?

"Oh oui."

« Écoutez, » s'écrie Alicia avec une colère feinte, « ne devenez pas un matérialiste flagrant ne pensant qu'à l'argent et aux profits – comme tout le reste du monde. Ce serait horrible, oncle Ranny – quand j'aurais été je t'adore si abjectement parce que même tes affaires sont belles, intellectuelles et romantiques !"

Et cette fille est fiancée à mon neveu Randolph ! me traverse l'esprit. Je dis à voix haute avec un léger sourire destiné à l'exaspérer :

"Qui diable se soucie d'autre chose que de l'argent ?"

Qu'elle ignore très justement et d'un ton plus doux, plus sérieux, elle murmure :

« Je suis tombé sur une petite comptine de Goethe : « *Kophtisches Lied* ». Vous en souvenez-vous ? — "L'indice ne repose jamais sur la grande échelle de la Fortune. Vous devez soit vous élever ou sombrer, gouverner et gagner, soit servir et perdre ; souffrir ou triompher, être une enclume ou un marteau." N'est-ce pas charmant ?"

"Oui. Est-ce que tu as traduit ça dans ta tête au fur et à mesure ?" Je demande.

"Oui, oncle Ranny - et tu as triomphé de la sagesse de Goethe. Tu as toujours triomphé même lorsque tu souffrais - tu as toujours été toi, à travers tous tes ennuis - Salmon et Byrd - ceux de Visconti. Tu ne sais pas comment moi aussi, J'ai vécu toutes ces choses - même quand j'étais enfant et j'osais à peine te parler - j'étais, oh, si anxieux - et si heureux quand tu avais l'air heureux.

Et même maintenant - oh, c'était si merveilleux de regarder toi!" Les larmes lui remplissent les yeux et elle détourne son visage de moi. "C'est ma vie."

« Espèce de petite sorcière ! mon cœur crie bêtement, dans une très grande douleur de tendresse. "Et est-ce que tu m'as materné dans tes pensées pendant toutes ces années comme tu as materné les enfants ?"

"Non, Alicia, je n'ai pas triomphé", je murmure d'une voix rauque. "Mais je triomphe maintenant."

Elle se tourne à nouveau vers moi avec un sourire brumeux. Par un effort je contrôle ma voix et lance vivement :

« Vous ai-je déjà dit, Alicia, à quel point j'ai failli posséder l'exemplaire inestimable de ses Essais que Bacon a inscrit et donné à Shakespeare ?

Je vais de nouveau bien – et donc solitaire. J'ai assez peu vu mon neveu Randolph pendant ma maladie et Alicia a peu vu son fiancé.

Comme c'était un samedi où Randolph était à la maison, Alicia l'a arrêté alors qu'il s'apprêtait à quitter la maison pour se rendre à New York, "pour affaires", comme le disait mon étudiante "conditionnée", et lui a fermement proposé une promenade avec elle. Il a hésité, le terrible petit, à s'opposer à une promenade avec Alicia ! J'ai surpris une note qui était presque implorante sous la brillante décision : Alicia suppliant d'aller se promener ! J'aurais pu écraser le garçon dans ma chaude indignation.

Ils sont partis, je les ai vus partir. Ils étaient dans le petit hall obscur et ma porte était ouverte. Alicia agita la main en souriant. "Juste un tout petit peu de marche !" » cria-t-elle dans la langue de Griselda. Elle n'aurait pas pu connaître le tiraillement de désir et d'envie avec lequel mon cœur et mon esprit la suivaient alors que mon corps se sentait soudainement et inconsolablement lourd contre la chaise.

"Passez un bon moment", j'ai agité ma main en retour, "et saluez le printemps pour moi!"

Les oiseaux réapparaissent et une famille entreprenante de troglodytes se construit déjà en urgence au-dessus de ma fenêtre. Les merles font la cour et se pavanent. Les arbres sont tendres de feuilles et le battement du printemps est dans l'air comme une force puissante, incessante, lente, insouciante, mais pénétrante. Le soleil du matin baignait le monde entier dans l'élixir même de jouvence. Une mouche bourdonnait follement contre la vitre. Je me sentais intensément solitaire, d'une solitude poignante.

Le Valdarfer Boccaccio était ouvert sur mon bureau, mais il était à quatre siècles et demi de ce soleil. Je détestais presque ça – je détestais tous les objets aimés autour de moi. Mes précieux livres étaient muets, inertes, obstruant tous les sens. Avec un cœur passionnément affamé, j'avais envie de jeunesse, de fraîcheur, d'activité. J'ai saisi le Valdarfer Boccaccio comme pour me le lancer. Puis, me retenant, je l'ai fait tomber sur la table avec un bruit qui a failli briser sa précieuse reliure. J'ai ri tristement. J'ai décidé tout à coup de saluer le printemps pour moi-même.

Griselda est arrivée en pleine activité lorsqu'elle m'a entendu faire trembler les cannes dans le pot.

"Tu sors ?" » a-t-elle demandé.

"Oui, Griselda." Je m'excuse toujours un peu auprès de Griselda, car ne m'a-t-elle pas connu étant un garçon ? C'est une partie de l'attachement instinctif à la jeunesse qui nous fait respecter nos aînés. Cela les place immédiatement dans leur propre monde de personnes âgées. D'ailleurs, Griselda a toujours raison.

"Alors pourquoi n'êtes-vous pas allés avec les enfants ?"

" *Ils* ne voulaient personne avec eux", et j'ai fait un clin d'œil à la Spartiate — je peux faire un clin d'œil à Griselda. N'a-t-elle pas passé sa vie à me servir ? Dans ce monde rare, vous pouvez tout faire aux personnes qui vous aiment suffisamment.

« Les détenteurs ! » murmura Griselda en hochant énigmatiquement sa vieille tête. "Alors veillez à prendre votre manteau léger."

"Un manteau aujourd'hui ?" J'ai protesté.

"Oui, un manteau aujourd'hui, jeune homme !"

"Appelle-moi encore jeune homme, et j'enfilerai des goloshes et des mitaines en fourrure", la défiai-je.

"Enfant, j'aurais dû t'appeler", murmura Griselda, tâtonnant sur le crochet auquel pendait mon manteau.

"Je vais mettre des bottes en caoutchouc et un sou'wester pour ça", lui dis-je en me débattant dans les manches pendant qu'elle me tendait le vêtement.

"Je n'irais pas trop loin aujourd'hui", prévint Griselda. "Tu n'es pas encore trop fort."

"Juste un petit chemin", marmonnai-je, honteux de son affection et de son souci pour quelqu'un de si inutile. "Merci, Griselda !" Elle aurait été choquée et scandalisée si elle avait su qu'à ce moment-là j'avais une légère boule dans la gorge et que j'avais failli embrasser son vieux visage brun.

Combien le printemps avait avancé pendant mes jours d'emprisonnement ! Les herbes étaient résolument vertes comme si elles n'avaient jamais été autrement. Les oiseaux gazouillaient. Les voisins, ou les opulents jardiniers des voisins, s'affairaient dans leurs parterres de fleurs, et les premières fleurs de certains d'entre eux, transplantées dans des caisses ou des serres - violettes, jacinthes, jonquilles, criaient leurs beautés de manière à me couper le souffle. Des sensations étranges, affamées et bruyantes s'agitaient dans mon corps émacié. Comme j'ai bien compris à cet instant les larmes du cœur retenues de Verlaine lorsqu'il chantait :

Mon Dieu, mon Dieu, la vie est la,

Simple et tranquille

Cette paisible rumeur —la

Vient de la ville .

—Qu'as _ tu fait , o toi que voilà

Pleurant sans cesse ,

Dis, qu'as-tu fait , toi que voilà

De ta jeunesse?

Ce cri amer et angoissé du cœur : Qu'as-tu fait de ta jeunesse ?

J'avançais d'un air sombre, dans une sorte de colère sans nom, devant les maisons éloignées, devant les terrains vagues avec de l'herbe épaisse attendant encore la pression de l'habitation, jusqu'à ce que les rues inutilement tracées, vides de toute vie, cèdent la place à la campagne et aux prairies. Je me dirigeais vers le bois qui s'étend entre les prairies, une ou deux fermes laitières à proximité, quelques vergers décharnés ici et là, et la grande ligne d'aqueduc, la plus romaine de nos entreprises, qui transporte l'eau jusqu'à New York. . Dans le bois, j'ai senti que je devais être ramené au sein de la terre et que la maladie de mon âme soit guérie.

J'ai levé les yeux vers le ciel et il était radieux de nuages blancs éblouissants qui faisaient pleurer les yeux de mon grain de beauté. Une brise joyeuse attisa la terre nouveau-née et, une fois à la lisière du bois, j'entendis ce murmure indescriptible des arbres qui pour moi est la note de la terre, le discours séculaire et l'indication de la planète selon laquelle, à tous risques, la vie doit disparaître. sur; qu'il est décrété, irrésistible et doux. Un pincement d'envie m'a poignardé la poitrine à la pensée des amants d'aujourd'hui à l'étranger, même si ces amants étaient presque mes enfants. Pour ma part, j'ai du mal à séparer ces émotions contradictoires du cœur. Mais je me demande si les parents charnels ne rencontrent pas des difficultés similaires ? Une fois parmi les arbres, j'ai été imprégné de cette sorte de douce sérénité mélancolique que provoquent les bois. Doucement, je me promenais sur les aiguilles et les feuilles de pin de l'année dernière, détrempées maintenant après les chutes de neige d'un hiver et les pluies d'un an. Le pas félin de votre aborigène primitif revient même sur vos bottes civilisées dans les bois de Westermain , le harceleur et le chasseur palpitent faiblement dans votre sang.

Mon chemin m'a conduit sur une pente où les arbres, encore jeunes, comme moi, n'étaient cependant pas de jeunes arbres, mais se dressaient dans un mince abandon vers les parcelles de ciel céruléen au-dessus. Ils semblaient m'escorter, ces érables effilés et ces sycomores au feuillage plumeux, comme une troupe de jeunes moines encore frais du noviciat, encore pleins de la sève de la vie. D'une manière ou d'une autre, les arbres d'une forêt m'ont toujours rappelé des moines chantant des litanies et des bénédictions. La note basse de tous leurs murmures est toujours aussi solennelle. De la crête, la terre descend en pente et de là, abandonnant bientôt la forêt dans une frange de buissons et de sous-bois, roule jusqu'à la ligne massive en forme de monticule de l'aqueduc.

Tout à coup, j'entendis des voix au-dessous de moi, un peu plus loin dans la pente. Et regardant vers le bas avec le délicieux frisson de vigilance qui revient des âges primitifs encore aujourd'hui parmi les arbres, j'aperçus Alicia et Randolph me tournant le dos dans un colloque sérieux.

Ma première impulsion, bien sûr, fut de les saluer ou d'émettre une sorte de son de surveillance qui pourrait les avertir de ma présence. Mais un mouvement soudain d'Alicia a arrêté toute force ou mouvement de ma part.

Ses mains s'élancèrent en avant et avec une véhémence qui n'était visiblement pas amoureuse, elle cria d'une voix tourmentée :

"Mais tu me l'as promis encore et encore, ' Dolph ! Combien de fois" - elle le secoua inconsciemment tout en parlant, "combien de fois penses-tu m'avoir promis de ne pas boire et de ne pas boire." jouer - que vous renonceriez à vous occuper de cet ensemble - que vous l'abandonneriez complètement ? Combien de fois ? répéta-t-elle avec une pathétique note d'indignation.

"Un gars ne peut pas s'arrêter comme ça", j'ai à peine entendu le garçon marmonner - "il faut avoir des amis!"

"Amis!" » s'écria Alicia d'une voix amère et exaspérée. « Est-ce que vous considérez Billy Banning, Tertius Cullen et Arthur Bloodgood comme des amis ? Ce sont vos pires ennemis, presque des criminels ! Et soudain, je me suis rendu compte que j'étais un indiscret et une rougeur de honte m'a échauffé les joues. J'étais sur le point d'émettre un son mais ma gorge était sèche et aucun son ne sortait.

« Pensez à ce que cela signifierait, » reprit Alicia, « si oncle Ranny le découvrait… » et je ne pus m'empêcher d'écouter – « tout ce qu'il a été pour nous – père et mère et tout le reste. a abandonné pour nous", s'écria-t-elle les lèvres tremblantes, la voix s'affaiblissant sous l'effet d'une angoisse passionnée. "Son confort, ses loisirs, toute sa vie, il a sacrifié avec un sourire pour nous - pour vous, Jimmie et Laura et - et même moi ! Oh, ' Dolph ', Dolph - pensez-vous qu'il y ait beaucoup de tels hommes dans le monde ? " Et tu veux lui briser le cœur en buvant et en jouant et Dieu sait à quoi d'autre cela pourrait conduire ? "

J'écris ces mots avec honte. Je n'avais pas à les entendre. J'ai rassemblé mes forces arrêtées pour me contraindre à m'éloigner, quand j'ai entendu la basse du garçon marmonner :

"Je sais que je suis pourri, ' Licia - pourri comme ils le disent - mais donne-moi une autre chance, ' Licia - juste une de plus, chérie - je te le dis, c'est-"

"Oui," fut l'interruption amère, "vous m'avez fait ces promesses quand je vous ai dit que je serais fiancée avec vous - à quoi se sont-elles élevées ? Cela lui aurait brisé le cœur si cela avait été prononcé à ce moment-là. J'ai - j'ai promis au doyen pour toi… cette fois-là… " sa voix était chargée d'émotion au point qu'elle pouvait à peine parler - " et maintenant… "

"Mais attends, attends, ' Licia ", le garçon l'attira soudain à lui avec une ferveur passionnée à deux mains. "Je vous donne ma parole d'honneur cette fois, c'est différent. Ce n'est pas pour moi - oui, ça l'est, cependant - mais ce n'est pas pour ce que vous voulez dire - pas pour tout ce à quoi vous pouvez penser. C'est dans un but ", expliqua-t-il avec beaucoup d'emphase -" un objectif - je ne peux pas vous le dire - mais - "

"Mais tu dois me le dire ", insista Alicia en scrutant ses yeux en tremblant.

"Je ne peux pas… je ne peux pas!" il secoua la tête avec véhémence. "' Licia , chérie, sois gentille avec moi. Je dois l'avoir. Si j'avais seulement une cinquantaine de dollars ! Je pourrais le gagner - je sais - je suis terriblement bon au poker - je peux en bluffer beaucoup. Mais je Je dois en avoir dix pour commencer — et je le promets, parole d'honneur, je ne jouerai plus jamais — parole d'honneur, ' Licia .

Il était désormais trop tard pour que je trahisse ma présence. J'étais méprisable à mes propres yeux, honteux, mais exultant – je ne savais pas quoi. Mon corps tremblait d'une rage froide, de honte de ma cécité, et pourtant un curieux sentiment de vaste illumination m'entourait comme une atmosphère. Je m'éloignai, sachant à peine si j'émettais un bruit ou m'en souciant, et la tête baissée et un tumulte chaud et froid palpitant en moi, je descendis la pente à travers les bois encore chuchotants.

Ce que j'avais longtemps soupçonné par intermittence était à quel point il était quelque peu sombre : d'une certaine manière, Alicia s'efforçait de se tenir entre le garçon et le mal, la honte, la disgrâce, se sacrifiant délibérément, résolument, sans me dire un mot – parce que cela pourrait « me briser le cœur ! " À travers un paysage vide et aride, avec des yeux aveugles, conscient seulement d'un fouillis de pensées et d'émotions incohérentes, comme bouillant dans le vide, je suis rentré chez moi. Cela pourrait « me briser le cœur ! »

"Et tu as marché trop loin ?" Griselda arriva précipitamment dans le hall d'entrée lorsqu'elle m'entendit.

"Non, non ! La plus belle promenade de ma vie," lui ris-je distraitement au nez. "Je me sens comme un autre homme."

Elle m'a scruté attentivement pendant un instant et, marmonnant quelque chose à propos d'une tasse de cacao et d'un biscuit, elle s'est enfuie vers la cuisine.

Muet, désemparé, je tombai avec lassitude sur ma chaise, regardant d'un air absent les rangées de livres, l'appareil téléphonique, le coffre-fort, les meubles et les coussins, tous les appareils de vie autour de moi, ne réalisant clairement qu'une chose : c'est les choses simples et basiques de la vie qui, à elles seules, ont tendance à nous échapper. Pendant des années, je m'étais accroché à eux, faible mais poursuivant, mais ils m'échappaient toujours. Pourtant , j'étais un apprenant élémentaire à tâtons dans la vie. Enragé et me dévalorisant comme je le voulais, je sentais néanmoins que j'étais confronté à un problème momentanément au-delà de moi, mais que je savais qu'il fallait résoudre d'urgence. Si j'avais été aveugle, je ne pourrais pas rester aveugle. Soudain, la pensée suspendue comme un oiseau parfois suspendu dans les airs, j'ai eu l'impression d'observer l'instinct prendre le dessus, l'instinct l'emportant sur la pensée et la honte, la rage et le chagrin - l'instinct prendre un stylo et un chéquier et écrire de ma main un chèque au nom d'Alicia. pour cinquante dollars. Pourquoi ma main faisait-elle ça ? Un léger frémissement de répulsion m'ébranla devant cet acte insignifiant — et je fis un mouvement comme pour détruire le chèque que j'avais fait. Mais je ne l'ai pas détruit. Je restais assis à le regarder bêtement, comme on pourrait s'asseoir devant un puzzle.

Griselda entra alors avec un plateau contenant du cacao et des biscuits.

"Oh, merci, Griselda," murmurai-je, comme si je sortais d'une transe. "Au fait, j'aimerais que tu ne mentionnes pas à Alicia ou à qui que ce soit que j'ai marché ce matin." Griselda émit un bref rire. Puis : « Les avez-vous vus ? » demanda-t-elle brusquement.

"Les voir?" répétai-je sourdement. "Quelle question à poser, Griselda ! Si je les avais vus , est-ce que je te demanderais de ne pas en parler ?"

"Oh, oui, sûrement, je suis un imbécile !" marmonna Griselda en se tournant lentement pour me quitter. Mais son expression n'était pas celle d'une personne châtiée par sa folie.

« Est-ce que Jimmie est dans la maison ? J'ai demandé.

"Non, Jimmie est en face et joue avec le garçon Sturgis."

"Très bien, Griselda. Merci."

Quelques minutes plus tard, Alicia entra seule dans la maison.

Je me levai lourdement et me dirigeai vers la porte ouverte menant au couloir. Son air abattu et découragé m'a frappé comme un coup, ma radieuse Alicia ! Même son joli petit chapeau que j'admirais semblait penché nonchalamment sur sa belle tête, belle même dans l'abattement. Mais à peine m'a-t-elle aperçu approcher qu'elle a levé les yeux et a souri pitoyablement.

"Oh, bonjour, oncle Ranny -" mais l'éclat habituel dans son ton manquait malheureusement - "ça va?" Elle ôta son chapeau.

"Oh, tout à fait... merci, Alicia. Mais je me sens un peu seule. Ne veux-tu pas venir me parler, si tu n'as rien de mieux à faire ?"

" Bien sûr que je le ferai, pauvre oncle Ranny ... " et son ton devint plus chaleureux. « Qu'est-ce que tu as fait de toi-même tout seul ? » Et j'ai réalisé que les tendresses tremblaient sur le bout de sa langue et que mon âme en avait envie, mais je l'ai interrompue. Elle en avait assez ce matin-là. Et les caresses de la pitié m'auraient complètement écrasé.

"Oh, voilà Boccace", murmurai-je, "et le bêtise en général, dans lequel je suis un expert. Asseyez-vous", ai-je ajouté alors qu'elle entrait dans le bureau. "Est-ce que je me trompe ou est-ce que tu t'es fatigué à marcher trop loin ?"

"Oh, non, chérie, j'ai fait une belle promenade," répondit-elle joyeusement. " Ne gaspillez pas votre sympathie pour moi. J'ai honte de ma robustesse et de votre convalescence seule ici. Mais je ne vous laisserai plus seul aujourd'hui. Ne voudriez-vous pas que je vous lise un Boccace ? — Mais alors mon italien est si féroce, et le tien est si beau, tu me détesterais si je coupais les voyelles trop courtes.

Jusqu'à présent, elle n'avait fait aucune mention de Randolph.

Mon cœur était si plein d'amour et de sympathie pour cette pauvre et belle enfant luttant seule avec son problème et sa douleur que j'avais envie de la prendre dans mon cœur, de la supplier de se confier à moi, de me laisser partager ses problèmes. Une boule me monta dans la gorge et je savais qu'un seul mouvement dans sa direction ferait fondre toute ma virilité en larmes comme un enfant ! Non, je ne dois pas, je ne peux pas.

« Lis-moi, murmurai-je d'une voix rauque après une pause, deux ou trois sonnets de la « Vita Nuova » de Dante. »

"Beau!" s'écria Alicia en se levant d'un bond et en saisissant le livre.

" *A ciascun alma presa* ", commença-t-elle, "à chaque âme captive et à chaque cœur doux... salut au nom de leur Seigneur, qui est amour !"

Je n'ai pas écouté après la première strophe. Je m'efforçais seulement d'apaiser le tumulte dans mon cerveau et de réfléchir à ce que je devais faire pour Alicia.

D'une manière ou d'une autre, je dois mettre fin immédiatement aux tourments de cette enfant bien-aimée, sans lui causer de douleur.

Elle avait lu trois sonnets, ou peut-être quatre, puis elle s'arrêta et scruta mon visage.

"Tu en veux encore ?"

" Merci beaucoup, Alicia, je me sens déjà mieux. Je pense que cela suffira pour aujourd'hui. A propos, Alicia, " continuai-je rapidement en fouillant dans mes papiers, " il me semble que ton allocation est trop petite. " Vous devez avoir besoin de dizaines et de dizaines de choses qui coûtent de l'argent. Voici un chèque de cinquante dollars que j'ai fait ce matin, mais, ajoutai-je distraitement, si vous avez besoin de plus, je peux tout aussi bien vous en faire cent. " et j'ai ri un peu bêtement – oh, je pourrais jouer, ce matin, jouer presque aussi bien qu'Alicia.

Elle m'a regardé attentivement pendant un moment, silencieuse, alerte - un éclair de suspicion - puis avec une tendresse ineffable et un grand soulagement brillant dans ses yeux.

"Oh, mon oncle Ranny chéri ," elle sauta de sa chaise et vola vers moi, pressant ses deux mains sur mes épaules. Immobile comme un Bouddha, je me suis assis pendant qu'elle m'embrassait sur la joue.

« Mais tu penses vraiment que tu peux... me donner tout ça ?

"Oh, oui, Alicia", ai-je ri avec la bravade de Fred Salmon. "Je suis tout à fait sûr que je peux. A quoi servent les oncles si..." mais je ne pouvais pas en dire plus.

Elle s'est penchée sur moi un instant puis m'a quitté brusquement. Elle aussi avait peur d'en dire davantage. Mais pas pour la même raison – oh, pas pour la même raison !

Tout ce jour-là, Alicia, comme je ne pouvais m'empêcher de l'entendre, essayait en vain de joindre Randolph au téléphone à New York. Elle a appelé la maison de la fraternité. Elle a essayé les maisons de ses amis. Mais tout cela en vain. Randolph était introuvable. Et ce soir-là, Alicia monta l'escalier de sa chambre avec une sorte d'inquiétude fébrile et tombante, avec une gaieté anxieuse contre nature.

CHAPITRE XXV

Seulement une quinzaine d'heures se sont écoulées et le monde est transformé en un éclat éblouissant.

Alicia ne voulait pas me quitter, pauvre enfant surmenée. Elle a refusé de se coucher et a insisté pour rester près de moi, pour « rencontrer l'aube » avec moi. Elle est maintenant étendue sur mon canapé, recouverte d'un tapis, et elle vient d'être rattrapée par le sommeil.

Et sa présence sous mes yeux, Randolph Byrd, est le goût le plus proche du Paradis que vous et moi avons connu, ou que nous connaîtrons peut-être jamais, dans cette vie. C'est assez l'aube pour moi maintenant et pour vous, mon ami – une aube si resplendissante que pour ma part, je n'en désirerai jamais une plus brillante.

Et comme je ne peux plus dormir cette nuit, et puisque ceci sera peut-être pour vous la dernière entrée dans ces mémoires, pendant plusieurs jours, sinon pour toujours, je m'efforcerai d'apaiser le cœur qui s'envole, la folle exultation qui se déchaîne dans mes veines, en notant pour vous, aussi sommaires et incohérents soient-ils, les événements marquants des heures les plus jeunes.

Cela s'est produit – mais est-ce arrivé ? Ou s'agit-il d'un rêve fou d'où je me réveillerai pour retrouver la vieille et sombre réalité ? Comment un courant sombre et trouble peut-il si soudainement amener quelqu'un dans un lagon étincelant, étincelant et ensoleillé, surplombé d'une verdure si riche et si brillante qu'elle semblerait sortir tout juste de la main du Créateur ? J'entends des oiseaux chanter une musique merveilleuse, ou est-ce que je l'imagine ? Mais j'ai commencé par vous dire que je devrais être incohérent.

Il devait être minuit passé lorsque j'ai caché le feu, éteint les lumières et, las, dans l'obscurité, j'ai monté les escaliers.

L'incendie avait fumé de manière inexplicable et intermittente cette nuit et je me souviens que la dernière chose que j'ai faite a été de sortir du coffre-fort les certificats dorés de Fred Salmon, de les examiner avec des yeux brûlants, puis de contempler avec un étonnement endormi la cotation de l'huile de saumon dans les journaux. D'après cela, les actions valaient désormais vingt-six mille dollars ! Cela semblait incroyable, absurde. Et l'année était terminée et je pourrais vendre le truc. Comme un avare qui n'a rien d'autre à rechercher dans la vie, j'ai regardé avec fascination ces sécurités dont je ne pouvais même pas croire à la sécurité. Mais contrairement à l'avare de la fiction, mais comme mon moi ennuyeux et stupide, j'ai négligé de remplacer les papiers crépitants, même si j'ai mis le Valdarfer Boccaccio et fermé le coffre-fort.

Dans le passage supérieur, je me souviens très bien avoir marché sur la pointe des pieds pour qu'Alicia ne soit pas dérangée. Était-ce une hallucination, je me le demande, ou ai-je réellement entendu comme un murmure soupirant à travers l'obscurité,

"Bonne nuit, oncle Ranny !"

J'imagine toujours sa voix et ses gestes dans mon cerveau. Je dois lui demander quand elle se réveillera. En tout cas, c'est ce murmure mystérieux, ou l'hallucination d'un murmure, qui m'a réveillé à nouveau. J'ai commencé à me déshabiller et j'ai fait une pause, réalisant que j'étais maintenant trop éveillé pour dormir. J'enfilai une robe de chambre par-dessus mon gilet, ajustai la lumière et m'allongeai sur le lit, les « Fleurs de Mai » de Baudelaire à la main. Un peu de Baudelaire faisait sur mon esprit l'effet d'une nourriture riche sur une langue fourrée. Pourquoi, me demandais-je, est-ce que je garde ce sombre livre sur ma table de chevet ? Je l'ai jeté avec dégoût et j'ai pris à la place un volume du Montaigne de Florio.

Lire et apprécier Montaigne est un signe certain de la cinquantaine. J'ai longtemps apprécié Montaigne. Un vers français disant que « l'indifférence paisible est la plus sage des vertus » me vint à l'esprit et, avec une violence soudaine, je rejetai Montaigne.

Je n'étais pas d'âge moyen. Je n'étais pas indifférent. Le cœur de la jeunesse frustrée en moi criait à la vie et à l'amour ! Alicia était à deux portes de moi. Elle n'aimait pas mon neveu. Ne pourrais-je pas, si je faisais preuve d'énergie et de résolution, la faire m'aimer ? Étais-je alors si irrévocablement Oncle Ranny ? J'ai bondi fébrilement, j'ai soulevé le store et j'ai regardé les étoiles clignotantes. Leur message était très simple. De la Vierge à Cassiopée, de l'étoile polaire au scintillement le plus éloigné, ils semblaient dire :

"La insignifiante planète Terre est à vous, si vous savez comment l'utiliser."

D'un pas étouffé, j'arpentais la pièce avec agitation. Cette liaison entre Alicia et Randolph était absurde. Randolph n'était pas apte à l'idée même du mariage. Un parent sage saura comment gérer la situation. Mais hélas! Je n'étais ni sage ni parent. Il faut néanmoins que je trouve le moyen de liquider cette affaire au plus tard demain. Cela ne pouvait pas continuer. La lumière de la lampe m'a montré ma sourde perplexité et je l'ai éteinte avec colère et je me suis de nouveau jeté sur le lit pour réfléchir dans l'obscurité égyptienne.

Tout à coup, j'entendis un faible murmure de voix au dehors. Il est rare que des voix se fassent entendre tard dans la nuit dans notre situation isolée. Peut-être le policier échangeant des commentaires sur la nuit avec un passant solitaire. Cependant, un instant plus tard, j'entendis une clé insérée dans une serrure et une porte s'ouvrir. Mon neveu Randolph rentre enfin à la maison ! Alors demain serait pareil ? Je me suis demandé. Alicia lui remettrait le chèque et tout continuerait comme avant ? Non, non, ce n'est pas possible. Mais que pouvais-je faire ? Faire dériver le garçon, le fils de Laura, et révolter l'esprit d'Alicia – la faire me détester ? Quelle horrible impasse !

J'ai écouté les pas de Randolph dans les escaliers, mais il n'y avait aucun son. Supposons que je l'appelle dans ma chambre et que je lui dise que je sais tout, que je fais appel à sa meilleure nature. N'est-ce pas ce que les parents sont obligés de faire partout dans le monde ? Je devrais parler tendrement au garçon, mais dans mon cœur, j'avoue que je n'ai pas ressenti de tendresse envers lui.

Il n'y avait toujours aucun bruit de pas dans les escaliers.

L'obscurité rendait la tension de l'attente intolérable. J'ai allumé la lumière et me suis dirigé automatiquement vers la porte. Puis, tout d'un coup, le faible bourdonnement des voix m'a rattrapé. Alicia était-elle descendue à sa rencontre ? Non, je n'avais pas entendu sa porte. Randolph, dans sa sobriété, n'amènerait sûrement pas ses amis à la maison à cette heure-là ! J'ai regardé ma montre; il était deux heures vingt !

Sans bruit, j'ai ouvert ma porte et, dans les mocassins doux que je portais, j'ai parcouru le couloir sur la pointe des pieds. En haut des escaliers, je me suis arrêté pour écouter. Des instincts primitifs de vigilance s'éveillèrent en moi. Mon cœur battait contre ma gorge et je sentais littéralement mes yeux se dilater dans l'obscurité. Je me suis retrouvé à sourire devant la machinerie primitive qui se met en mouvement en nous, même endormie, à la moindre provocation. Toujours en marchant doucement, je descendis les escaliers.

Aucune lumière n'apparaissait nulle part. L'obscurité était totale. Qu'est-ce que cela pourrait bien signifier au fond du ciel ? L'instinct primitif du harceleur était à nouveau au premier plan. Au pied des escaliers , je m'arrêtai. Les sons étaient audibles. Ils venaient de mon bureau !

"Sur ma parole!" pensai-je avec indignation. Le jeune homme ne pouvait pas être sain d'esprit. La porte du bureau était fermée, mais à travers le moindre interstice entre la porte et le linteau, laissé évidemment pour éviter le bruit du cliquetis, j'ai aperçu un faible point de lumière intermittente vacillant, comme la lumière de la Fée Clochette dans "Peter Pan". ".

Avec une légère pression, j'ai poussé doucement la porte entrouverte. Randolph, un petit projecteur à la main, se tenait à mon bureau. À l'exception du cercle de lumière qui l'entourait, la pièce était plongée dans l'obscurité. Le bord de son chapeau protégeant ses yeux, il scannait les certificats d'huile de saumon ; de sa main gauche tremblante, il les comptait, sous la tache de lumière frémissante venant de sa droite.

"Huit neuf dix!" Je l'ai entendu respirer fortement. "Une centaine chacun!"

Je restais immobile, accablé, respirant à peine, figé par une honte nauséabonde d'horreur. Le sens était si clair !

« Prends-en deux ! » J'ai entendu un mystérieux murmure rauque venant de la fenêtre. "Remettez le reste. Il ne les manquera jamais ."

"Très bien", murmura Randolph avec une voix rauque et tremblante.

« Donnez- les -moi ! » est venu de la fenêtre.

À cet instant, ma capacité de mouvement a soudainement envahi mes muscles. J'ai levé la main comme si j'avais peur de déchirer l'obscurité, j'ai appuyé sur le bouton de l'interrupteur à l'intérieur de la porte et la pièce a été baignée de la lumière de l'unique lampe sur ma table – intense après l'obscurité profonde.

Puis une vision qui a provoqué un choc glacial dans mes nerfs et a stupéfié tous les sens m'a laissé bouche bée – pétrifiée.

Dans la fenêtre était encadrée l'odieuse et délabrée parodie du visage de Pendleton !

Ce n'est pas possible ! » était la pensée qui traversait lentement mon cerveau engourdi. C'était un cauchemar.

Puis un cri soudain et aigu me fit trembler momentanément. Je me suis retourné.

Alicia, toute habillée, une main sur les yeux, était appuyée contre le montant de la porte !

Sans parler, je me suis automatiquement dirigé vers la fenêtre. Le bruit sourd de pas lourds courant sur le gazon tomba sur mes oreilles et vaguement, à travers l'obscurité étoilée, j'aperçus la silhouette voûtée d'un grand homme qui descendait la pente, vers le ruisseau.

Mes sens m'avaient-ils trompé ou avais-je vraiment vu le visage de Pendleton ?

"Qui était-ce?" J'ai crié violemment à Randolph, toujours suspendu, stupéfait et immobile, avec une terreur vide sur ses traits, au-dessus de mon bureau.

Il ne répondit rien.

« Asseyez-vous là-bas ! » ordonnai-je brusquement. Comme s'il était sous l'influence d'une drogue ou d'un sort hypnotique, le garçon bougea vaguement pour obéir, mais resta debout, indécis, devant ma chaise, une masse d'impuissance, sa tête tombant mollement sur sa poitrine.

La colère et la douleur luttant pour dominer en moi, je me tournai brusquement vers Alicia.

"Tu n'as pas dormi, mon enfant ? Tu ferais mieux de monter, s'il te plaît, vas-y", suppliai-je.

"Non, je ne le ferai pas !" rétorqua-t-elle avec un cri de véhémence passionnée et, avec précipitation, elle se jeta devant moi vers Randolph.

« C'est donc pour cela que vous vouliez cet argent ! » — elle tremblait de fureur de son émotion — « pour le donner à cette brute ! Et il vous a eu, il vous a saisi, il est revenu pour faire de vous un voleur !

Puis ce *fut* Pendleton. Je ne m'étais pas trompé !

"Pourquoi penses-tu que je me suis fiancé à toi, pauvre méprisable faible ! Penses-tu que je suis amoureux de toi ?" Ses larmes jaillirent et elle secoua les bras avec passion. "Tu aimes quelqu'un comme toi ? Je voulais cacher ta faiblesse et ta veulerie à Oncle Ranny - pour le sauver de la douleur qu'il souffre maintenant parce que tu es un voleur ! Tu m'as promis, tu m'as promis encore et encore que tu tiendrais droit. - je ne jouerais pas - je ne boirais pas - encore et encore - " gémit-elle avec la note angoissée qui traîne en larmes - " et c'est ce que vous devez faire ! Voler ! Et de l'oncle Ranny de tous les gens, qui a été père et mère à vous, tout au monde ! Si je ne l'adorais pas plus que quiconque sur terre, pensez-vous que je vous aurais regardé ? Oh, comme j'aurais aimé pouvoir vous réduire en bouillie ! Elle a levé les mains très haut et pendant un instant fasciné, j'ai vraiment cru qu'elle le ferait.

"J'aimerais pouvoir être sûr de ne plus jamais revoir ton visage !" conclut-elle, s'effondrant sous sa propre colère.

Lentement, sous les coups de ses paroles, le garçon leva les yeux, des yeux brûlants de honte, de misère abjecte, de pathétique désespéré des faibles.

"Alors tu t'en fous ?" il murmura.

"Non, je m'en fiche, dans ton sens !" s'écria-t-elle, oubliant toute retenue dans son exaspération passionnée. "Et je ne pourrai jamais et je ne le ferai jamais maintenant. J'espérais que tu deviendrais un homme. Mais j'en ai fini avec toi pour de bon !"

Je me tenais à l'écart, impressionné, involontairement envoûté par la distance et l'indécision de la surprise. Je me dirigeai maintenant vers Alicia pour l'emmener. "Si je ne l'adorais pas plus que quiconque sur terre." Je n'aurais pas dû entendre ça. Mais c'était le cas et mon pouls recommença à battre.

Cependant, un coup soudain et fort à la porte nous a tous fait sortir de notre tempête de douleur et nous ramener à une vigilance commune. J'ai jeté un coup d'œil à la forme recroquevillée de Randolph, à la silhouette encore frémissante d'Alicia.

"Je vais voir qui c'est !" Murmurai-je en me dirigeant vers le hall. Alicia resta un moment indécise, puis courut derrière moi et disparut dans la salle à manger sombre.

"Quoi", cela m'est venu à l'esprit alors que j'ouvrais la porte, "et si Pendleton était attrapé - le père des enfants de Laura, enlevé comme le voleur qu'il était, dans sa fuite ?"

Et j'ai ressenti la sensation de picotement de la sueur contre mes vêtements alors que j'ouvrais la porte.

Le policier à cheval, Halloran, se profilait dans l'embrasure de la porte. Il tenait par le bras une silhouette imposante vêtue d'un pardessus miteux, un homme, un homme haletant comme une bête, qui rétrécissait, détournait misérablement son visage de la lumière.

"J'ai vu cet homme s'enfuir de chez vous tout à l'heure", commença vivement Halloran. « Très suspect, il a regardé – s'enfuyant à cette heure de la nuit. Il est venu le chercher – pour voir s'il y avait quelque chose qui n'allait pas.

J'ai scruté les traits indistincts de l'homme.

C'était le visage dissipé, blanc cendré, presque lépreux, de Pendleton.

Avec une rapidité incroyable, j'ai senti ma machinerie mentale fonctionner. Quelque chose doit être fait. Toute haine et toute peur à son égard disparurent de mon esprit devant un faible rayon lucide d'une sorte d'humour indolent.

"C'est toi, Jim ?" Ai-je demandé en regardant de plus près. "Bonjour Jim!" Je le saluai d'un ton joyeux, amenant ma voix, avec un grand effort, à un ton de naturel.

"Non, officier," continuai-je avec désinvolture. "Rien de mal. Cet homme était ici pour affaires. Il est parti tard. Il courait vers un train, je suppose, n'est-ce pas, Jim ?"

"Oui", est venu d'une voix rauque de Pendleton, et un frémissement de triomphe a parcouru ma colonne vertébrale.

"Il y aura un train, voyons voir..." J'ai tâtonné. Le policier nous jeta un regard interrogateur l'un à l'autre, puis intervint astucieusement :

"Train pour N'York à trois heures sept. Inutile de courir", sourit-il. Mon oreille, hypersensible à ce moment-là, semblait encore percevoir une note de doute dans la voix du zélé connétable. Et quand j'avais envie de me jeter, selon les mots de la ballade...

Soit il est lui -même un diable de l'enfer,

Ou bien sa mère peut être une sorcière,

Je m'entendis dire calmement : « Merci, officier. Puis à Pendleton :

"Tu ne veux pas venir passer la nuit après tout, Jim ?"

"Non, je ferais mieux d'y aller", marmonna Pendleton en s'éloignant.

"Désolé de vous avoir dérangé, messieurs", s'excusa suavement Halloran. "Mais vous savez, tant de vols dans les banlieues, l'ordre est de faire très attention. Bonne nuit, M. Byrd. Bonne nuit, monsieur," il hocha la tête avec un mépris mal dissimulé à Pendleton.

"Bonne nuit", marmonna Pendleton et il s'affala lourdement sur le chemin de gravier.

"Aucun mal n'a été fait", sourit Halloran, regardant étrangement son récent prisonnier. "Mais j'aurais juré..." Je l'interrompis avec un rire bruyant.

"Pas du tout, officier. Désolé pour vous, merci beaucoup pour votre vigilance. A demain."

"D'accord!" il a répondu avec un empressement intelligent. "Bonne nuit Monsieur." J'ai fermé la porte.

Dans la pièce, le garçon Randolph était assis seul, un peu plus droit maintenant, regardant devant lui. Il a dû entendre le colloque à la porte.

"Eh bien, Randolph," je m'approchai doucement de lui, "maintenant, que veux-tu me dire ?"

Il n'a pas répondu pendant un espace. Finalement il parla :

"Qu'est-ce que tu vas faire de moi, oncle Ranny ?"
Ma colère contre lui s'était apaisée. Je ne voyais que le jeune et frêle mortel, le fils de Laura, dont j'avais entrepris de faire un homme — et j'avais échoué !
« Que penses-tu que je devrais faire de toi ? Ai-je demandé doucement. Il n'y avait même plus de rancune dans mon cœur.
"Rangez-moi, je suppose," répondit-il d'un ton ennuyeux. "C'est ce que je mérite."
« Quand as-tu rencontré ton… ton père pour la première fois ? Je me suis surpris à grimacer à ce mot, mais après tout Pendleton *était* son père.
"Il y a environ trois semaines", fut la réponse.
"Comment est-ce arrivé?"
"Il est venu ici et nous a suivi Licia et moi en ville un matin dans le train. Il m'a surveillé jusqu'à ce que je sorte de la conférence et ensuite il m'a parlé."

"Qu'a t'il dit?"

"Oh, on m'a demandé si je l'avais oublié, tu m'as emmené déjeuner et tu m'as dit que tu lui avais fait un mauvais marché – lui avais retiré ses enfants – l'avais envoyé en exil, et ainsi de suite."

"Ne vous a-t-il pas dit qu'il avait abandonné votre mère et vos trois enfants et que votre mère en était morte ?"

"Non," dit Randolph avec lassitude, "mais je le savais. Oh, tu n'as pas besoin de penser que je l'ai aimé tout de suite."

« Ne t'a-t-il pas dit qu'il était parti de son propre désir… après une horrible scène avec… avec Alicia ? Je sentais que la vérité devait être dite au garçon maintenant. "Ne vous a-t-il pas dit que je lui avais donné de l'argent pour partir et que récemment je lui ai envoyé plus d'argent à San Francisco, parce qu'il voulait retourner dans l'Est ?"

"Non," dit le garçon avec les yeux écarquillés. " Il a dit que vous lui aviez tout pris à cause de l'erreur qu'il avait commise et que vous aviez essayé de le retenir. C'est ce qui a commencé à m'atteindre. Oh, à quoi ça sert, oncle Ranny ? C'est une chose difficile à dire, mais Je suppose qu'il est plutôt pourri, même si c'est mon père. Il m'a saoulé ce soir pour faire ça… " Il agita lourdement la main vers le bureau. "Il a dit qu'il avait trouvé une île où il voulait cultiver du coprah ou des noix de coco ou quelque chose du genre… mettre fin à ses jours… s'il avait seulement un peu d'argent… voilà pourquoi… Mais à quoi ça sert, oncle Ranny ," poursuivit-il. » sur le même ton las, « J'en ai fini avec lui. Je m'en fiche de lui maintenant. Qu'est-ce que tu vas faire de moi ?

Une grande tendresse pour ce garçon m'a poignardé le cœur. J'avais envie de le réconforter comme je pouvais réconforter Laura ou Jimmie. N'était-il pas leur frère et autant qu'eux mon enfant ? Comme une maladie, le malheur et le déshonneur l'avaient soudainement attaqué. Ma poitrine bouillonnait d'amères reproches.

"Viens, Randolph," je passai mon bras autour de son épaule. "Ressaisissez-vous. Nous devons mettre fin à cette affaire. Il faut penser à votre éducation. Vous devez finir, vous ne voyez pas?"

« Tu veux dire… tu me donnerais une autre chance ?

"Oui, Randolph," répondis-je d'une voix rauque, "et encore un autre." À ce moment-là, j'ai senti que j'aurais pu lui donner soixante-dix fois sept.

"Eh bien," répondit-il avec la première lueur d'intérêt que je discernai chez lui, "me laisserez-vous aller de l'avant et m'enrôler ?"

"Enrôlez-vous", j'ai reculé devant cela. "Dans l'armée, tu veux dire ? Tu es si jeune."

« Je veux dire dans la marine – je veux le faire, oncle Ranny – je dois le faire
– c'est la seule façon pour moi de recommencer. Je ne peux pas rester là où
est Alicia.

Mon cœur allait entièrement au garçon dans sa misère. Je ne savais que lui
dire. Les affres de l'amour méprisé !

« Alicia a été votre… » mais il était inutile de lui parler d'Alicia.

"Va te coucher, mon garçon," dis-je en le poussant doucement vers la porte.
"Reposez-vous et calmez vos pauvres nerfs. Demain, nous discuterons et
réglerons cette affaire dans votre meilleur intérêt. N'oubliez pas que vous êtes
entouré de vos amis." Avec une légère lueur de gratitude dans les yeux, il
sortit en hésitant et je lui serrai la main alors que nous nous séparions à la
porte. Je l'ai entendu bouger dans sa chambre.

Puis j'ai réalisé que je devais retrouver Alicia.

CHAPITRE XXVI

Marchant rapidement avec une étrange légèreté, je montai d'abord les escaliers pour voir si Alicia aurait pu retourner dans sa chambre, comme cela était naturel, et trouvai sa porte entrouverte et l'appartement vide.

Mon cerveau tournait toujours, j'avais l'impression de flotter à l'aube dans l'escalier et dans la salle à manger, mais personne n'était là. Un peu mal à l'aise, je traversai l'étroit garde-manger en forme de boîte pour entrer dans la cuisine et là, la porte qui donnait sur le jardin était grande ouverte.

Dans l'ombre, sous le ciel étoilé, sous le bleu mystique des branches suspendues, Alicia se tenait seule, regardant la nuit veloutée, droite comme une Diane argentée, mystérieuse, tragique.

A sa vue, le tumulte fou de la soirée semblait s'éloigner de moi par vagues. Par un effort de volonté, je forçais mon cœur à battre plus sobrement, en m'approchant d'elle doucement.

« Alicia ! » Murmurai-je derrière elle pour ne pas la surprendre. Lentement, elle se tourna vers moi.

Son visage n'était qu'à peine discernable mais ses yeux brillaient dans la nuit avec l'éclat des étoiles. La seule pensée de mon cœur était de ramener Alicia à la vie du passé, d'effacer le plus rapidement possible les ravages de la tempête émotionnelle, de la ramener à la vie tranquille et heureuse que sa présence heureuse faisait pour moi. Une Alicia triste était impensable.

« Il faut entrer, mon enfant ! Je l'ai touchée doucement.

"J'ai tellement essayé, oncle Ranny ," elle tourna son visage et posa timidement une main sur mon bras, "J'ai essayé tellement de te cacher toute cette douleur - pour que tu puisses continuer à être toi-même heureux et charmant. ".

Mes propres pensées à son sujet ! Elle me les rendait — avec cette mélancolie poignante et mélancolique, ce pathétique intense du jeune qui est si touchant, chez le jeune qu'on aime si déchirant. Ai-je jamais dit qu'il n'y a pas de femmes aujourd'hui qui portent le cilice, comme la radieuse épouse de Jacopone da Todi ? Idiot aveugle que j'ai été !

"Mais ma fille chérie," pris-je en saisissant ses deux petites mains froides, "ne t'inquiète pas pour moi. Je suis vieille et dure, aguerrie aux fortunes de la vie, et aux malheurs aussi. C'est triste, très triste, mais ce n'est rien. C'est à toi que je pense. Des choses arrivent, ma chérie. La vie est comme ça. Il y a beaucoup de bonheur et de sérénité en elle. Mais il ne faut pas laisser ça mordre ton âme, ça passera, Alicia " - c'est déjà passé. Je veux que vous retourniez à votre moi heureux et heureux - le moi qui m'a rendu - nous tous - si heureux, si très heureux. "

"Je ne demande rien de plus ni de mieux, oncle Ranny ," elle me serra les mains avec de petits mouvements rapides et intenses, "que d'être près de toi, de travailler et de... de te servir, c'est tout ce que je demande au monde !"

J'avais presque commis le péché impardonnable - j'avais presque profité de son humeur et de son chagrin, je l'avais prise dans mon cœur et j'avais répandu les paroles d'amour qui cent, cent fois avaient débordé mon cœur et réclamaient à grands cris leur expression. Un joli chef de famille, un fin protecteur des jeunes que j'aurais alors dû être !

D'un mouvement tremblant, je plaçai ses deux mains entre les miennes et lui murmurai de peur que ma voix ne me trahisse.

« C'est exactement ce que je veux que tu fasses, ma très chère fille : vivre tranquillement et heureusement près de moi, être heureuse jusqu'à ce que le... le bonheur suprême vienne à toi... jusqu'à... » ajoutai-je avec un rire douloureux, « le Prince dans la fée une histoire arrive pour vous réclamer.

C'était la phrase la plus dure de ma vie, mais j'ai ressenti un éclair de triomphe après l'avoir prononcée.

"Le Prince du conte de fées", répéta lentement Alicia, l'air ravi devant elle, "il est venu il y a longtemps - j'ai eu plus que ce que je méritais - tellement, tellement, que je tremble souvent d'y penser. Tout le Prince et tous les contes de fées que je veux, ou que je voudrai jamais.

L'espace d'un instant, j'ai tremblé de la tête aux pieds. Une obscurité remplit mon être un instant, puis elle fut rayonnée et fourchue par les éclairs d'une étrange ivresse.

"Tu ne peux pas dire, Alicia," soufflai-je d'une voix rauque, ma gorge desséchée, "tu... que c'est moi... que tu..."

Et j'ai su instantanément que toutes les retenues et toutes les résolutions avaient été balayées – qu'après tout j'étais de plus en plus faible que le garçon Randolph. Car j'avais parlé sans l'iota d'une envie de résister à mes désirs !

Lentement, très lentement, elle se rapprocha de moi pour que son doux souffle de violette soit chaud et parfumé sur ma joue. Ma tête a tourné.

"Depuis que je suis venu vers toi;" " Elle respira très doucement, " depuis que j'ai quinze ans, tu as rempli mes pensées, mon cœur, ma vie. Je t'ai toujours aimé. " Le sang rugissait à mes oreilles. J'étais rempli de folie. Mais j'avais trop longtemps douté du bonheur pour le recevoir à bras ouverts. J'en avais fait un étranger comme un avare en cachant ses richesses.

"Pense à ce que tu dis, Alicia," je pris convulsivement son visage dans mes deux mains. "Je t'ai aimé au-delà de tout ce qui existe sur terre, au-delà de la vie elle-même. J'ai rêvé de toi, je me suis arrêté sur toi jusqu'à devenir fou. Veux-tu vraiment dire que tu peux m'aimer - en tant qu'homme ? Après toutes ces années stupides de cachette et de souffrance ? C'est ce que tu veux dire, ou c'est juste... Oncle Ranny ?"

« Oui, c'est ce que je veux dire, mon prince des contes de fées, murmura-t-elle en cachant son visage contre le mien, si tu me prends !

Mes sens étaient ébranlés et évanouis. Elle était fermement serrée dans mes bras. Je la serrais contre mon cœur. Les mois, les années de faim d'amour chargeaient dans mes veines et mes tendons comme une force inexorable, impitoyable, irrésistible.

La limite du jardin était à quelques mètres mais elle aurait pu être une infinité. Les rares arbres, dénombrables sur les doigts d'une main, auraient pu être une forêt de géants rassemblés avec leur vaste vie secrète qui nous couvait et nous abritait. L'infini et notre petite réalité intense ont fusionné et se sont rencontrés. Je me sentais coextensif avec le vaste univers majestueux. J'ai balbutié des mots entrecoupés contre ses lèvres – je ne sais pas ce que j'ai balbutié. Car le vaste univers majestueux était enfermé dans le cercle de mes bras.

"Entrons, ma chérie", murmurai-je enfin. "La rosée est lourde et vous devez vous reposer. Je n'essaierai pas de dormir ce qui reste de cette nuit parmi les nuits."

"Moi non plus," répondit rêveusement Alicia. "Je veux rencontrer l'aube avec toi ce matin. N'est-il pas merveilleux, ma chérie, que malgré tout, malgré ce pauvre garçon là-dedans", ajouta-t-elle avec une note pathétique, "nous pouvons être tous les deux si follement heureux ?"

"Oui, mon enfant, merveilleux et impressionnant. Mais le bonheur est le premier décret, la première loi."

"Je ne serai jamais aussi sage que toi, oncle Ranny ", rit-elle doucement en s'attardant dans mes bras. "Voilà ! Je t'ai encore appelé Oncle Ranny . J'ai peur... oh, j'ai tellement peur, je t'appellerai toujours comme ça !"

J'ai scellé ses lèvres.

"Oh, si c'est tout ce dont tu as peur," murmurai-je sur le ton d'un fervent remerciement, "si c'est tout, entrons, les miens."

Et maintenant, Alicia attend l'aube avec moi.

Lève-toi, cœur de mon cœur, étoile de ma vie, bonheur, plus proche de moi que ma propre âme, porteuse de feu, porteuse de vie, ou je te déifierai dans ma folle folie. Debout, debout, mon Alicia, car l'aube se lève !

ÉPILOGUE

Je suis assis à l'ombre d'un treillis et j'observe la suspension miraculeusement mobile d'un colibri au-dessus d'un bouquet de fleurs de chèvrefeuille. Ce colibri, verticille d'aspiration triomphale qu'il est – aspiration d'insecte à devenir oiseau – semble en quelque sorte incarner l'histoire de ma vie.

Pour le colibri, l'âge d'or est cette journée d'été parfaite, avec ses vrilles et ses feuilles, ses parterres de cœur saignant et sa couronne de mariée, son doux William, son pied d'alouette et son souci et le lourd souffle parfumé du chèvrefeuille. Et c'est aussi le cas pour moi. Aucune fable n'est plus meurtrière pour la race humaine, pour le bien-être et l'espoir humains que cette même fable de l'âge d'or. Il n'y a jamais eu d'âge à moitié aussi doré que celui d'aujourd'hui, ni la plus petite partie aussi dorée que les âges qui nous attendent. Mon fils là-bas, dormant dans son hamac sous l'arbre, surplombé d'un fin filet, Randolph Byrd, le plus jeune, verra une vie humaine plus merveilleuse que toutes celles que nous avons encore vues.

Deux ans et plus se sont écoulés depuis que j'ai ouvert votre disque, Randolph le Vieillard, et je l'ouvre maintenant dans un but précis, pour une raison spéciale et particulière.

Alicia a eu le hasard de le voir et elle est tombée dessus avec un plaisir étrange, pour moi inexplicable. Elle désire que je l'« arrondisse », comme elle dit, que je le déguise un peu ici et là en termes de noms et de lieux, et que je le publie pour l'édification de l'humanité ! Si seulement nous pouvions apparaître au monde avec la stature que des yeux aimants nous voient ! Mais j'ai beau me moquer d'Alicia, elle s'obstine dans son souhait.

"Mais ce n'était qu'un mémoire pour un de mes amis", lui dis-je, "qui se rapproche chaque jour de moi, de Randolph Byrd, âgé de soixante-dix ans."

"Oh non!" s'écrie Alicia en regardant avec des yeux brillants de bonheur et un visage soudain transfiguré de façon palpitante le bébé endormi dans le hamac. "Il est destiné à un autre Randolph – Randolph le Jeune, là-bas, la fierté et la joie de son père – l'espoir du monde."

"Ça ne l'amusera guère", je grogne.

"Ce sera le cas, n'est-ce pas, Griselda ?" dit Alicia à notre vieille amie qui sort en ce moment de la cuisine pour consulter sa maîtresse. Griselda a l'air mystifiée. "Dis, oui, c'est pour bébé", exhorte Alicia avec ruse.

"Oh, oui, si c'est bon pour l' enfant , je le dirai !"

Griselda, toujours vigoureuse, poursuit son chemin.

« On croirait, me moque-je, que vous aviez trouvé dans le manuscrit toutes les plaisanteries de Sancho Panza , tombant comme des gouttes de pluie.

« Des plaisanteries ! » se moque Alicia. "Qui se soucie des plaisanteries, sinon des mystérieux lecteurs de suppléments de bandes dessinées ? J'y trouve le récit d'un bel amour."

« Mais même les tourtereaux, » je le taquine, « ne sont qu'une espèce de perroquet – bien que beaucoup pensent que ce sont des oiseaux de paradis. En outre, » je le souligne, « je devrais appeler cela un roman – et ce n'est qu'un roman. fragment de vie vu à travers deux yeux particuliers et un tempérament très particulier. Il n'a pas de contour, pas plus qu'il n'y en a pour la vie elle-même. Si j'étais un romancier, ma très chère, je n'aurais probablement pas fait deux ou trois romans sur ce sujet. ... Je devrais au moins assumer le joyeux privilège de jouer le destin à tous ces gens. Toutes choses et toutes les personnes devraient être expliquées de manière rythmique.

"Truquer!" dit Alicia. "Ne sois pas si cubiste !" J'ignore son modernisme.

"Pendleton ne serait pas laissé errer à travers le monde avec la possibilité infinie de continuer à nous faire chanter, moi et ses enfants. N'aurait-il pas dû mettre fin à son existence sur le troisième rail alors qu'il courait, la nuit de sa dernière apparition ? Et son fils, Randolph, le ferait-il ? n'aurait-il pas connu une fin héroïque et glorieuse en France ou sur mer, au lieu de vivre une vie très heureuse et banale avec la jolie paysanne irlandaise qu'il a amenée de Queenstown, un simple vendeur d'automobiles honnête et ordinaire ? dans le mode de vie banal et fluide ? Non, mon cœur, » je continue sobrement, « une histoire doit être trompée et rembourrée d'entrelacs et de décorations. Et où est la bande de jeunes aventurières en jeu – sans lesquelles aucun roman n'est digne du nom?"

Cependant, pour rendre justice à Alicia, je dois rappeler que Gertrude, parmi toutes les autres, est devenue fidèle à sa forme. Elle porte, je crois, outre le titre militaire de major, une décoration de toutes les nations alliées d'Europe et au moins deux décorations décernées par les souverains régnants. Elle est venue nous voir l'autre jour dans sa belle voiture et a été très étonnée par la vue de mon petit fils.

"Quoi, Ranny !" s'est-elle exclamée avec sa liberté d'expression habituelle, désormais renforcée par la vie au camp ainsi qu'au tribunal. "Vous venez d'élever une famille et vous commencez à en fonder une autre ? Vous êtes sûrement l'originale de la vieille femme qui vivait dans une chaussure. Quel réactionnaire vous êtes !"

"Réactionnaire ? Oui, Gertrude," répondis-je en souriant, "je soupçonne que je le suis... à certains égards. Je déteste la pauvreté. Je déteste penser aux bidonvilles des villes ou des campagnes, à l'oppression, au désordre et à la malpropreté - aux sans-loi, aux riches ou aux pauvres." pauvres ignorés. Peut-être que parmi ceux que j'élève, quelqu'un se lèvera pour comprendre et résoudre ces problèmes. Je suis sûr qu'une plus grande sagesse s'infiltre lentement dans nos vies. À bien des égards, comme vous le prétendez, je suis réactionnaire. J'ai toujours le sentiment que chaque être humain doit être un centre de vie créatrice — et que celui qui élève des enfants multiplie les créateurs dans le monde — contre un avenir resplendissant ! »

Gertrude rit, un peu amèrement, pensai-je, et agita la main dans un geste de désespoir face à mon ancienne stupidité. Peut-être n'aurais-je pas dû bavarder de la sorte avec Gertrude - d'autant plus que son récent mari, Minot Blackden , a suivi le désir de ses yeux ailleurs pendant l'absence de Gertrude, est maintenant divorcé et marié à quelqu'un qui partage son appartement, et est lui-même engendrant sans vergogne une progéniture !

Non, Gertrude mise à part, mon histoire n'a aucun contour. Dibdin , en effet, apparaît et disparaît toujours, toujours le Hollandais volant, comme autrefois. Il est à la maison maintenant et s'assoit souvent et fume dans mon bureau et moralise - puis-je le murmurer ? - peut-être d'une manière plus prosaïque qu'avant.

"Le seul diable au monde", a-t-il soufflé hier soir d'un ton bourru, comme pour prononcer la mort de quelqu'un, "le seul diable est l'obscurité du chaos. Les enfants sont l'indicateur que la race humaine, sagement encouragée par la nature, est en train de mesurer." jeter à ce diable. "

"Et si les enfants que vous élevez se révèlent être des 'personnes' ?" J'ai doucement répondu, en homme de paille obligeant.

"Qu'importe ?" grogna-t-il. "La plupart des gens sont des riens. Ce sont les riens du monde qui provoquent ses changements catastrophiques. Marc Antoine a astucieusement mis une langue dans chaque blessure du corps de César dans le Forum. Les Marc Antoine sont rares, je vous l'accorde. Mais c'est le Premier Citoyen et Deuxième citoyen qui a démoli la Rome républicaine aux oreilles de Brutus. Shakespeare ainsi que Marc Antoine savaient que dans les nuls réside le véritable pouvoir d'agir. Les penseurs sont peu nombreux; les acteurs sont nombreux. Nous avons besoin d'eux tous , tous. - et c'est à cela que servent les enfants.

Peut-être devrais-je admettre à ce stade que, dans mon for intérieur, je suis d'accord avec Dibdin , tout comme en réalité je suis certain que la vie a un contour et un rythme qui lui sont propres. Le monde peut paraître dur, peut être vraiment inadapté à la justice, à la culture, à la beauté. Mais quelles que soient ses lacunes, la tâche de la race humaine me semble claire : étendre et perpétuer la race humaine – la mesure de toutes choses – pour créer une vie meilleure sur terre. Le monde entier est un homme vivant dans une chaussure. Mais d'une manière ou d'une autre, très lentement, nous acquérons des connaissances, apprenons quoi faire. Nous sommes peut-être en effet l'étoffe sur laquelle sont faits les rêves, et notre vie entourée de sommeil est, en vérité, pitoyablement petite. Mais ce petit peu semble mystérieusement, extrêmement important.

Et de ce fait, il me semble qu'il n'existe pas de créature telle qu'un pessimiste vivant. Le seul signe certain d'une véritable conviction de la part d'un pessimiste est son suicide. Continuer à vivre, c'est espérer des choses meilleures – et les espérer, c'est les réaliser. C'est ainsi que la vie m'apparaît. Mais les opinions d'un libraire avisé qui joue au golf le samedi comptent-elles ?

Mais assez de bavardages. Alicia obtiendra sans aucun doute ce qu'elle veut. Elle est maintenant engagée dans les rites augustes du bain du jeune Randolph. Je m'attends à être convoqué à la cérémonie à tout moment. Ma famille est devenue si réduite que toute l'attention est inévitablement centrée sur le bébé. Laura est à des milliers de kilomètres de là, en Californie, avec le jeune chirurgien qu'elle a rencontré et épousé en France ; et Jimmie, à peine deux ans après ses études universitaires, passe l'été dans un camp sur une île canadienne. Randolph Junior règne en maître. Eh bien, je suis content – et vive le roi ! Mais ils me sont tous plus proches et plus chers que jamais. Car comme le dit le vieux Burton, son « Anatomie » le dit : « Aucune corde ni aucun câble ne peut tirer ou retenir avec autant de force que l'amour peut le faire avec un fil torsadé. »

Je vois la vie s'étendre et se dynamiser devant moi, scintillante de possibilités alors que l'atmosphère scintille parfois au soleil avec des points dansants et tournants scintillants - pour des yeux faits comme les miens. Même si je commence tard, je dois me plonger dans la vie de responsabilité, en aidant, même si ce n'est qu'un peu, à me joindre aux longues générations du passé pour préparer un avenir éblouissant.

Le nom du nouvel esprit du temps est Responsabilité.

À ce moment-là, Alicia apparut pour me convoquer aux Rites du Bain et resta suspendue un instant à lire par-dessus mon épaule.

« J'insiste pour ajouter deux mots à cela, annonça-t-elle, et ce seront les derniers.

"C'est ton privilège, bien-aimé," acquiesçai-je et lui fis la place avec impatience. Alors Alicia a écrit :

"Et l'amour."

LA FIN

www.ingramcontent.com/pod-product-compliance
Lightning Source LLC
LaVergne TN
LVHW041136180726
843490LV00005B/1441